Jens Sobisch

KulturSchock Cuba

„Cuba ist kein kommunistisches,
sondern ein kompliziertes Land."

Pedro Luis Ferrer,
cubanischer Liedermacher

Impressum

Jens Sobisch
KulturSchock Cuba

erschienen im
REISE KNOW-HOW Verlag Peter Rump GmbH
Osnabrücker Str. 79
33649 Bielefeld

© REISE KNOW-HOW Verlag Peter Rump GmbH
2004, 2007, 2008, 2010, 2012
**6., neu bearbeitete und komplett aktualisierte
Auflage 2014**

Alle Rechte vorbehalten.

Gestaltung
Umschlag: G. Pawlak
Inhalt: amundo media GmbH
Fotos: siehe Bildnachweis Seite 297

Lektorat (Aktualisierung): amundo media GmbH

Druck und Bindung
   Wilhelm & Adam, Heusenstamm

ISBN 978-3-8317-1270-0
Printed in Germany

Dieses Buch ist erhältlich in jeder Buchhandlung
Deutschlands, der Schweiz, Österreichs, Belgiens
und der Niederlande.
Bitte informieren Sie Ihren Buchhändler
über folgende Bezugsadressen:
Deutschland
   Prolit GmbH, Postfach 9, D-35461 Fernwald (Annerod)
   sowie alle Barsortimente
Schweiz
   AVA Verlagsauslieferung AG
   Postfach 27, CH-8910 Affoltern
Österreich
   Mohr Morawa Buchvertrieb GmbH
   Sulzengasse 2, A-1230 Wien
Niederlande, Belgien
   Willems Adventure, www.willemsadventure.nl

Wer im Buchhandel trotzdem kein Glück hat,
bekommt unsere Bücher auch über unseren
Büchershop im Internet: www.reise-know-how.de

380cu fo © Meddy Popcorn

Wir freuen uns über Kritik, Kommentare
und Verbesserungsvorschläge, gern auch
per E-Mail an info@reise-know-how.de.

Jens Sobisch

KULTUR-
SCHOCK
CUBA

Vorwort

Was ist, bitteschön, ein Kulturschock? Man könnte ihn als die Gemütsregung beschreiben, die eintritt, wenn man unvorbereitet mit gesellschaftlichen Konventionen und Lebensweisen anderer Völker konfrontiert wird, die sich von den eigenen stark unterscheiden.

Cubareisende rechnen mit einer ganzen Reihe von bestimmten Eindrücken: Palmen und Strände, Tabak und Rum, Ananas und Pesos, Castro und Hemingway. Wer die Touristenzentren von Varadero oder Cayo Coco gar nicht oder nur für organisierte Ausflüge verlässt, dem wird die Bestätigung des üblichen Klischeedreiklangs Salsa, Strand und (Tropen-)Sozialismus „All Inclusive" garantiert. Kulturschocks bleiben also weitgehend aus.

Worauf ein europäischer Tourist bei seinem Cubaurlaub nicht vorbereitet sein dürfte und womit er in seiner kostbaren Ferienzeit möglicherweise auch gar nicht konfrontiert werden möchte, ist die sozialistische (Mangel-)Wirtschaft: Lebensmittelkarten, marode Plattenbauten, sowjetische Uralttechnik und anderes Ungemach bestimmen den Alltag der meisten Einheimischen.

Hält man sich ausschließlich in den von der cubanischen Wirklichkeit abgeschotteten Resorts auf, bleibt allerdings auch das Staunen über das Improvisationstalent der Cubaner aus, die bei allen Widrigkeiten ihren Stolz bewahren und eine oft beneidenswerte Vitalität und Herzlichkeit ausstrahlen.

Auch sorgen nicht nur die äußeren Umstände für Überraschungen. Der aufmerksame Beobachter wird schnell merken, dass Cubaner nach teilweise völlig anderen Spielregeln miteinander umgehen als zum Beispiel Deutsche.

Wer lange genug in der Fremde verweilt, wird den Kulturschock als mehrstufigen Vorgang wahrnehmen. Am Anfang steht eine Phase der Hochstimmung und Begeisterung für die neue Umgebung. Darauf folgt häufig ein Absturz in Unsicherheit, ausgelöst durch die Trennung von Gewohntem und den Verlust der Orientierung an vertrauten Strategien zur Bewältigung von Lebenssituationen. Danach vollzieht sich ein langsamer Aufstieg, der entweder zur Annahme zumindest eines Teils der neuen Welt oder zu einer verstärkten Identifikation mit der eigenen Kultur führt.

Dieses Buch soll allen, die sich Cuba und seinen Menschen nähern wollen, eine erste Orientierungshilfe geben.

Beim Erforschen einer anderen Kultur ist der Blick in die Vergangenheit eine ausgezeichnete Hilfe. Daher folgt den einleitenden Ausführungen zu Cubas geografischen, politischen, wirtschaftlichen und sozialen Kennziffern ein Streifzug durch seine wechselvolle Geschichte.

Im Anschluss an einen Überblick über die politische und demografische Situation Cubas werden Grundzüge der cubanischen Denk- und Lebensweise erläutert.

Der Leser erhält einen Einblick in das cubanische Miteinander sowie in den cubanischen Alltag und lernt La Habana und die drei Regionen der Insel kennen.

Der Bedeutung der cubanischen Religiosität entsprechend, ist dem Abschnitt „Religion und Magie: Rote Insel – Schwarze Götter" besonders viel Raum gewidmet. Dabei wird der Schwerpunkt bewusst auf die cubatypischen Synkretismen (Verschmelzungen) aus afrikanischen und katholischen Glaubensvorstellungen gesetzt.

Schließlich erfährt man Wissenswertes zu Cubas Bildungs- und Sozialwesen, seiner Infrastruktur und über berühmte Persönlichkeiten aus Kunst und Kultur.

Im letzten Kapitel wird erläutert, mit welchen Gefühlen Cubaner Fremdem und Fremden, insbesondere Touristen, begegnen.

Die Ausführungen nehmen also zahlreiche Kulturschocks vorweg und helfen dem Cubaneuling, die auf ihn einstürmenden Eindrücke und Erlebnisse in einen größeren Rahmen einzuordnen.

Um die Darstellung mit mehr Leben zu füllen, begegnen uns im Verlauf des Buches immer wieder Adriana und Orlando. Adriana, eine junge

Studentin, ist in der zentralcubanischen Kleinstadt Morón aufgewachsen. Ihr 60-jähriger Vater Orlando schaut auf ein ereignisreiches Leben zurück. Die beiden gewähren Einblicke in ihren Alltag, schildern ihre Sorgen und Hoffnungen und nehmen uns mit auf eine strapaziöse Reise in die Metropole La Habana.

Zahlreiche Extratipps, weiterführende Internet-Links und Literaturhinweise bieten die Möglichkeit, sich intensiver mit der cubanischen Wirklichkeit auseinanderzusetzen.

Ein zuverlässiges Wundermittel, um all den großen und kleinen Kulturschocks des cubanischen Alltags Herr zu werden, ist wie eigentlich überall auf dem Erdenrund eine ordentliche Portion Humor mit einer Prise Offenheit und einem kräftigen Schuss Bescheidenheit. Wer diesen Rat beherzigt, wird auf Cuba sicher eine gute und erlebnisreiche Zeit haben!

Jens Sobisch

Extrainfos im Buch
ergänzen den Text um anschauliche Zusatzmaterialien, die vom Autor aus der Fülle der Internet-Quellen ausgewählt wurden. Sie können bequem über unsere spezielle Internetseite http://ks-cuba.reise-know-how.de durch Eingabe der jeweiligen Extrainfo-Nummer (z. B „#1") aufgerufen werden.

Inhalt

■ Alltagsleben   155

■ Religion und Magie: rote Insel – schwarze Götter   219

Adriana und Orlando

Exkurse zwischendurch

⌄ Atemberaubend: Blick auf die Altstadt von La Habana

(365cu js)

Verhaltenstipps von A bis Z

- **Aberglaube:** Viele Cubaner richten ihr Verhalten an Vorstellungen aus, die nach unseren Maßstäben in die Kategorie verrückter Hokuspokus fallen – vom Glauben an mächtige überirdische Wesen über Liebeszauber bis hin zur Furcht vor der ominösen „schwarzen Katze" ist alles dabei. Hintergrund ist der von Außenstehenden oft unterschätzte Einfluss der weitverbreiteten afrocubanischen Kulte, allen voran der *Santería* (vgl. Verhaltenstipp „Religion").

  Viele Cubaner empfinden ein Gefühl der Ohnmacht gegenüber den diversen Widrigkeiten ihres Alltags und flüchten sich privat in eine Welt voller Magie. Weiterführende Informationen zu diesem Thema finden Sie im Kapitel „Religion und Magie: rote Insel – schwarze Götter" ab Seite 219.

- **Armut und Bettelei:** Offene Bettelei kommt am ehesten in der Nähe von großen, viel besuchten Kirchen vor. „Zielpersonen", die sich nicht vom ersten Kontakt an knallhart abweisend zeigen, werden die Bedürftigen nur mit großer Mühe wieder los. Die empfindlichen Sanktionen, die Cubanern drohen, die den Straftatbestand der „Touristenbelagerung" (*asedio*) verwirklichen, sorgen dafür, dass Ausländer nur selten unverblümt um Bares angeschnorrt werden.

  „Touristenabzocke" läuft daher meist viel subtiler ab, etwa mithilfe des allgegenwärtigen Provisionssystems (vgl. Verhaltenstipp „Schlepper/Guides"), diverser Formen der Anbiederung, Verkauf minderwertiger oder gefälschter Waren und Manipulationsversuchen via Lügengeschichten. Mehr zum Thema im Kapitel „Begegnungen – Cubaner und Ausländer" ab Seite 261.

- **Ausländer/Touristen:** Ausländische Touristen sind gern gesehen und werden ganz überwiegend positive Erfahrungen im Umgang mit Cubanern machen. Wer brenzlige Situationen nicht geradezu heraufbeschwört, wird kaum ernsthafte Schwierigkeiten bekommen. Dass die Bereisten in vielerlei Hinsicht einen völlig anderen Blick auf die Welt und das Leben haben, ist eine der Hauptursachen für Kulturschocks. Mehr zum Thema im Kapitel „Begegnungen – Cubaner und Ausländer" ab Seite 261.

- **Anrede:** Auf Cuba duzt man sich. Ausnahmen gelten für Amtspersonen und Geistliche. Bei großem Altersunterschied siezt die jüngere Person die ältere vorsichtshalber erst einmal, wird von dieser dann aber häufig rasch eingeladen, zum vertraulicheren „Du" zu wechseln. Anreden wie *mi amor* (meine Liebe) und *cariño* (Liebling) sind übrigens normalerweise keine Anmache, sondern Ausdruck grundsätzlicher Sympathie. Mehr zum Thema im Abschnitt „Grundregeln cubanischer Umgangsformen" ab Seite 113.

309cu js

- **Baden/Nacktbaden:** Cubaner machen gerne Ausflüge an ihre Strände – wobei das Bad im Meer gegenüber dem geselligen Beisammensein eine eher untergeordnete Rolle einnimmt. Hintergrund ist auch, dass viele Cubaner nicht besonders gut schwimmen können.

  Wer außerhalb explizit dafür vorgesehener Hotelstrände nackt badet, darf nicht mit dem Verständnis der in dieser Hinsicht prüden einheimischen Bevölkerung rechnen. Oben-ohne sorgt außerhalb der Touristengegenden ebenfalls für Aufsehen.

- **Bekleidung:** Das subtropische Klima erlaubt es, Cuba das ganze Jahr über in Sommerkleidung zu bereisen, zumindest tagsüber. Für die Abendstunden, in Gebäuden und Transportmitteln mit Klimaanlage und an manchen Tagen im cubanischen „Winter" sollte man einen Pulli und lange Hosen dabeihaben.

  Wer Anerkennung für sein Äußeres erwartet, sollte auf ein gut sitzendes und sauberes Outfit achten. Legerer Gammel-Look gilt als Armutszeugnis und ist Cubanern in der Öffentlichkeit ebenso zuwider wie alle anderen Erscheinungsformen ungepflegter Plumpheit. Mehr zu diesem Thema im Abschnitt „Lifestyle der Jugend" auf Seite 193.

- **Berührungen/Körperkontakt:** Cubaner gehen viel schneller auf Tuchfühlung, als man dies bei uns gewohnt ist. Küsschen für die Damen und kräftige Umarmungen unter Männern gehören zu jeder vernünfti-

⌃ Cubas flache Sandstrände laden zum Relaxen ein

gen Begrüßung und Verabschiedung. Gesprächspartner wecken bzw. erhalten die Aufmerksamkeit ihres Gegenübers durch häufiges Berühren, vorzugsweise an Schultern und Armen. Mehr dazu im Abschnitt „Grundregeln cubanischer Umgangsformen" auf Seite 113.

- **Bestechung:** Kleine und große Schmiergelder beschleunigen auf Cuba so einiges. Die gute Nachricht: Touristen werden damit kaum konfrontiert. Der Staat räumt ausländischen Reisenden eine so privilegierte Stellung ein, dass sie sich eine bevorzugte Behandlung nicht mehr extra erkaufen müssen. Gegenüber Amtsträgern sollte man niemals von sich aus Bestechungsversuche unternehmen. Mehr zum Thema im Abschnitt „Bürokratie und Korruption" auf Seite 85.

- **Bürokratie:** Immer gelassen und sachlich bleiben – auch wenn es mal wieder (viel) länger dauert als es sollte ... Die erfolgversprechendste Taktik ist ein gewinnendes Lächeln! Mehr dazu im Abschnitt „Bürokratie und Korruption" auf Seite 85.

- **Drogen:** Auf Cuba erlaubte Drogen sind Musik, Tanz, Erotik, Rum, Aufopferung für das Gemeinwohl und erhöhte Endorphin-Ausschüttung aufgrund revolutionärer Inbrunst. Bereits der Besitz geringer Mengen illegaler Betäubungsmittel wird drakonisch bestraft. Unbedingt Finger weg! Mehr zum Thema im Abschnitt „Kriminalität und illegale Drogen" auf Seite 201.

- **Einkaufen/Märkte:** *Centros comerciales* sind Shopping-Malls mit allen erdenklichen Waren. Selbstversorger decken sich auf den *agros* genannten Bauernmärkten mit frischen Lebensmitteln ein. In ersteren wird mit CUC, in letzteren mit CUP (vgl. Verhaltenstipp „Geld") bezahlt. Mehr dazu im Abschnitt „Einkaufen – alltägliches Geduldsspiel" auf Seite 178.

- **Einladungen:** Cubaner, die Ausländern anbieten, bei ihnen zu essen oder gar zu übernachten, wollen mit ihrer Einladung oft nur ihre grundsätzliche Sympathie ausdrücken. Eingeladene, die auf Nummer sicher gehen wollen, lehnen die nett gemeinte Offerte zunächst einmal wortreich dankend ab. Mehr zum Thema im Abschnitt „Einladungen als Kommunikationsritual" auf Seite 115.
- **Ess- und Trinksitten:** Cubaner sind allen Sinnesfreuden gegenüber sehr aufgeschlossen, auch und gerade dem Essen und Trinken. In Sachen Mahlzeiten bevorzugt man tendenziell Deftiges, Fettes und Süßes. Rindfleisch ist eine Riesendelikatesse. Die Art und Weise wie Speisen und Getränke serviert und eingenommen werden, unterscheidet sich nicht wesentlich von der bei uns üblichen. Weitere Informationen hierzu finden Sie im Abschnitt „Cocina criolla – cubanische Gaumenfreuden" auf Seite 180.

◸ Landestypisch arrangierte Meeresfrüchte mit Beilagen

◂ Das Warenangebot auf den Bauernmärkten ist üppig

- **Fotografieren:** Die meisten Cubaner lassen sich gerne ablichten, wenn man sie vorher um Erlaubnis bittet. Vor allem an touristischen Brennpunkten muss aber mit der Aufforderung zu einer Gegenleistung gerechnet werden. Die explizit fotogenen, Zigarre schmauchenden alten Leutchen in der Altstadt von La Habana sitzen dort also keineswegs zufällig den ganzen Tag herum. In Museen wird oft eine zusätzliche Gebühr erhoben. Militärische Objekte, Militärangehörige, Flugplätze und Fabriken dürfen nicht fotografiert werden.

- **Freundschaften:** Nur sehr naive Zeitgenossen verkennen, dass „Freundschaften" mit finanziell deutlich schlechter gestellten Cubanern stets auch materielle Erwartungen wecken – Aussicht auf Geschenke, Einladungen oder gar die Möglichkeit, das Land zu verlassen. Natürlich muss solch Kalkül nicht in jedem Fall im Vordergrund stehen. Mehr dazu im Kapitel „Begegnungen – Cubaner und Ausländer" auf Seite 261.

- **Geld:** Offizielle Zahlungsmittel sind derzeit der *Peso Cubano* (CUP oder auch *moneda nacional*, also „nationales Geld") und der an den US-Dollar gekoppelte von den Einheimischen als *divisa* und *chavito* bezeichnete *Peso Convertible* (CUC). Für 1 CUC bekommt man 25 Pesos Cubanos (Stand Herbst 2013). Aber was bezahlt man nun womit? Vereinfacht gesagt sind CUP für Grundnahrungmittel gedacht, CUC für „Luxusgüter". Der cubanische Staat möchte, dass Touristen alle Ausgaben in CUC tätigen. Dennoch haben auch wir keine Schwierigkeiten, einige Dinge des täglichen Bedarfs mit CUP zu bezahlen – beispielsweise an den Kiosken für Pizza, Kaffee, Eis, Süßigkeiten usw., außerdem auf den Bauernmärkten und für Inlands-Telefonate, manche lokale Verkehrsmittel und Briefmarken für Sendungen innerhalb Cubas. Mehr zum Thema im Abschnitt „Das liebe Geld" auf Seite 200.

- **Götter/Geister:** Für einen Anhänger der *Santería* oder des *Palo Monte* ist seine (Schutz-)Gottheit kein abstraktes Wesen, sondern so real wie eine anspruchsvolle Partnerin, die regelmäßig bespaßt und bei Laune gehalten werden muss. Die dafür erforderlichen Opfergaben reichen von Kerzen über Blumen und Nahrungsmittel bis hin zu Tieropfern. Vierfüßige Tiere sind dabei „wertvoller" als zweifüßige. Detailliertere Infos im Kapitel „Religion und Magie: rote Insel – schwarze Götter" auf Seite 219.

- **Gesprächsthemen:** Unverfängliche Themen für cubanische Zufallsbekanntschaften sind die zahlreichen Naturschönheiten des Archipels und bekannte kulturelle Leistungen seiner Bewohner, etwa im Bereich Musik und Tanz. Cubaner unterhalten sich außerdem liebend gern über Kulinarisches, beispielsweise landestypische Gerichte oder darü-

ber, welche Mahlzeiten sie gerne einmal probieren möchten. Privater Klatsch und Tratsch stehen ebenfalls hoch im Kurs. Man interessiert sich auch durchaus für das Privatleben der ausländischen Gesprächspartner. Auf allgemeinere Auskünfte zum Herkunftsland des Touristen ist man – für manche vielleicht überraschend – nicht sonderlich neugierig. Viele Cubaner unterscheiden auch nicht näher zwischen einzelnen mitteleuropäischen Ländern und Nordamerika, sondern geben sich gerne mit der groben Unterscheidung „wir" und reiche Ausländer (gängiger Slangbegriff: *yuma*) zufrieden – vgl. Verhaltenstipp „Vorurteile".

Eine gewisse Vertrautheit kommt oft schnell zustande und rasch werden flüchtige Bekannte zum *amigo* bzw. zur *amiga* erklärt. Mehr dazu im Abschnitt „Freundschaften" auf Seite 133.

■ **Geschenke:** Kindern schenkt man Spiel- oder Malsachen, Damen Blumen und Herren Rum. Begehrt sind auch exotische Leckereien wie Nutella, Ravioli oder europäische Süßigkeiten. Mehr zum Thema im Abschnitt „Cubaner und Touristen – Gastfreundschaft und Ressentiments" auf Seite 262.

⌃ Cubaner verwenden viel Zeit auf die Pflege und Erweiterung ihrer Netzwerke

● **Homosexualität:** Cubanische *gays* und *lesbianas* werden nicht mehr offen diskriminiert, geben sich aber außerhalb der Großstädte und Urlaubsgegenden nach wie vor nicht gerne als solche zu erkennen. Homosexuelle Reisende müssen in aller Regel nicht mit Benachteiligungen rechnen. Weitere Informationen zu diesem Thema finden Sie im Abschnitt „Homosexuelle" auf Seite 150.

● **Kinder:** Dass Cubaner Kinder lieben, ist eine groteske Untertreibung! Viele sind regelrecht versessen auf den eigenen Nachwuchs und auch auf denjenigen ihrer Mitmenschen. Den lieben Kleinen lässt man weit mehr durchgehen als bei uns. Kinder stehen außerdem unter dem besonderen Schutz des Staates. Diese herausragende Errungenschaft der Revolution ist nach wie vor unantastbar. Mehr zum Thema im Abschnitt „Kindheit auf Cuba" auf Seite 128.

● **Kriminalität:** Kleinkriminalität à la Taschendiebstahl und Betrügereien sind ein zunehmendes Problem. Delikte gegen Leib und Leben müssen Ausländer allerdings kaum befürchten – sofern sie einige simple Vorsichtsmaßnahmen beherzigen:
– nie mit Wertsachen protzen!
– gegenüber Wildfremden nicht zu vertrauensselig sein!
– Geld direkt am Körper (Safety-Gürtel, zur Not in den Socken) tragen!
  Weitere Informationen dazu im Abschnitt „Kriminalität und illegale Drogen" auf Seite 201.

● **Patriotismus:** Cubaner sind sehr patriotisch. Eine Besonderheit ist, dass Regimetreue nicht zwischen Nationalstolz, cubanischem Sozialismus und Anti-US-Amerikanismus unterscheiden. Kritische Kommentare werden von dieser Bevölkerungsgruppe nicht gerne gehört und klin-

311cu om

gen besserwisserisch. Mehr zum Thema im Abschnitt „Patriotismus und cubanidad" auf Seite 119.

- **Politik:** Über die politischen Verhältnisse sprechen regimekritische Cubaner – wenn überhaupt – nur im Vertrauen und außer Hörweite der Obrigkeit und potentieller, *chivatos* genannter, Spitzel. Alle hoffen, dass sich die wirtschaftliche Lage bessert, aber nur wenige fordern gravierende Reformen. *Fidel* und *Raúl Castro* werden nicht persönlich für die anhaltende Versorgungskrise verantwortlich gemacht. Insbesondere *Fidel* erfreut sich nach wie vor einer enormen Popularität und oft hört man Sätze à la „Wenn Fidel das wüsste!".

  Kommen Cubaner nicht selbst auf Politik zu sprechen, meidet man das Thema besser – auch um seine Gesprächspartner nicht in Verlegenheit zu bringen. Mehr dazu im Kapitel „Geschichte und Politik" ab Seite 45.

- **Polizei:** Cubaner haben große bis sehr große Angst vor der Obrigkeit. Beispielsweise befürchten viele, dass sie von missgünstigen Nachbarn denunziert werden und ihre Schwarzmarktgeschäfte auffliegen. Da alle cubanischen Beamten angewiesen sind, mit Touristen milde umzugehen, haben Ausländer von Polizisten wenig bis gar nichts zu befürchten – es sei denn, sie schlagen in strafrechtlich relevantem Ausmaß über die Stränge (Gewaltverbrechen, Drogendelikte u. Ä.). Mehr zu diesem Thema im Abschnitt „Öffentliche Sicherheit und Ordnung" auf Seite 201.

- **Prostitution:** Trotz formellen Verbots ist Prostitution in fast allen touristisch relevanten Gegenden ein nicht zu übersehendes Phänomen. Gegen Straßenprostitution geht die Polizei mit verschiedenen Maßnahmen vor: Verdächtige Damen müssen häufige Personenkontrollen und Befragungen über sich ergehen lassen. Professionellen *jineteras* (wörtlich: Reiterinnen) drohen kostenpflichtige Verwarnungen, Umerziehungslager und Gefängnis. Aufreizende Bar-Bekanntschaften sind in 99 % der Fälle „Professionelle". Mehr dazu im Abschnitt „Prostitution" auf Seite 150.

- **Rauchen:** Offiziell ist das Rauchen in allen öffentlich zugänglichen Räumen verboten. Viele bessere Hotels, Bars und Restaurants haben aber Raucherbereiche oder sogar Raucher-Lounges. Im Freien kann grundsätzlich nach Herzenslust gequalmt werden.

◁ „Flagge zeigen" auf La Habanas riesigem Platz der Revolution

Extrainfo 1 (s. S. 6): Regelmäßig aktualisierte Reise- und Sicherheitshinweise des deutschen Auswärtigen Amtes

- **Reisezeit:** Für einen Cuba-Trip besonders empfehlenswert sind die Monate Oktober, November, Februar sowie die Zeit vor und nach Ostern. Diese Zeiträume fallen in die Nebensaison (weniger Gedränge, günstigere Preise, kürzere Wartezeiten usw.) und man kann sich den europäischen Sommer bzw. Frühling elegant „verlängern".

- **Religion:** Warnung! Wer sich auf die faszinierende Welt der afrocubanischen Kulte á la *Santería* und *Palo Monte* einlässt, gefährdet seinen Seelenfrieden und sein Budget – Ausländer zahlen viel höhere Preise für die Rituale. Die Band *Kola Loka* nimmt die Geschäftstüchtigkeit vieler religiöser Führer in ihrem berühmten Song *La Estafa del Babalao* (etwa: Der Schwindel des Gurus) eingängig aufs Korn. Detailliertere Informationen zum Thema im Kapitel „Religion und Magie: rote Insel – schwarze Götter" ab Seite 219.

- **Sex:** Sexuelle Aktivitäten erfreuen sich großer Beliebtheit. Polygamie ist vordergründig verpönt – und sehr weit verbreitet. Bei gegenseitiger Sympathie landet man oft schon zu einem Zeitpunkt der Bekanntschaft im Bett, an dem sich Europäer gerade mal zu einem schüchternen Wangenküsschen durchringen. Der Gebrauch von Kondomen hat sich inzwischen durchgesetzt. Mehr dazu im Abschnitt „Partnerschaft und Sexualität" auf Seite 142.

- **Schlepper/Guides:** Schlepper ist auf Cuba de facto ein eigener Berufsstand. Sogenannte *jineteros* (etwa: Reiter, Jockeys) lauern vor allem in der Hochsaison an allen touristisch relevanten Orten. Der erfahrene Reisende erkennt sie an zwei Merkmalen: 1. Man legt Wert auf ein überdurchschnittlich schickes Äußeres und gibt sich betont lässig.
2. Sobald potentielle „Kundschaft" in Sichtweite ist, wird Frohsinn und Diensteifer vorgetäuscht, um die drei „C" an den Mann zu bringen: *Cohiba, chica, casa* (sinngemäß Zigarren, Mädchen, Unterkunft). Natürlich können die Jungs noch viele andere Waren und Dienstleistungen organisieren. Für den Touristen unbemerkt fließt dabei eine *comisión* genannte Vermittlungsprovision in die Tasche des Schleppers. „Jineteros" heißen die Herrschaften, weil sie gleichsam reiten – nämlich auf dem Rücken der Ausländer. Die weiblichen Pendants dieser Maklernaturen heißen *jineteras* und betrachten sich selbst als eine Art Escort-Girls (vgl. Verhaltenstipp „Prostitution"). Mehr zum Thema im Kapitel „Begegnungen – Cubaner und Ausländer" ab Seite 261.

▷ An Souvenirshops herrscht in den Touristengegenden kein Mangel ...

Extrainfo 2 (s. S. 6): Auch wer kein Spanisch spricht, bekommt hier eine Ahnung davon, welchen Ton „falsche" *Santeros* ihren Kunden gegenüber anschlagen ...

- **Souvenirs:** Die meisten Waren, die in Cuba hergestellt werden, kosten nur einen Bruchteil des in Europa üblichen Preises. Mitbringsel-Klassiker sind daher Zigarren, Rum und Kunsthandwerk jeder Art. Cubanisches „Kulturgut" darf nicht außer Landes gebracht werden. Dem heiklen Thema Zigarrenkauf ist ein eigener Verhaltenstipp gewidmet.
- **Taxi:** Taxifahrer, die Touristen kutschieren, gehören – wie übrigens auch Fahrer von Überlandbussen – zu einem privilegierten Berufsstand, denn ihr Job bietet ihnen regelmäßig Kontakt zu Ausländern. Viele gerieren sich gerne als Makler für alle möglichen und unmöglichen Dinge und Dienstleistungen. Nach ein bisschen Small-Talk kommen die *taxistas* mit Restaurant-Tipps usw. aus der Deckung. Wie auch *jineteros* (vgl. Verhaltenstipp „Schlepper") erhalten sie vom jeweiligen Anbieter der Ware oder Dienstleistung für erfolgreich vermittelte Geschäfte heimlich eine *comisión* genannte Provision.

- **Trinkgeld:** Sofern man rundum zufrieden ist, gibt man 10% *propina* bzw. rundet auf. Es schadet übrigens nie, präsentierte Rechnungen einer kritischen Prüfung zu unterziehen, denn wenn sich Cubaner verrechnen, dann nur selten zu ihren Ungunsten. Für kleinere Dienstleistungen, z.B. Gepäcktragen, ist 1 CUC selten zu wenig.
- **Verkehrsmittel:** Reisende mit üppigem Budget besorgen sich einen Mietwagen – ggf. sogar mit eigenem Fahrer – und buchen Inlandsflüge. Alle anderen vertrauen auf folgende Vehikel:
  – Kurze Strecken: Rikscha *(bici)* oder motorisierte Rikscha *(cocotaxi)*
  – Mittlere Distanzen: Taxis (dabei kann es sich auch um einen Oldtimer aus den 1950er-Jahren handeln)
  – Lange Entfernungen: Überlandbusse *(guaguas)* des Unternehmens *Víazul.* Der einheimischen Bevölkerung zugedacht sind (zusätzlich) folgende Verkehrsmittel:
  – Kurze Distanzen: Stadtbusse
  – Mittlere Entfernungen: *colectivos* genannte Sammeltaxen auf festen Routen
  – Lange Strecken: Eisenbahn *(tren)* und *Astro*-Überlandbusse. Grundsätzlich können Stadtbusse, *colectivos* und Züge auch von Touristen genutzt werden. Man sollte aber – mit Ausnahme der Stadtbusse – damit rechnen, einen höheren Fahrpreis als die Einheimischen zu zahlen. Da Komfort und Pünktlichkeit in vielen Fällen sehr zu wünschen übrig lassen, können diese Transportmittel nur stressresistenten Reisenden

Extrainfo 3 (s. S. 6): Sehenswerte Reisereportage des Hessischen Rundfunks von 2012

mit viel Zeit empfohlen werden. Mehr zum Thema im Abschnitt „Unterwegs auf Cuba" ab Seite 208.

- **Vorurteile:** Cubaner halten alle ausländischen Touristen zunächst einmal für ziemlich reich. Wer ihnen etwas anderes erzählen will, macht sich lächerlich, denn wir kommen mit Flügen auf ihre Insel, die selbst im günstigsten Fall mehr kosten als ein Cubaner im Staatsdienst offiziell verdient – pro Jahr!

Ausländer sehen viele ihrer Vorurteile schon beim Erstkontakt mit der cubanischen Wirklichkeit bestätigt: Lebensfreude, Begeisterungsfähigkeit und eine oft beneidenswerte Unbefangenheit. Erfahrenere Cubareisende berichten vom faszinierenden Gefühl, sich aufgrund des weltweit einmaligen Mixes folgender cubanischer Eigentümlichkeiten in einer Art realem Adventure-Game voll irrsinniger Widersprüche und haufenweise Überraschungen zu bewegen: Latinokultur, Tropenklima, Armut, haarsträubender Aberglaube und eine sehr autoritäre Staatsform mitsamt bedrückenden Erscheinungen wie allgegenwärtiger Überwachung und Kontrolle.

Die direkten und mittelbaren Folgen dieser Umstände und ihrer gegenseitigen Wechselwirkungen sind für die schwersten auf Cuba zu erwartenden Kulturschocks verantwortlich. Bitte daran denken, wenn die Bereisten mal wieder versuchen, mehr oder weniger kreativ Kapital aus dem Kontakt zu Touristen zu schlagen! Mehr dazu im Kapitel „Begegnungen – Cubaner und Ausländer", ab Seite 261.

- **Zigarrenkauf:** Man sollte die gut gelaunten Herrschaften, die versuchen, unbedarften Touristen Zigarren *(tabacos,* Slang: *puros)* auf der Straße anzudrehen, meiden! Denn erstens ist der freundliche junge Mann gar nicht der eigentliche Schwarzhändler, sondern erhält von diesem lediglich eine Provision für jeden vermittelten Kunden. Zweitens bekommen Sie im günstigsten Fall gestohlene Ware, im schlechtesten etwas, das zwar an eine edle Havanna erinnert, eigentlich aber von Laien in einem Hinterzimmer aus Tabakresten zusammengeschustert wird. Auch in staatlichen Zigarrenläden liegen die Preise noch deutlich unter den in europäischen Tabakgeschäften üblichen.

Zu den bekanntesten Marken zählen *Cohiba* (das Wort der indigenen *Taíno* für Tabak), *Montecristo, Romeo y Julieta* (Romeo und Julia) und *Partagás.* Mehr zum Thema Zigarren in den Exkursen „Grünes Gold – der Tabakanbau" auf Seite 31 und „Die Zigarrenfabrik" auf Seite 40.

◁ Viele Oldtimer-Besitzer haben eine Taxilizenz

Cuba – Perle der Antillen

◁ Die Festung El Morro in La Habana ist eines der Wahrzeichen Cubas (300cu js)

Geografischer Steckbrief und ein wenig Statistik

Der sozialistische Staat *República de Cuba* (Republik Cuba) ist mit einer Fläche von knapp 110.000 km² ungefähr so groß wie die ehemalige DDR und hat etwas mehr als elf Millionen Einwohner. Die Amtssprache ist Spanisch.

Cubas Ausdehnung von Ost nach West beträgt 1250 km. An ihrer breitesten Stelle misst die Insel 193 km, an der schmalsten 31 km. Genau südlich des nördlichen Wendekreises liegt sie an der Öffnung des Golfs von Mexiko zum Atlantik und wirkt dabei wie eine Zigarre zwischen den Riesenfingern Florida und Yucatán (Mexiko). Ihre ungewöhnlichen Konturen inspirierten den cubanischen Dichter *Nicolás Guillén,* sein Heimatland mit den Spitznamen „lachendes Krokodil" *(cocodrilo)* und „bärtiger Alligator" *(caimán barbudo)* bzw. „grüner Kaiman" *(caimán verde)* zu bedenken.

Die **Entfernung** zu Key West (Florida) beträgt 140 km. 210 km sind es nach Mexiko, 149 km nach Jamaika und 67 km nach Haiti, dessen Küste man an sehr klaren Tagen von den Erhebungen Ostcubas aus mit bloßem Auge sehen kann.

Cuba trennt als bevölkerungsreichste, größte und am weitesten westlich gelegene Insel der Großen Antillen, zu denen noch Puerto Rico, Jamaika und Hispaniola (mit den Staaten Haiti und Dominikanische Republik) gehören, das Karibische Meer vom Atlantischen Ozean.

Der geologische Untergrund der Insel wird von einer aus Kalksteinfelsen bestehenden Verlängerung der mexikanischen Yucatánplatte gebildet. Poröse Teile dieser Kalksteindecke begünstigten die Entstehung zahlreicher Höhlen *(cuevas),* die heute riesigen Fledermausschwärmen als Schlafplätze dienen. Touristisch gut erschlossen ist beispielsweise die *Cueva de Bellamar* bei Matanzas.

Mit 100 Einwohnern/km² ist Cuba weit weniger dicht besiedelt als die meisten anderen Karibikinseln. Eine Ausnahme stellen die Ballungsräume La Habana und Santiago de Cuba dar. Das Territorium gliedert sich administrativ in 15 Provinzen *(provincias)* mit 168 Gemeindebezirken *(municipios).*

Bei **Guantánamo** im Südosten befindet sich ein von Cuba seit Langem zurückgeforderter, 112 Quadratkilometer großer Marinestützpunkt der Vereinigten Staaten von Amerika. Die Nordamerikaner nutzen diesen seit 1903 als Ergänzung ihres Hafens auf Key West und seit 2002 außerdem auch als Gefangenenlager für vermeintliche Terroristen und Taliban-Kämpfer.

Extrainfo 4 (s. S. 6): Die „Deutsche Gesellschaft für Internationale Zusammenarbeit" (GIZ) hat eine Vielzahl von Zahlen, Daten und weiterführenden Links über Cuba zusammentragen lassen

Die Hauptinsel besteht aus weiten Tiefebenen, die von drei Gebirgen (*cordilleras*) durchzogen werden. Das größte ist die Sierra Maestra an der Südostküste mit Cubas höchstem Gipfel, dem Pico Turquino (1974 m). Geologisch gesehen stellt die Sierra Maestra eine besonders steile Erhebung aus dem 7600 Meter tiefen Caymangraben dar und ist mit Santiago de Cuba derjenige Teil der Insel, in dem es gelegentlich zu Erdstößen kommt.

Die etwas niedrigere Gebirgskette Sierra del Escambray zieht sich von Cienfuegos westwärts quer über die Insel und unterbricht dabei die Monotonie der fruchtbaren Ebenen. Die Sierra de Los Órganos (Orgelgebirge) erhielt ihren Namen wegen der steilen, *mogotes* genannten, zylindrischen Felsen, die aus dem roten Boden ragen und verläuft über den Westteil Cubas. Die *mogotes* entstanden durch Erosion, als der weichere Boden um den harten Kalkstein über einen Zeitraum von vielen Millionen Jahren weggewaschen wurde.

Der *Río Cauto*, mit knapp 350 km Länge der längste von über 200 meist seichten Flüssen, entspringt an der niederschlagsreichen Nordflanke der Sierra Maestra. In der sommerlichen Regenzeit führen heftige Nachmittagsschauer und plötzlich auftretende Gewitterstürme zu erheblichen Überschwemmungen.

Mangrovengestrüpp (*manglares*), Korallenriffe (*arrecifes de coral*) und über 400 Badestrände (*playas*) säumen die zerklüftete, buchtenreiche Küste, die meist aus Karstfels besteht und oft mit *dientes de perro* (Hundezähnen) genannten, spitzen Kalkzacken gespickt ist.

Viele der von Pinien und Palmen gesäumten **Strände** laufen in seichte, türkis- bis azurfarbene Lagunen aus. Ihr feiner Sand besteht aus Korallenkalk. Die der Nordküste vorgelagerten Archipele von Sabana und Camagüey gelten als drittlängstes Korallenriff der Erde. Die schönsten Strände der Nordküste sind die Playas del Este östlich von La Habana, der Strand von Varadero als der international bekannteste, Santa Lucía nördlich von Camagüey, La Herradura bei Puerto Padre und Guardalavaca im Osten. Die wichtigsten Strände im Süden sind Playa Siboney östlich von Santiago de Cuba, Playa Ancón südlich von Trinidad, Rancho Luna bei Cienfuegos und Playa Larga bei Guamá.

Zu Cuba gehören etwa 1600 kleinere und kleinste, meist sehr flache Inseln. Am größten ist die mit einem Sonderverwaltungsstatus versehene, pinienreiche Isla de la Juventud (Insel der Jugend) mit knapp 2500 km² und etwa 85.000 Bewohnern. Die Isla de la Juventud soll *Robert Louis Stevenson* zu seinem berühmten Roman „Die Schatzinsel" inspiriert haben. Das längliche Inselchen Cayo Largo del Sur liegt östlich davon. Es wird ausschließlich für den Resort-Tourismus genutzt.

Tropenklima – Sonnenbrand und Wirbelstürme

Aufgrund der subtropischen Lage herrscht feuchtwarmes Wetter. Die **Winde** um die Antillen sorgen dabei vor allem an der Nordküste für ein angenehmes, ausgewogenes Klima: Die warmen Meeresströmungen aus den Äquatorialzonen Venezuelas und Brasiliens, die von Südosten her in das karibische Meer gedrückt werden, verstärken das tropische Klima der Insel, während die Nordostpassate für Kühlung sorgen.

Im von Juni bis August währenden cubanischen Sommer muss man mit **Tagesdurchschnittstemperaturen** von über 30 Grad Celsius rechnen, zum Jahreswechsel sind es etwa 25 Grad Celsius. Im Südosten ist es dabei stets um einige Grad wärmer.

Ein besserer Jahreszeitindikator ist die Luftfeuchtigkeit, die in der Jahresmitte mit bis zu 95 % wesentlich höher ausfällt als in den cubanischen „Wintermonaten" Dezember und Januar. Nur wenige Cubaner besitzen warme Mäntel oder gar Heizungen. Schnee kennt man nur aus Kinofilmen. Ein interessantes Wetterphänomen sind die kühlfeuchten Nordwinde *(nortes)* in der Trockenzeit zwischen Dezember und März. Die Kaltluftmassen können für einen Temperatursturz von bis zu 10 Grad Celsius sorgen. In umgekehrter Richtung wehen Südwinde *(sures)*, die warme Luft bringen. Eine cubanische Bauernregel besagt: *„A sur duro, norte seguro"* (etwa: „Auf einen ordentlichen Südwind folgt sicher ein steifer Nordwind"). Im Januar 2010 wurden in La Habana erstmals Nachttemperaturen von unter 5 Grad Celsius gemessen.

Vor allem an den Stränden herrscht in der Trockenzeit ein sehr angenehmes Klima. In den Nächten weht hier vom schneller abkühlenden Land der *terral* (Landwind) auf die See hinaus. Ab Sonnenaufgang dreht die Windrichtung nach kurzer Windstille und die *brisa* (Brise) sorgt bis zum Abend für Abkühlung.

In der Regenzeit von Mitte Mai bis Mitte Oktober bilden sich die gefürchteten Hurrikane *(huracanes)*, die von Afrika kommend mit 200 Stundenkilometern Windgeschwindigkeit über die „karibische Hurrikanstraße" auf dem Archipel eintreffen können. Diese tropischen Wirbelstürme entstehen, wenn die Temperatur des Atlantiks mit über 27 Grad Celsius Badewannentemperatur erreicht: Verdunstendes Meerwasser bildet aufgrund der Rotation der Erde Luftwirbel, die sich zu gefährlichen Stürmen auswachsen können. Wo immer Hurrikane auf Land treffen, fegen sie Bäume und Häuser hinweg. Oft richten die nachfolgenden Regenfälle und Flutwellen noch viel verheerendere Schäden an als der Sturm selbst. Dieser ist um so vernichtender, je enger sich die Luftwirbel zusammenziehen.

Grünes Gold – der Tabakanbau

Auf den vegas genannten Tabakfeldern wird am Ende der Regenzeit ausgesät und von Januar bis März geerntet. Während der Sommermonate werden dort im Fruchtwechsel meist Bananen, Mais, Süßkartoffeln (boniato) oder andere Nutzpflanzen gezogen.

Die Qualität der Tabakblätter hängt nicht nur vom Boden, sondern auch vom rechtzeitigen Einsetzen der Trockenzeit ab, da der Pflanze zu viel Wasser schadet. Ideale Bedingungen findet sie in den Tälern (hoyos) der Sierra de los Órganos nahe Pinar del Río und auf den Feldern um die Stadt San Juan y Martínez, 20 km weiter südlich. Hier soll der beste Tabak der Welt wachsen. Doch auch im Süden La Habanas und in der Gegend von Santa Clara gibt es riesige Plantagen.

Die besten Blätter sind die ganz jungen am oberen Ende der Pflanze. Unter den für die Zigarrenherstellung verwendeten, dunklen Blättern gelten die cubanischen Typen pelo de oro (wörtlich: Goldhaar), criollo und corojo als die besten der Welt. Den Tabak für die Deckblätter der Spitzenzigarren zieht man unter Gazetüchern und Spannfolien im Schatten, um eine gleichmäßige helle Färbung zu erhalten.

Bereits während der in sechs Phasen unterteilten Ernte werden die Tabakblätter vorsortiert. Man trennt die späteren Deckblätter von den inneren Füllblättern und bringt sie in spezielle Tabaktrockenhäuschen (casas de curar), von denen es in Westcuba und dort vor allem rund um Pinar del Río besonders viele gibt.

Während des Trocknens müssen Temperatur und Feuchtigkeit im Innern dieser fensterlosen Holzschuppen genau kontrolliert werden. Bei der weiteren Verarbeitung werden die Blätter immer wieder befeuchtet, um eine gründliche und gleichmäßige Fermentierung zu gewährleisten, da diese entscheidenden Einfluss auf die Qualität des Endproduktes hat.

In speziellen Auslesehütten teilen selectores genannte Experten die getrockneten Blätter in unterschiedliche Güteklassen ein. Je nach Qualität werden sie später in der Zigarrenfabrik zu Deckblättern, Umblättern und Einlagen weiterverarbeitet.

Da das Auge des Zigarrenliebhabers „mitraucht", wird das für die Deckblätter vorgesehene Material nach den Kriterien Dicke, Elastizität und Farbe unterteilt.

Die sortierten Blätter werden an den Stängeln zusammengebunden, gebündelt und zu großen Ballen gestapelt. Vor dem Abtransport in die Manufakturen (vgl. Exkurs „Die Zigarrenfabrik") erhalten diese noch eine schützende Verpackung aus der weich geklopften Rinde der Königspalme.

Hurrikan „Lily", der Cuba im Oktober 1996 heimsuchte, war der schlimmste der 1990er-Jahre. „Georges" wütete 1998 im Osten, „Michelle" im November 2001 im Westen der Insel. In jüngerer Zeit waren die Hurrikans „Ike", „Gustav" und „Paloma" (alle in der Saison 2008) und „Sandy" (2012) besonders gefährlich. Meteorologen prognostizieren, dass es in der Karibik auf mittlere Sicht eher mehr als weniger tropische Wirbelstürme geben wird.

Diese Katastrophen haben verheerende Auswirkungen auf die cubanische Wirtschaft und können die Aufbaubemühungen vieler Jahre innerhalb weniger Stunden zunichte machen.

Vegetation, Tierwelt und Umweltprobleme

Flora

Aufgrund der geologischen und klimatischen Voraussetzungen bietet Cuba mit über 8000 Pflanzenarten, von denen die Hälfte endemisch ist, d.h. nur hier vorkommt, die größte biologische Artenvielfalt der Antillen.

Ende des 15. Jahrhunderts war Cuba von einem einzigen großen **Wald** bedeckt. Doch Tropenholz war in Europa begehrt und auch der Raubbau für die spanischen Schiffswerften, die Ausdehnung der Zuckerrohrplantagen und der Viehwirtschaft forderten ihren Tribut. Heute sind etwa 20 bis 25 Prozent der Insel mit Wäldern bedeckt.

Insbesondere in den **Mangroven** auf der Zapata-Halbinsel und an den Nordhängen der Sierra Maestra blieb die ursprüngliche Vegetation bis heute erhalten.

30 tcu js

Die Ebenen im Landesinnern werden von der bis zu 40 Meter hohen Königspalme *(palma real)* dominiert, die auch das Wappen Cubas ziert. Sie ist leicht am nackten, grünen oberen Teil ihres Stammes zu erkennen, aus dem oft wie ein Blitzableiter ein Trieb, der *cogollo,* herausragt. Den cubanischen Bauern dient diese königliche Pflanze in vielfacher Weise: Ihre Blattwedel bedecken die *bohíos* genannten, schlichten Hütten und lassen sich leicht zu Körben, Hüten und anderen nützlichen Gegenständen flechten. Ihr außen sehr harter Stamm wird zu widerstandsfähigen Brettern, Möbeln und Viehtrögen verarbeitet. Die zarten Herzen *(palmito)* bilden die Grundlage schmackhafter Suppen und Salate, die unteren Blatthülsen *(yagua)* werden zur Herstellung von Tabakrollen, Schuhen und Körben verwendet. Die Früchte *(palmiche)* schließlich ernähren Schweine und andere Nutztiere.

Die durchlässigen und sandigen Böden im Westen Cubas eignen sich besonders gut für den Tabakanbau. Dort gedeihen auch mehr Palmen als in den meisten anderen Landesteilen. Pinien finden sich in allen Regionen. Auf der tonigen Erde in der Mitte Cubas wachsen Zuckerrohr *(caña),* Gemüse und wertvolle Hölzer. Die weniger ergiebigen Landstriche dienen als Viehweiden. Im Osten dominieren Zuckerrohrfelder.

Fauna

Vor der Kolonisierung gab es auf Cuba lediglich 38 Säugetierarten, darunter 30 **Fledermausarten,** die auch heute noch in den zahlreichen Höhlen einen idealen Lebensraum finden. Sie sind nicht nur nützliche Insektenjäger, sondern auch Produzenten eines sehr ergiebigen Düngers *(guano).*

Einige Säuger, wie etwa der langschnäuzige Schlitzrüssler *(almiqui),* sind nur noch im Osten der Insel anzutreffen und vom Aussterben bedroht. Manche Flussmündungen werden von einer *manatí* genannten Seekuhart bewohnt, die schon von den Ureinwohnern bejagt wurde.

Sehr artenreich sind Vögel (etwa 350 Arten), von denen 21 Arten nur auf Cuba vorkommen sollen, Reptilien (300 Arten) und Insekten (7000 Arten) mit allein 185 Schmetterlingsarten. In den Gewässern tummeln sich über 900 Fischarten, von denen 300 essbar sind und Cuba nicht erst seit Hemingways Zeiten zu einem Anglerparadies machen. Vor Cubas Küsten tummeln sich Raubfische, z. B. weiße und blaue Marline *(agujas* bzw. *casteros).* Diese Meerestiere können bis zu vier Meter Länge und über 250 kg Gewicht erreichen.

◁ In Cubas Westen: Traumlandschaft bei Viñales

„Grüner" Tourismus

Mit dem Begriff Ökotourismus wird auf Cuba eher großzügig umgegangen. Er bedeutet in vielen Fällen nur, dass ein stolzer Eintrittspreis für die Nationalparks und Schutzgebiete entrichtet werden muss und man gezwungen wird, einen staatlichen Führer zu engagieren. Markierte Wanderwege, gute Karten und Campingplätze sind nach wie vor Mangelware.

Wanderer kommen vor allem rund um Viñales und Soroa in Westcuba sowie in den Sierras auf ihre Kosten. Ferner wurde mit deutscher Unterstützung der Parque Nacional Alejandro Humboldt eingerichtet, ein fast 700 km² großes Gebiet in den Provinzen Holguín und Guantánamo, das den letzten tropischen Regenwald Cubas einschließt und im Jahr 2001 zum Weltnaturerbe erklärt wurde.

Der Naturpark Montemar ist das Zentrum des „Ökotourismus" auf der Halbinsel (peninsula) Zapata. Das touristische Angebot umfasst Vogelbeobachtungen, Höhlentauchen und Sumpfwanderungen. Im Parque Nacional Turquino kommen Bergsteiger auf ihre Kosten: Da auch die höchsten Erhebungen unter 2000 Meter liegen, stellt dabei das schwülheiße Klima die eigentliche Herausforderung dar.

Cubas Blütenpracht lässt sich besonders gut in den Botanischen Gärten von La Habana, Cienfuegos und Santiago de Cuba studieren. Die größte Orchideensammlung präsentiert die beeindruckende Orquidería von Soroa in der Provinz Pinar del Río.

Riesenschildkröten *(caguamas)* und die mit Schlingen gejagten Krokodile *(cocodrilos)* der Küsten und Sümpfe, deren Fleisch als große Delikatesse gilt, wurden im Lauf der Jahrhunderte stark dezimiert. Letztere züchtet man heute erfolgreich in den Süßwasserbecken von Guamá.

Es gibt nur wenige Schlangenarten (alle ungiftig), von denen die Boa-Art *majá de Santa María* erstaunliche vier Meter lang werden kann.

Cubas Tierwelt ist für einige Superlative gut: So findet man hier nicht nur der Welt kleinsten Frosch, sondern mit dem winzigen *zunzuncito* auch den kleinsten Vogel.

Bei Cienfuegos und am Río Cauto kann man Flamingos *(flamencos)* beobachten und in den Mangrovensümpfen Kanarienvögel *(canarios)*. Der aasfressende schwarzgefiederte Rabengeier *aura tiñosa* ist leicht an seinem roten Kopf zu erkennen.

Mit etwas Glück beobachtet man in milden Tropennächten Leuchtkäfer der Art *cocuyo*, die von Bauern gerne in kleinen Käfigen gehalten werden.

Umweltschutz

Leider kommt auch auf Cuba massive **Umweltzerstörung** vor: Die Gegenden um Zementfabriken (z. B. in Mariel) und Nickelminen (z. B. bei Moa) erinnern an kahle, surreale Albtraumlandschaften. In manchen Gegenden gelangt Pflanzendünger ins Grundwasser.

Industrielle Verschmutzung und ungenügende Abwasserreinigung bleiben weit verbreitete Probleme. **Tropische Edelhölzer** sind nach wie vor ein begehrtes Exportgut. Etwa 200 cubanische Pflanzen- und Tierarten gelten als vom Aussterben bedroht.

Auch der expandierende **Tourismus** fordert seinen Tribut: Überfischung hat viele Riffe entvölkert, über neu errichtete Straßen, Dämme und Flughäfen strömen immer mehr Menschen in die zahlreichen Hotelanlagen und an die vormals unberührten Strände.

Ein **Bewusstsein für Umweltprobleme** oder gar eine aktive Umweltbewegung, die nachhaltigeres Handeln anmahnt, stecken noch in den Kinderschuhen. Die Regierung wird in dieser Hinsicht nur sporadisch aktiv.

Immerhin wurden neben den 14 Nationalparks auch andere offizielle **Schutzgebiete** wesentlich ausgeweitet. Vier davon sind von der UNESCO bereits in den 1980er-Jahren zu Biosphärenreservaten erklärt worden: Die Cuchillas del Toa und Baconao in Ostcuba und die Sierra del Rosario sowie die Halbinsel Guanahacabibes im Westen, wo es noch heute den Berufsstand der Köhler gibt. Im Jahr 2000 kamen Buenavista und das Sumpfgebiet Ciénaga de Zapata hinzu.

Maßnahmen wie etwa Einschränkungen der Fischfangrechte oder Appelle an die Bevölkerung, sparsamer mit Trinkwasser umzugehen, zeigen wenig Wirkung. Da staatliche Emissionskontrollen fehlen, sind auf Cubas Straßen Vehikel unterwegs, deren Abgase nicht nur zu riechen, sondern als schwarzer oder blauer Rauch auch zu sehen sind.

In den Bergen bei Baracoa wird sporadisch aufgeforstet, überwiegend mit Kiefern.

302cu js

▷ Tabakplantage bei Pinar del Río

Schmelztiegel Cuba: europäisches und afrikanisches Erbe

Cubas vier Jahrhunderte währende koloniale Geschichte erklärt den Einfluss spanischer und afrikanischer Traditionen und Lebensweisen. Besonders faszinierend sind die Kulturleistungen, die aus deren Vermischung erwachsen sind.

Afrocubanische Errungenschaften, die häufig als „typisch cubanisch" gelten, finden sich in praktisch allen Lebensbereichen. Da den meisten davon in diesem Band eigene Kapitel gewidmet sind, sollen hier nur die wichtigsten kurz genannt werden.

Der im Volksmund Santería genannte afrocubanische Kult (eigentlich *Regla de Ochá*) findet gerade in jüngster Zeit wieder vermehrt Anhänger und dürfte inzwischen die Zahl der bekennenden Christen übertreffen. Er wird im Kapitel „Religion und Magie: Rote Insel – Schwarze Götter" ausführlich dargestellt.

Im Bereich des künstlerischen Ausdrucks fallen vor allem die **musikalischen Schöpfungen** der Cubaner auf: Weltweit bekannt geworden sind die Rhythmen der Rumba, des Mambo, der Salsa und des Son sowie die dazugehörigen Tanzstile.

Natürlich gingen afrikanische und spanische Gewohnheiten auch **in der Küche und auf dem Esstisch** interessante Ehen ein. Der Abschnitt „Cocina criolla – Cubanische Gaumenfreuden" stellt die populärsten Kreationen vor.

A propos Ehe: Wie im Kapitel „Die cubanische Gesellschaft" beschrieben, sind die meisten Cubaner selbst das Ergebnis der **genetischen Vermischung** aus spanischen und afrikanischen „Elementen".

Weltkulturerbe La Habana

Da dieses Buch gerade kein klassischer Reiseführer ist, finden sich im Folgenden weder Routenvorschläge noch Tipps zu Unterkunft und Verpflegung. Insoweit verweise ich aber gerne auf den ebenfalls bei REISE KNOW-HOW erschienenen CityTrip Havanna.

Mir geht es hier darum, die spezielle Atmosphäre der cubanischen Regionen vorzustellen. Außerdem wird erläutert, welche innercubanischen Vorurteile vor allem gegenüber den *habaneros* (Einwohner La Habanas) und *orientales* (Bewohner Ostcubas) existieren und weshalb die Regionen untereinander rivalisieren.

Beginnen soll die kleine Rundreise mit La Habana, der „alten Dame der Karibik".

Wie keine andere Stadt der Karibik ist La Habana ein lebender Mythos und schon lange vom Insider-Tipp zum Ziel von Millionen geworden. La Habana ist nicht nur das politische und wirtschaftliche Zentrum Cubas, sondern auch eine der faszinierendsten Städte der Welt.

Cubas Hauptstadt ist mit derzeit etwa 2,2 Millionen Einwohnern die mit Abstand größte Metropole der Karibik. „Habana Vieja", also die **Altstadt,** wurde bereits 1982 von der UNESCO zum Weltkulturerbe der Menschheit erklärt. Nirgendwo sonst in Amerika sind so viele Kolonialbauten in einem derart vollständigen Ensemble erhalten.

Ernest Hemingway, Alejo Carpentier und andere berühmte Schriftsteller sind dem Zauber dieses lebenden Museums erlegen. Filme, Bücher und Musik aus und über La Habana haben auch diesseits des Atlantiks Hochkonjunktur. Die besondere Atmosphäre der Stadt ist nur schwer in Worte zu fassen:

Wellen schwappen über die weltberühmte Uferpromenade „Malecón", wo frisch Verliebte vor pastellfarbenen Fassaden flanieren. Steinerne Fes-

⌃ La Habanas Capitolio ist seinem Namensvetter in Washington nachempfunden

tungen glühen in der karibischen Abendsonne und erinnern an die Zeiten, als La Habana das Juwel der spanischen Krone war. Uralte Straßenkreuzer neben Fast-Food-Restaurants, Trommeln und Kindergeschrei, Fahrradklingeln und blaue Abgaswolken, ältere Herren in geflickten Hemden und junge Frauen in sehr kurzen, immer eine Spur zu engen Röcken. Das alles gleichzeitig, miteinander, durcheinander und mit einer für nordeuropäische Sinne verwirrenden Geschwindigkeit und Lautstärke.

Gleichzeitig bröckeln ganze Straßenzüge trostlos in der subtropisch-feuchten Meeresluft dahin. Immerhin zeigt das Restaurierungsprogramm für den östlich des Kapitols (*Capitolio*) gelegenen kolonialen Stadtkern (*La Habana Vieja*) inzwischen beachtliche Resultate.

La Habana ist Brennpunkt der cubanischen Jugendkultur sowie Zentrum der Musik- und Filmindustrie. Hier findet man die **berühmtesten Sehenswürdigkeiten, die größten Hotels und die bekanntesten Nachtklubs.** Insofern scheint es, als habe sich der Kreis der Geschichte wieder geschlossen: Die Zustände erinnern mancherorts wieder an die Zeiten vor der Revolution 1959.

La Habanas spezielle Mischung aus überschäumender Lebensfreude und bitterer Melancholie, aus kolonialer Pracht und städtebaulichem Notstand muss jeder selbst erleben.

Die Einwohner nennen sich *habaneros* und stehen auf ganz Cuba in dem Ruf, arrogant und hochnäsig zu sein. Und in der Tat gehen die Uhren hier anders. Die Hauptstädter sind geschäftstüchtiger, agiler und „hektischer" als ihre Landsleute. Ein Grund hierfür dürfte sein, dass fast alle (Schwarzmarkt-)Waren und Dienstleistungen wesentlich teurer sind als in der Provinz. Was in Pinar del Río oder Holguín einen CUC wert ist, kostet in La Habana mindestens zwei.

Die Habaneros selbst haben von den Bewohnern der Ostprovinzen und insbesondere ihren Mitbürgern aus Santiago de Cuba (*santiagueros*) eine denkbar schlechte Meinung: Diese seien ein Haufen von Immigranten (Anspielung auf den früher massenhaften Zuzug von Jamaika und Haiti), seien nicht in der Lage, ordentlich Spanisch zu sprechen und daher jedenfalls keine „richtigen" noblen Cubaner, sondern lediglich *palestinos* (sinngemäß: „Provinzler aus dem Osten").

Die so Gescholtenen kontern mit der Behauptung, all diese Unterstellungen würden ihre Ursache im Neid auf die ungezwungenere und vitalere Lebensweise in ihrer Region haben.

▷ In ländlichen Gebieten gehen die Uhren anders – nämlich langsamer ...

Cubas Westen – die Tabakregion Pinar del Río

Die Atmosphäre in der Westprovinz ist sanfter und entspannter als in den anderen Teilen der Insel. Der cubanische Autor *Fernando Ortiz* (1881–1969) führt dies auf die jahrhundertealte Tradition des Tabakanbaus zurück. Denn während im Osten die Schindereien der Zuckerrohrernte dominieren, haftet der hohen Kunst des Tabakanbaus eher etwas Vornehmes und Bedächtiges an.

Im Vergleich zu den riesigen Zuckerrohrplantagen sind Pinars Tabakfelder geradezu winzig und beschäftigen nur eine Handvoll Spezialisten. Wie vor hundert Jahren werden auch heute noch alle Arbeitsgänge von Hand erledigt: Vom Pflücken der Blätter bis zum Rollen des erlesenen Endproduktes. Die gemütlichen Westprovinzler gelten auf Cuba als tendenziell einfältig und hinterwäldlerisch. Davon zeugen zahllose Anekdoten und das populäre Sprüchlein: „Tu eres bobo o de Pinar del Río?" (Bist du doof oder aus Pinar del Río?). Das Valle (Tal) de Viñales gilt vielen als bezauberndste Landschaft Cubas (siehe Foto Seite 32). Eine Autostunde nordwestlich davon liegt Cayo Jutías. Liebhaber einsamer Sandstrände können hier naturbelassene Badebuchten in Beschlag nehmen.

Die Zigarrenfabrik

In den Zigarrenmanufakturen (fábricas de tabaco) wird die Arbeit getan, die das Werk der Tabakbauern (vgl. Exkurs „Der Tabakanbau") fortsetzt und die man bei uns als das „Rollen von Zigarren" bezeichnet.

Leider ist an der alten Legende, dass die edelsten „Havannas" auf den nackten Schenkeln wunderschöner Mulattinnen gefertigt werden, nicht viel dran.

Der torcedor („Zigarrendreher") nimmt zunächst ein besonders kräftiges Blatt als Einlage, das auf einem weichen Holzbrett in Blätter verschiedener Färbung zur habanero (Roh-Zigarre) eingerollt wird.

Anschließend wird die roh gerollte Zigarre in eine Presse aus Zedernholz (bonche) gelegt. Der Arbeiter schneidet dann mit einem speziellen, chaveta genannten Rundmesser das Deckblatt für die Seite des Mundstücks zurecht und klebt es mit Pflanzengummi fest. Die Güte des Endproduktes hängt dabei entscheidend von der Kunstfertigkeit ab, das Deckblatt optimal anzubringen.

Mit einem eleganten Hieb wird die Zigarre nun an der Feuerseite beschnitten, bevor sie mit einer Papierbanderole der jeweiligen Marke versehen und in ein Kästchen aus Zedernholz gelegt wird. Die geschicktesten Zigarrendreher bringen es pro Tag auf über 150 „Havannas".

Um die edlen Stücke möglichst lange feucht zu halten, legt man nun noch ein Stück Zedernholz bei. Bevor die Ware die Fabrik verlässt, probieren catadores genannte Tester stichprobenartig Zigarren aus ausgewählten Partien. Kenner geben Länge und Dicke von Zigarren in Zoll an. Den Durchmesser bezeichnet ein Ringmaß.

Die berühmtesten Manufakturen sind die der Marken „Cohiba" (das Taíno-Wort für Tabak), „Montecristo", „Romeo y Julietta" (Romeo und Julia) sowie „Partagás". Die 1845 gegründete Fabrik der letztgenannten Marke liegt direkt hinter dem Kapitol und kann wie auch einige andere gegen Entgelt besichtigt werden. Die Marke „H. Upmann" ist nach einem deutschen Bankier benannt, der zunächst nur für besonders wichtige Geschäftspartner produzieren ließ.

Eine interessante Einrichtung in den Zigarrenfabriken ist die sogenannte lectura (wörtlich: Vorlesung). Seit den 1860er-Jahren beschäftigen die patrones (Arbeitgeber) professionelle lectores, die zur Erbauung und Bildung der (früher leseunkundigen) Zigarrendreher Zeitungen und Romane vorlesen. Gefällt den tabaqueros eine Passage besonders gut, so spenden sie lautstark Beifall, indem sie mit ihren Schneidemessern auf die hölzerne Arbeitsfläche klopfen.

Die ländliche Mitte

Im Herzen Cubas ziehen sich **Zuckerrohrfelder** bis zum Horizont, um kurz vor Ciego de Ávila in riesige Obstplantagen und noch weiter östlich in Rinderweiden überzugehen.

In diesen landwirtschaftlich geprägten Landstrichen lebt fast niemand vom Tourismus. Ausnahmen bilden die jeweiligen Provinzhauptstädte, allen voran Camagüey und Santa Clara.

In Cubas ländlicher Mitte findet man zahlreiche **Rivalitäten** zwischen den größeren Städten. So neidet beispielsweise Morón dem 40 km entfernten Ciego de Ávila seinen Status als Provinzhauptstadt.

Die quirlige Universitätsstadt Santa Clara, das mondäne Cienfuegos, das barocke Trinidad und der Durchgangsort Sancti Spíritus streiten sich seit Jahrhunderten darum, wer von ihnen die wahre Kapitale des westlichen Zentrums sei.

In den Vorurteilen gegenüber La Habana und dem Ostteil der Insel zeigt sich die Region dann allerdings wieder vereint: Die Habaneros hielten sich als Hauptstädter allesamt für etwas Besseres und in Santiago sei jeder Zweite entweder ein Mörder *(asesino)*, Räuber *(ladrón)* oder Vergewaltiger *(violador)*.

△ Zitat Fidel Castro: „Wir wünschen, dass Ihr wie ‚der Che' seid"

Cubas wilder Osten

In Cubas Osten war man schon immer etwas heißblütiger. *„Rebelde ayer, hospitalaria hoy, heroica siempre"* (Gestern rebellisch, heute gastfreundlich, stets heldenhaft) lautet das selbstbewusste Motto Santiagos.

Die Landschaft ist abwechslungsreich: Majestätische Berge, herrliche Strände, aber auch karge, eintönige Gebiete. Die meisten Städte dieser Region sind sehr geschichtsträchtig. Dies gilt insbesondere für Baracoa und Santiago de Cuba, der Metropole des cubanischen Ostens, wo auch einer der berühmtesten Karnevale Lateinamerikas stattfindet.

Passionierte Cubareisende bestätigen, dass die Bewohner des Ostens (etwa ab Camagüey) tendenziell herzlicher ticken als ihre etwas rationaleren und meist „geschäftstüchtigeren" Landsleute im Zentrum und in der Hauptstadt.

⌃ Die Küstenstadt Baracao   ▷ Santiagueros sind immer gut drauf

Santiago de Cuba

Santiago de Cuba, von 1523 bis 1556 Hauptstadt Cubas, steht in einem ständigen **Wettstreit mit La Habana.** Eifersüchtig achten die Städte auf Gleichbehandlung. Was in La Habana gebaut wird, muss größer, höher, breiter sein als das Pendant in Santiago. Umgekehrt verhält es sich genauso. Die Landepiste des Flughafens in Santiago, sie wurde später als die in der Hauptstadt gebaut, ist allein aus diesem Grund fünf Meter länger als die La Habanas. Dafür hat das (ältere) Theater von Santiago genau einen Platz weniger als das (neuere) in der Hauptstadt. In Santiago besonders sehenswert sind die Festung, der etwas außerhalb gelegene Friedhof „Santa Ifigenia" mit seinen prächtigen Grabmalen (*Bacardi, Martí, Maceo* u. v. a.), die Kathedrale und das Rathaus. Einen beeindruckenden Panorablick über das Zentrum genießt man von der Dachterrasse des Hotels „Casa Granda" am Parque Céspedes sowie vom Außenbereich des Restaurants „El Balcón del Tivolí" im gleichnamigen Stadtteil.

Die Santiagueros bezeichnen ihre Stadt gerne als Hauptstadt der Karibik *(La Capital del Caribe)* und neigen auch sonst nicht zu übermäßiger Bescheidenheit. So ist man unter anderem stolz darauf, dass ungewöhnlich viele cubanische Spitzensportler aus ihrer Gegend stammen. Richtige *Santiagueros* seien halt besonders hart im Nehmen und sähen dabei auch noch stets chic und lässig aus. **Vorurteile** über die lieben Landsleute werden dem Reisenden auch ungefragt mitgeteilt: La Habana sei voller Snobs und Karrieristen, in Holguín (der zweiten großen Stadt im Osten) kleide man sich besonders miserabel und die Einwohner von Pinar del Río hätten bis auf den heutigen Tag den Sinn und Zweck einer ordentlichen Mundhygiene nicht richtig erfasst. Den Lebensstil in den ländlichen Gegenden verachtet man besonders inbrünstig.

371cu om

Geschichte und Politik

◁ Kennt in Cuba jedes Kind: General Máximo Gómez, Befehlshaber im
Unabhängigkeiskrieg 1895–1898 (313cu js)

Geschichte Cubas

Cuba, seit Jahrtausenden besiedelt, blickt auf eine ereignisreiche Geschichte mit zahlreichen markanten Wendungen und Brüchen zurück. Von Kolumbus bis zur Revolution 1959 ist sie von Fremdherrschaft gekennzeichnet.

Vor den Spaniern

Die Besiedlungsgeschichte vor der spanischen Kolonialisierung konnte inzwischen in groben Zügen rekonstruiert werden.

Man geht von drei großen Wellen indianischer Okkupation aus. Etwa 2000 v. Chr. (nach anderer Ansicht wesentlich früher) sollen Bewohner der Inseln vor der Küste des Orinoko im heutigen Venezuela nach Cuba gekommen sein. Kennzeichnend für diese als **Guanahatabey-Kultur** bezeichneten, nomadisch lebenden Ureinwohner war der Gebrauch von Muscheln zur Herstellung von Werkzeugen, Schmuck und Grabbeigaben.

Um 1000 v. Chr. besiedelten die halbnomadisch lebenden Siboney *(Ciboney)* die Insel. Sie benutzten bereits Steinwerkzeuge, lebten von der Jagd und wohnten in einfachen, *caneyes* genannten Rundhütten.

Ab 1250 n. Chr. gelangten die ursprünglich im Gebiet des heutigen Brasilien siedelnden Arawak (oder Taínos) auf der Flucht vor den kriegerischen südamerikanischen Kariben nach Cuba. Sie lebten in Dörfern und betrieben erfolgreich Ackerbau und Fischfang. Kunstvolle Werkzeuge und Schmuck zeugen von großem handwerklichen Geschick. Sie waren geübte Jäger und Bootsbauer und entwarfen den Vorläufer des typisch cubanischen, palmenbedeckten Bauernhauses *(bohío)*, das man noch heute in abgelegenen Gegenden finden kann.

Die Arawak schmierten ihre Körper mit farbiger Erde und Fett ein und verliehen den Köpfen ihrer Kinder durch Bandagieren eine längliche Form. Gold, das ihnen ebenfalls als Körperschmuck diente, war ein bedeutendes Handelsgut.

Religiöse Zeremonien, bei denen Maisschnaps und Tabakrauch eine wichtige Rolle spielten, fanden auf dem *batey* genannten Dorfplatz statt. Die landwirtschaftliche Produktion basierte auf Gemeinschaftsarbeit und Gemeineigentum – eine interessante Parallele zu den hehren Ansprüchen des cubanischen Sozialismus im 20. Jahrhundert.

Obwohl die meisten Ureinwohner und ihre Kultur der Skrupellosigkeit der spanischen Eroberer zum Opfer fielen, stößt man, vor allem im ländlichen Osten, noch heute auf Menschen mit (leicht) indianischen Gesichtszügen.

Christoph Kolumbus – der erste Europäer auf Cuba

Der 1451 in Genua als Cristoforo Colombo geborene Seefahrer verfolgte, durch Ptolemäuskarten und den Florentiner Naturforscher Paolo dal Pozzo Toscanelli angeregt, den Plan, Indien auf dem Westweg zu erreichen. Toscanellis Weltkarte von 1474 lässt die groben Konturen der Kontinente erstaunlich gut erkennen, hat aber einen fatalen Mangel: Der amerikanische Doppelkontinent fehlt!

1484 konnte Kolumbus Isabella von Kastilien überzeugen, ihn mit den für die Expedition erforderlichen Geldern auszustatten. Am 3. August 1492 stach er mit zwei Karavellen und einem etwas größeren Schiff in See. Auf dieser ersten Reise „entdeckte" er die Inseln Guanahani (Bahamas), Cuba und Haiti. Auf drei weiteren Reisen gelangte er nach Puerto Rico, Jamaika, Trinidad sowie auf die kleinen Antillen und an das amerikanische Festland.

Um die Ehre, erste Anlegestelle auf Cuba gewesen zu sein, streiten sich heute die Städte Baracoa und Gibara. Seine ersten Eindrücke von der Insel hielt Kolumbus am 28. Oktober 1492 im Bordbuch fest:

„Ich habe keinen schöneren Ort je gesehen. Die beiderseitigen Flussufer waren von grünumrankten Bäumen eingesäumt, die ganz anders aussahen als die heimatlichen Bäume. Sie waren von Blumen und Früchten der verschiedensten Art behangen, zwischen denen zahllose gar kleine Vögelein ihr süßes Gezwitscher vernehmen ließen … Ich bestieg die Schaluppe und betrat das Land. Hierauf ging ich auf zwei Hütten zu, von denen ich annahm, dass sie Fischern gehörten. Allein bei meinem Erscheinen ergriffen die Eingeborenen, von Furcht erfasst, die Flucht. In einer dieser Hütten fand ich einen Hund, der nicht bellte. In beiden hingen aus Palmfasern hergestellte Netze, Stricke, eine Angel aus Horn, knöcherne Haken und anderes Fischergerät. Im Innern gab es mehrere Herde. Meines Erachtens konnten diese Hütten vielen Menschen Obdach gewähren. Ich ordnete an, alles schön liegen und stehen zu lassen, was auch befolgt wurde."

Christoph Kolumbus, inzwischen zum „Admiral des ozeanischen Meeres" ernannt, starb 1506 in Valladolid (Spanien).

Kolonialzeit – Blut und Schweiß

Am 27. Oktober 1492 ankerte Christoph Kolumbus (spanisch: *Cristóbal Colón*) vor Ostcuba. An der Playa Bariay soll er einen Tag später erstmals cubanischen Boden betreten haben. Die Insel, die er für einen Ausläufer Asiens hielt und auf der zu diesem Zeitpunkt etwa 100.000 (nach anderen Schätzungen bis zu 300.000) Menschen lebten, erhielt zu Ehren des spanischen Thronerben *Don Juan* zunächst den Namen „Juana". Das an die indianische Bezeichnung *cubanacán* angelehnte „Cuba" wurde erst später gebräuchlich.

Die von den Spaniern *conquista* genannte Kolonisation setzte im Jahre 1512 mit der Gründung der Stadt Baracoa durch *Diego Velázquez* ein. Bereits 1514 bzw. 1515 folgten die heute größten Städte Santiago de Cuba und La Habana.

Durch Massaker bei Strafexpeditionen, eingeschleppte Infektionskrankheiten und den Einsatz beim Anbau von Zuckerrohr ab 1548 wurde die Urbevölkerung erheblich dezimiert. Um 1550 lebten nur noch wenige Tausend *Indígenas* auf dem Archipel. Weder der verzweifelte Kampf unter dem Kaziken (Führer) *Hatuey,* noch die eindringlichen Briefe des Paters *Bartolomé de Las Casas* an König *Phillip II.* konnten den Untergang der präkolumbischen Kultur verhindern.

Hatuey wurde bei lebendigem Leibe verbrannt und gilt als erster Freiheitsheld Cubas. Als ein spanischer Mönch ihn vor dem Gang zum Scheiterhaufen noch rasch zum Christentum bekehren sollte, damit er in den Himmel käme, lehnte der stolze Rebell ab: Er ziehe es vor, nicht als Christ zu sterben, damit er wenigstens nach seinem Tod Ruhe vor den Spaniern habe und seinen Peinigern nicht im Paradies erneut begegnen müsse.

Der spanische König freute sich unterdessen über den **enormen wirtschaftlichen Ertrag** seiner Kolonien. Der Hafen von La Habana wurde ab 1564 Sammelpunkt für das in Neuspanien (später Mexiko) geraubte Silber der Azteken.

Zur selben Zeit begann der Anbau des über die Kanarischen Inseln aus Ostasien eingeführten **Zuckerrohrs,** das knapp hundert Jahre später der Hauptexportschlager der Insel werden sollte.

Da bei der vorindustriellen Ernte ein enormer Aufwand an menschlicher Arbeitskraft erforderlich war, begann in den 1620er-Jahren ein weiteres ruhmloses Kapitel der Kolonialzeit: Bis zur Mitte des 19. Jahrhunderts wurden über 850.000 Afrikaner *(die Anzahl ist unter Historikern sehr umstritten)* in die karibischen Kolonien verschleppt. Die überwiegend aus den heutigen Gebieten von Nigeria und Benin stammenden Menschen durften der herrschenden rassistischen Ideologie zufolge wie Waren behandelt und mit drakonischen Leibesstrafen gefügig gemacht werden. Etwa 15 von 100 fielen bereits ihrem „Transport" im sogenannten Dreieckshandel zwischen Europa, Afrika und der neuen Welt zum Opfer. Nur wenige konnten von den Plantagen flüchten und sich als *cimarrónes* (wörtlich: Wilde) eine karge Existenz in den Bergen aufbauen. Aufstandsversuche im Jahr 1843 wurden brutal niedergeschlagen. Mitte des 19. Jahrhunderts machten die Verschleppten etwa 50 Prozent der Inselbevölkerung aus.

Humboldt – der zweite Entdecker Cubas

Der 1769 in Berlin geborene Gelehrte und Naturforscher Alexander von Humboldt besuchte Cuba Anfang des 19. Jahrhunderts zwei Mal zusammen mit dem französischen Botaniker Aimé Bonpland.

Insgesamt verbrachte er knapp sechs Monate auf der Insel, um Studien über Geografie, Natur und Gesellschaft anzustellen. „Es gibt kein Eiland, das so reich an Düften ist wie Cuba" schrieb er in sein Tagebuch. Sein 1826 in Paris erschienener Essai politique sur l'île de Cuba (Politischer Essay über die Insel Cuba) enthält die erste detaillierte Studie über das Land.

Der Text enthält Betrachtungen zur Bevölkerung, zum damals boomenden Zuckerrohrhandel und eine Vielzahl von Statistiken. Er wurde von der spanischen Kolonialregierung aufgrund Humboldts scharfer Kritik an der Sklaverei umgehend wegen „immenser Gefährlichkeit" verboten. Humboldt bezeichnete die Leibeigenschaft als „größtes Übel der Menschheit" und notierte: „Sache des Reisenden, welcher in der Nähe gesehen, was die menschliche Natur quält und herabsetzt, ist es, des Unglücks Klagen zur Kenntnis jener zu bringen, welche zu helfen vermögen."

Heute wird der deutsche Wissenschaftler als „zweiter der drei Entdecker Cubas nach Kolumbus und vor dem Ethnologen Fernando Ortiz" verehrt. Er ist der Europäer, der Cuba entscheidende Anstöße auf der Suche nach der eigenen Identität gab. Ein Naturpark im Osten der Insel trägt seinen Namen. In La Habana wurde ihm zu Ehren mit deutscher Unterstützung ein Museum eingerichtet.

Die Rechnung der Plantagenbesitzer ging wirtschaftlich auf: Ab dem Ende des 17. Jahrhunderts war Cuba der größte Zuckerexporteur der Welt.

1886 wurde die **Sklaverei** auf internationalen Druck hin und als Folge des ersten Unabhängigkeitskrieges **abgeschafft.** Mit mäßigem Erfolg versuchte man fortan, Arbeitskräfte aus Asien ins Land zu locken.

Unabhängigkeitskriege des 19. Jahrhunderts

Auf Cuba fielen der Geist der Aufklärung, der Französischen Revolution und der Unabhängigkeitsbewegungen anderer Länder auf fruchtbaren Boden. Nachdem es bereits im 18. Jahrhundert zu Spannungen zwischen kreolischen (d.h. auf Cuba geborenen Nachfahren der Spanier) Großgrundbesitzern und der spanischen Krone gekommen war, begann 1868 der **erste Unabhängigkeitskrieg** gegen Spanien.

José Martí – Poet und Märtyrer

Im Gegensatz zu den meist sehr lebensfrohen Cubanern ging ihr erster Nationalheld, der asketische Dichter und Freiheitskämpfer José Martí, eher nachdenklich durchs Leben.

Am 28. Januar 1853 als Sohn spanischer Emigranten in La Habana geboren, verfasste Martí bereits als 13-jähriger kleine Sonette. Früh begann er seine poetischen und rhetorischen Fähigkeiten im Unabhängigkeitskampf gegen die spanische Kolonialmacht einzusetzen. Dies brachte ihm Gefängnisstrafen und Zwangsarbeit ein, schließlich die Verbannung ins Exil, das er unter anderem in den USA verbrachte.

Als Dichter gefeiert - von ihm stammen die Verse zu Guantanamera - und als Journalist geachtet, träumte Martí nicht nur von der Unabhängigkeit Cubas, sondern strebte wie vor ihm Simón Bolívar und nach ihm Che Guevara, die politische Befreiung und kulturelle Eigenständigkeit ganz Lateinamerikas an.

1877 heiratete er Carmen Zayas Bazán und kehrte ein Jahr später nach Cuba zurück. Bald darauf wurde er wegen seiner unverhohlenen Ablehnung der spanischen Kolonialregierung abermals ins Exil gezwungen.

Als auf Cuba der zweite Unabhängigkeitskrieg losbrach, griff der schnauzbärtige Revolutionär mit der hohen Denkerstirn selbst zur Waffe. Mit seinem Tod in einem der ersten Gefechte am 19. Mai 1895 bei Bayamo begann Martís Aufstieg in den Pantheon der herausragenden Freiheitskämpfer Lateinamerikas.

Die Schöne aus Guantánamo	*Guantanamera*
Mädchen aus Guantánamo,	Guantanamera, guajira
Landmädchen aus Guantánamo	Guantanamera,
Mädchen aus Guantánamo,	Guantanamera, guajira
Landmädchen aus Guantánamo	Guantanamera.
Ich bin ein aufrechter Mann,	Yo soy un hombre sincero
unter Palmen bin ich zu Haus,	de donde crece la palma,
und bevor ich sterbe	y antes de morirme
möchte meine Seele besingen,	quiero echar mis
was sie quält.	versos del alma.
Guantanamera …	Guantanamera …
Mit den Armen dieser Erde	Con los pobres de la tierra
möchte ich mein Glück teilen,	quiero yo mi suerte echar,
der Bergbach	el arroyo de la sierra
behagt mir mehr als das Meer.	me complace más que el mar.

Der vielseitig ambitionierte Visionär mit dem großen Herzen und den vielen Beinamen steht in Cubas Nationalheldenverehrung gleich an zweiter Stelle nach Che Guevara. Kaum eine Ortschaft, die ohne ein bronzenes Standbild oder eine marmorne Büste dieses charismatischen Märtyrers auskommt.

Mit wachen Augen lächelt er seit Jahrzehnten von allen Ein-Peso-Scheinen. Eine besonders eindrucksvolle Martí-Statue kann in der Eingangshalle der Freimaurerloge von La Habana am unteren Ende der breiten Avenida Salvador Allende alias Avenida Carlos III. (tercero) bewundert werden. Gleichzeitig männlich unerschrocken und feminin romantisierend, gilt er heute vielen als „Vater aller Cubaner" und „Mutter aller Apostel".

Die Anfangszeilen aus Martís „Versos sencillos" (Schlichte Verse) gingen als erste Strophe des Volksliedes Guantanamera um die Welt und sind ein schönes Beispiel für sein Talent, tiefe und feierliche Gefühle in einem kurzen Vers einzufangen (Original-Text und Übersetzung auf der linken Buchseite).

⌃ In vielen Städten wurden zu Ehren des Nationalhelden Nr. 1 Statuen errichtet

Die *mambises* genannten Rebellen, die eine Kriegstaktik der verbrannten Erde verfolgten, erzielten mit ihren Guerillamethoden einige beeindruckende militärische Erfolge, mussten jedoch 1878, geschwächt durch interne Zwistigkeiten und Hungersnöte sowie mangels Nachschub an Waffen den Friedensvertrag von Zanjón akzeptieren. Auf Kosten von 200.000 Menschenleben und eines enormen Sachschadens hatte Spanien seine Zuckerinsel ein letztes Mal halten können.

Bereits 1895 begann mit Unterstützung südamerikanischer Staaten ein erneuter Befreiungskampf, der wie der erste teilweise als Guerrillakrieg geführt wurde. Drei Jahre später intervenierten die USA zugunsten der Cubaner, was den **Spanisch-Amerikanischen Krieg** auslöste. An dessen Ende stand die mit dem Pariser Frieden vom 10. Dezember 1898 festgeschriebene Unabhängigkeit Cubas von Spanien.

Wie schmerzhaft die Niederlage für die stolzen Spanier war, lässt sich an einem noch heute populären Sprichwort ermessen: „No importa, más hemos perdido en Cuba! – Macht nichts, in Cuba haben wir mehr verloren!"

Die Anführer der Unabhängigkeitskämpfe am Ende des 19. Jahrhunderts sind schon jedem cubanischen Grundschüler ein Begriff: Der Großgrundbesitzer *Carlos Manuel de Cespédes,* der dunkelhäutige „Bronzetitan" *Antonio Maceo,* der aus der Dominikanischen Republik stammende *Máximo Gómez y Báez* und natürlich Nationalheld *José Martí.*

Wie später *Guevara* vertraten die ersten Revolutionshelden die Auffassung, dass die nationale Eigenständigkeit nicht erbeten, sondern erkämpft werden müsse: „Patria o muerte" (Vaterland oder Tod) – heute auf jeder cubanischen Drei-Peso-Münze nachzulesen.

Mit dem Sieg über die Spanier begann die informelle Abhängigkeit von den USA, die vorläufig eine Militärregierung einsetzten und sich Guantánamo als Marinestützpunkt sicherten. Obwohl Cuba 1902 unter dem ersten Präsidenten *Tomás Estrada Palma* Republik wurde, bestimmten die USA für die nächsten Jahrzehnte die Politik auf der wirtschaftlich und geostrategisch so wichtigen Insel. Formelles Mittel hierzu war das Platt Amendement, das ein militärisches Interventionsrecht vorsah und aufgrund dessen noch im selben Jahr amerikanische Truppen auf der Insel stationiert wurden.

„Hinterhof" der USA

Vor Castros Revolution führten die US-hörigen Präsidenten *Tomás Estrada Palma, Gerardo Machado, Ramón Grau San Martín* und *Fulgencio Batista y Zaldívar* die junge (Pseudo-)Republik Cuba. Die Listen der offiziell durchgeführten Wahlen standen stets unter der Kontrolle des großen Bruders jenseits der Floridastraße. Die cubanische Bevölkerung protestierte auf ihre Weise, indem sie ihren korrupten Marionettenpräsidenten Spitznamen wie „Haifisch" oder „Pesetendieb" gab.

Die **systematische wirtschaftliche Ausbeutung** begann bereits vier Jahre nach dem Sieg über die Spanier mit dem sogenannten Reziprozitätsabkommen, das den USA zahlreiche Vorzugszölle im Handel mit Cuba einräumte. Die strukturelle Abhängigkeit des Landes wurde in den folgenden Jahren kontinuierlich gefestigt. 1928 beherrschten große amerikanische Konzerne wie die in ganz Lateinamerika aktive „United Fruit Company" drei Viertel der Zuckerproduktion.

Im Gegenzug wurde Cuba immer abhängiger von Lebensmittelimporten, ein Zustand, der bis heute anhält. Die Weltwirtschaftskrise von 1929 und der Zusammenbruch der europäischen Märkte nach dem Zweiten Weltkrieg steigerten den US-amerikanischen Einfluss auf die cubanische Wirtschaft noch.

Während der von den USA protegierten **Militärdiktatur des Ex-Sergeanten Fulgencio Batista** nahmen ab 1952 Korruption, soziale Ungerechtigkeit und Armut erheblich zu. Gleichzeitig mutierte La Habana zur Vergnügungsmetropole für die amerikanische High-Society. Die meisten der Kasinos und Bordelle im sogenannten „Paris der Tropen" gehörten der amerikanischen Mafia, der es in Chicago und anderswo zu ungemütlich geworden war.

„Hasta la victoria siempre" – die Revolution

Am 26. Juli 1953 führte *Fidel Castro Ruz,* ein junger Rechtsanwalt und Mitglied eines revolutionären Zirkels, 119 Rebellen zum Sturm auf die Moncada-Kaserne in Santiago de Cuba, dem damals zweitwichtigsten Militärlager der Insel. Obwohl die Aktion fehlschlug und die meisten Angreifer getötet wurden, gilt dieser Tag als Beginn der cubanischen Revolution. Diese sollte einige Jahre später zur größten gesellschaftlichen Umwälzung in der westlichen Hemisphäre seit der spanischen *Konquista* (Kolonisation) führen.

Castro überlebte die Aktion an der Moncada-Kaserne und hatte Gelegenheit, seine berühmt gewordene Verteidigungsrede „La historia me absolverá" – „Die Geschichte wird mich freisprechen" zu halten, in der er die Missstände im Land anprangerte. Nach zwei Jahren Einzelhaft kam er im Rahmen einer Amnestie frei. Er ging nach Mexiko, wo er gemeinsam mit seinem Bruder *Raúl* und anderen alten Kampfgenossen sowie dem zu ihnen gestoßenen argentinischen Arzt und Revolutionär *Ernesto „Che" Guevara Serna* eine Rebellentruppe von 82 Guerilleros gründete.

Fidel Castro – der ewige Revolutionär

Am 19. Februar 2008 war die Ära Fidel Castro zu Ende: Nach fast 50 Jahren an der Spitze des Staates erklärte Cubas Führer seinen Rücktritt vom Amt des Staatspräsidenten und als oberster Militär - er wolle nur noch ein „Soldat der Ideen" sein. Schon im Sommer 2006 hatten seine gesundheitlichen Probleme zu wilden Spekulationen über einen grundlegenden Wandel auf Cuba geführt. Dieser blieb allerdings aus, denn seit dem 1. August 2006 führt mit Fidels Bruder Raúl Modesto Castro Ruz ein mindestens ebenso überzeugter Revolutionär die Regierungsgeschäfte.

Ein halbes Jahrhundert waren Cubas Geschicke untrennbar mit seinem charismatischen Máximo Líder und Comandante en Jefe verbunden. Er wurde dafür geliebt, gehasst, verehrt und gefürchtet. Wer ist dieser komplexe, widersprüchliche und geheimnisvolle Mann, der zehn US-Präsidenten, den Zusammenbruch der Sowjet-union und unzählige Attentatsversuche überlebte?

Fidel Alejandro Castro Ruz wurde am 13. August 1926 (nach anderen Angaben 1927) in Mayarí (Provinz Oriente) als unehelicher Sohn eines reichen, aus Galizien (Spanien) eingewanderten haciendero (Gutsherr) geboren. Seine Mutter, Lina Ruz González, arbeitete zu dieser Zeit als Köchin auf der Hacienda der Eheleute Angel und María Castro.

Von Jesuitenpatern erzogen, war er ein ehrgeiziger, intelligenter, aber auch jähzorniger Schüler, der sich vor allem im Debattieren und beim Sport auszeichnete. Zu Hause galt er als rebellisch und exzentrisch. So soll er schon als 13-Jähriger versucht haben, einen Streik unter den 500 Plantagenarbeitern seines Vaters anzuzetteln.

Als Jurastudent an der Universität von La Habana organisierte er in den 1940er-Jahren Protestveranstaltungen gegen den verhassten Diktator Batista.

1948 heiratete er gegen den Widerstand seiner Eltern Mirta Días Balart, eine wohlhabende Studentin mit familiären Verbindungen zu Batista. Im Jahr darauf wurde Sohn Fidelito geboren. Fünf Jahre später ließ sich das Paar wieder scheiden. Mirta hat nie öffentlich über ihren früheren Gatten gesprochen.

1950 schloss er sein Jurastudium an der Universität von La Habana mit dem Anwaltsexamen ab und gründete mit zwei Partnern eine Kanzlei. Schnell erwarb er sich einen Ruf als talentierter Redner, der couragiert für die arme Landbevölkerung eintrat.

Seine Leidenschaft blieb die politische Betätigung. 1950 wurde er als Kandidat der Orthodoxen Partei (Partido Ortodoxo) aufgestellt. Doch wegen Batistas Putsch fielen die Wahlen ins Wasser. Castro reagierte schnell: Er

Extrainfo 5 (s. S. 6): Eine Stunde *Fidel*
(1994) – mit englischer Simultanübersetzung

314cu om

verklagte Batista, dem er den Bruch der Verfassung von 1940 vorwarf, die keine Machtergreifung durch Gewalt erlaubte. Erwartungsgemäß blieb die Klage ohne Erfolg.

1953 beteiligte er sich mit dem Sturm auf die Moncada-Kaserne an einem Revolutionsversuch, der zu seiner Inhaftierung führte. 1955 wurde er amnestiert, woraufhin er sich ins Exil nach Mexiko und später in die USA begab.

Als Fidel Castro 1959 schließlich die Kontrolle auf Cuba übernahm, versuchte er, teilweise mit Erfolg, seine Vorstellungen von einer gerechteren Welt zu verwirklichen. Kritiker und Konkurrenten duldete er dabei nicht. Auch vom Krankenlager (manche sprechen vom Totenbett) aus, versucht er, die Fäden in der Hand zu behalten.

Legendär sind die teilweise bizarren (und stets erfolglosen) Versuche der CIA, Castro zu ermorden oder in Misskredit zu bringen: Neben schnödem Erschießen gab es Pläne, seine Zigarren zu vergiften, ihm Zyanid in den Schoko-Milchshake zu rühren und seinen Taucheranzug mit Tuberkuloseerregern zu infizieren. Eine geheime, auf seine Schuhe gepinselte Enthaarungssubstanz sollte ihn um Bart und damit auch Charisma bringen. Ende

⌃ Fidel in Hochform

der 1960er-Jahre wurde der groteske Vorschlag gemacht, Fidel Drogen unterzujubeln, damit er bei öffentlichen Auftritten nur wirres Zeug von sich geben könne und so zum Gespött der ganzen Welt werde.

Castro schreibt seit Jahrzehnten Weltgeschichte. Als internationaler Staatsmann und Held der radikalen Linken hypnotisierte er jubelnde Mengen in aller Welt. Jahrelang war er der selbst ernannte Führer der „Dritten Welt". Die stundenlangen Reden, die er noch bis kurz vor seiner Erkrankung hielt, wurden im Staatsfernsehen übertragen. Dabei erinnerten selbst die schwierigsten Reden an die zwanglosen Gespräche, die er zu Beginn der Revolution mit Studenten führte. Es konnte durchaus vorkommen, dass ihm bei einer öffentlichen Versammlung ein Zuhörer etwas zurief und sich daraus ein lautstarker Dialog entwickelte.

Für jede Gelegenheit hatte er die richtige Ausdrucksweise parat. Er passte sich an das Niveau der Zuhörerschaft an und war stets so umfassend informiert, dass er sich in praktisch jedem Themengebiet bewegen konnte. Dabei ist seine Persönlichkeit so vielschichtig und einnehmend, dass verschiedene Anwesende von ein und derselben Begegnung einen völlig anderen Eindruck von ihm mit nach Hause nahmen.

Fidels Integrität wurde selten angezweifelt. Und dennoch: In immer mehr belletristischen und wissenschaftlichen Veröffentlichungen der jüngeren Vergangenheit wird er als eigensinniger Despot porträtiert, der das Wohl des Volkes dem Erhalt seiner Macht unterordnete. Man munkelt, dass hinter den Kulissen weiterhin Machtkämpfe zwischen dem Fidel- und dem Raúl-Lager toben: Beide versuchen, ihre jeweiligen Leute für die Zeit nach den Castros in Stellung zu bringen. Von Übergangspräsident Raúl sind auch weiterhin wohl keine gravierenden Reformen zu erwarten:

Er kündigte in seiner Antrittsrede am 24. Februar 2008 zwar die inzwischen tatsächlich vollzogene Aufhebung einiger Wirtschaftsbeschränkungen und Verbote an, erklärte aber auch, dass er den sozialistischen Weg fortsetzen und sich dabei auf die Kommunistische Partei als bewährtes Steuerungsinstrument stützen werde. Seinen Bruder gedenke er weiterhin bei allen wichtigen Entscheidungen um Rat zu fragen, denn: „Fidel ist unersetzlich!"

Dieser sieht das ganz genauso und lässt daran bei den inzwischen rar gewordenen öffentlichen Auftritten und in seinen gelegentlich in der Tageszeitung Granma erscheinenden „Reflexionen" auch keinen Zweifel. Als Ratgeber und Kolumnist setzt Fidel sich ohne Rücksicht auf seinen angeschlagenen und wie ein Staatsgeheimnis gehüteten Gesundheitszustand an die Spitze der öffentlichen Meinung und „Medienmacht". 2013 machte der greise Revolutionär bei mehreren öffentlichen Auftritten einen für viele überraschend rüstigen Eindruck.

Am 2. Dezember 1956 landete die Streitmacht mit der umgebauten **Motorjacht „Granma"** (engl. für „Großmutter") an der Südostküste Cubas. Jahre später wurde die „Großmutter" nicht nur zur Namensgeberin für eine Provinz, sondern auch für die wichtigste Tageszeitung der Insel.

Nach herben Rückschlägen bekamen die zeitweise auf zwölf Mann dezimierten Revolutionäre, unter ihnen die späteren *comandantes* (Kommandanten) *Camilo Cienfuegos* und *Juan Almeida,* in der unwegsamen Sierra Maestra langsam Zulauf und die Rebellenarmee gewann an Stärke. Sie stellte sich keiner offenen Auseinandersetzung, sondern operierte in klassischer Guerilla-Manier (*guerilla* = „Kleinkrieg"), d. h. verdeckt und flexibel, oft aus Hinterhalten.

Ein moralisch wichtiges Moment war das Interview *Fidel Castros* mit *Herbert L. Matthews* von der New York Times. Dieser porträtierte die bärtigen Guerilleros *(barbudos)* als romantische Widerstandskämpfer gegen den Schlächter *Batista,* der wegen seiner Brutalität schon seit längerem in die Ungnade der amerikanischen Öffentlichkeit gefallen war.

Im Zuge kleiner militärischer Erfolge schlossen sich den Revolutionären immer mehr Freiwillige an und Ende 1957 konnten sie ein festes Hauptquartier *(Comandancia de la Plata) in der Sierra Maestra* errichten.

Nachdem *Batistas* Offensiven wenig gegen die von der Bevölkerung unterstützten Rebellen ausrichten konnten und deren Truppenstärke weiter zugenommen hatte, konnten Einheiten unter der Führung *Che Guevaras* und *Camilo Cienfuegos* Mitte 1958 weitere Stützpunkte in der Provinz Las Villas errichten. Aufgrund des taktisch klugen Vorgehens der Revolutionäre folgten rasch weitere militärische Siege unter dem Kommando *Guevaras, Cienfuegos* und der Castro-Brüder. Am 30. Dezember 1958 schließlich fiel Santa Clara trotz der 3000 dort von *Batista* stationierten Soldaten. Diesem blieb am frühen Morgen des Neujahrstags 1959 nur noch die Flucht in die Dominikanische Republik, wobei er nicht vergaß, alle flüssigen Staatsgelder mitzunehmen. Einen Tag später marschierten die Revolutionäre in La Habana ein, am 8. Januar folgte mit *Fidel Castro* der *Máximo Líder* (etwa: Oberster Führer) selbst. Die Revolution hatte gesiegt.

Nun begannen mit dem Aufbau einer neuen Regierung und der Reorganisation der Wirtschaft die größten Schwierigkeiten. *Castro* wie auch *Guevara* bestritten zu diesem Zeitpunkt vehement, dass die Revolution eine kommunistische sei. O-Ton *Fidel Castro* 1959: „Unsere Revolution ist weder kapitalistisch noch kommunistisch. Die heutige Weltlage stellt uns vor die Wahl zwischen dem Kapitalismus, der die Menschen ausbeutet und dem Kommunismus, der die wirtschaftlichen Probleme löst, dafür aber die Freiheiten unterdrückt ... Unsere Revolution ist nicht rot, sondern olivgrün wie die Farbe der Rebellenarmee aus der Sierra Maestra."

1956 bis 1959 – Orlando erinnert sich

„Obwohl ich während der Revolutionskämpfe in den 1950er-Jahren noch ein kleiner Junge war, haben sie mein Leben doch stark beeinflusst. Noch heute, über 50 Jahre später, gefriert mir das Blut in den Adern, wenn ich einen Hubschrauber höre.

Meine frühe Kindheit fand in den Turbulenzen des politischen Wechsels statt. Das Volk hatte die geldgierigen Politiker und ihre gebrochenen Versprechen satt. Überall um mich herum träumten die Menschen von einem diktatorenfreien Cuba.

Ich war noch ein Wickelkind, als die Rebellen mit der ‚Granma‘ in der Provinz Oriente landeten, um mit der Revolution zu beginnen. Viele von ihnen wurden schnell von Regierungstruppen getötet. Die Überlebenden errichteten in der Sierra Maestra eine Basis und gründeten den Sender ‚Radio Rebelde‘ (Rebellen-Radio), über das Fidel zu uns sprach. Ich kann mich nur an Bruchstücke dieser eindringlichen Reden erinnern. Die Revolutionäre würden Kindern und armen Familien helfen sowie die Apartheid beseitigen. Über der ganzen Insel lag eine Spannung wie vor einem Hurrikan.

Ab 1958 gab es immer wieder Stromausfälle, während derer die ganze Stadt im Dunkeln lag. Meine Eltern sagten, Castros Leute seien dafür verantwortlich. Im Schutz der Dunkelheit würden sie bei ihren Verbündeten Lebensmittel und Waffen holen.

Immer wieder wurden Menschen tot aufgefunden. Die Regierung reagierte immer nervöser. Es kam zu Folterungen und die Angst in der Bevölkerung nahm jeden Tag zu.

In den nächsten Monaten rückte die Revolution näher an unsere Stadt. Eines Morgens weckte uns das Stakkato von Maschinengewehrfeuer. Wir warfen uns zu Boden, hielten den Atem an und bewegten uns nicht, bis die Schüsse aufgehört hatten. Aus dem Radio erfuhren wir, dass sich Batistas Truppen ein Gefecht mit den Rebellen geliefert hatten. Einer unserer Nachbarn, der gerade auf dem Weg zur Arbeit war, wurde später erschossen in einem Graben gefunden. Von diesem Tag an hörte ich immer wieder die Sätze ‚X wurde getötet‘ und ‚Y sitzt im Gefängnis‘. Der Terror war allgegenwärtig. In der Nacht auf den 1. Januar 1959 wurden die Neujahrsfeiern durch die eilige Radiomeldung unterbrochen, dass General Batista außer Landes geflohen sei. Die ganze Stadt versammelte sich um die wenigen vorhandenen Fernsehgeräte, um die Bilder einer Insel im Freuden-taumel zu sehen. Die Menschen feierten ausgelassen auf den Straßen, umarmten sich, schwenkten cubanische Flaggen, sangen die Nationalhymne und brüllten die ganze Nacht lang aus vollem Halse: ‚Viva la Revolución!‘ (Es lebe die Revolution!)“

1959–1962: Konflikte und Krisen

Konsolidierung der Macht und Emigrantenattacken

In den Jahren 1959 bis 1962, auf dem Höhepunkt des kalten Krieges, jagte ein politischer Höhepunkt den nächsten.

Zu den **ersten Handlungen der Revolutionsregierung** gehörten die Schließung der verhassten Spielcasinos, Preissenkungen für Wohnungsmieten und Strom sowie die Abschaffung der institutionalisierten Rassendiskriminierung.

Fidel Castros hoffnungsvoller USA-Besuch im April 1959 endete damit, dass der damalige US-Vizepräsident *Richard Nixon* die Anti-Castro-Kampagne in Gang brachte, die ihren Höhepunkt im April 1961 mit der fehlgeschlagenen konterrevolutionären Invasion von rund 1500 durch die CIA ausgebildeten Exilcubanern in der Bahía de Cochinos (Schweinebucht) fand. Zweierlei war für deren verlustreiche Niederlage verantwortlich: Zum einen blieb die von den USA versprochene Unterstützung durch die Air Force aus und zum anderen hatte *Fidel Castro* wohl schon Tage vor der versuchten Invasion Wind von der Aktion bekommen. Schon vor diesem offenen Angriff auf die cubanische Souveränität war es zu gravierenden politischen Konflikten zwischen dem kleinen Inselstaat und der Supermacht gekommen. Beispielsweise waren im Zuge von Agrarreformen bereits 1959 riesige Flächen der amerikanischen Früchteimperien enteignet worden.

Ab Anfang 1960 suchte Cuba die **Unterstützung der Sowjetunion,** die sich vom Schulterschluss mit dem Castro-Regime erhebliche geopolitische Vorteile versprach. Im Mai 1960 wurden offiziell diplomatische Beziehungen aufgenommen. Als die USA den Cubanern einen Monat später den Ölhahn zudrehte und nach weiteren vier Wochen die Zuckereinfuhr erheblich reduzierte, sprang jeweils die UdSSR als Handelspartner ein.

Die wirtschaftliche Abhängigkeit vom großen sowjetischen Bruder nahm ihren Lauf. Wie 60 Jahre zuvor war die Einflussnahme einer Großmacht durch die einer anderen ersetzt worden.

Bis Oktober 1960 wurden im Rahmen der „nationalsozialen Revolution" alle US-Betriebe und sämtliches **US-amerikanisches Eigentum verstaatlicht** (geschätzter damaliger Wert: ca. 1 Milliarde US$) sowie ein Wohnreformgesetz verabschiedet, das bisherige Mieter zu Eigentümern machte.

Zu diesem Zeitpunkt war von den USA bereits ein partielles Handelsembargo verhängt worden. Anfang 1960 waren unter *Kennedy* alle diplomatischen Beziehungen abgebrochen und das bis heute bestehende Reiseverbot für US-Bürger verhängt worden. Die verbliebene Zuckereinfuhrquote wurde gestrichen.

Che Guevara – Ikone des 20. Jahrhunderts

*Ernesto „Che" Guevara Serna, seit zwei Generationen Idol unzähliger Ju-
gendlicher, wurde am 14. Juni 1928 in Rosario, Argentinien, geboren und
wuchs in bürgerlichen Verhältnissen auf. Sein Gesundheitszustand war
zeitlebens labil, so litt er unter anderem an Asthma. Celia de la Serna, Er-
bin großer Ländereien und Ernesto Guevara Lynch, der sich in verschiedenen unternehmerischen Tätigkeiten versuchte, erzogen ihren Sohn in
liberaler Atmosphäre. In Che Guevaras Jugend galt seine besondere Liebe
nicht nur waghalsigen sportlichen Unternehmungen, sondern auch dem
Schachspiel und der Literatur.*

*1945 zog die Familie nach Buenos Aires, wo er 1953 ein Medizinstudium
abschloss. Während und nach dem Studium bereiste er ganz Lateinamerika. Das Elend, auf das er vielerorts stieß, erschütterte ihn nachhaltig und er
fasste den Entschluss, für eine gerechtere Welt zu kämpfen.*

*Mitte 1955 schloss er sich in Mexiko Fidel Castro und dessen Mitstreitern
an. Diese gaben ihm wegen des für Argentinier typischen Satzbausteins che
(etwa: „sag bloß", aber auch: „Kumpel") den Spitznamen El Che.*

*Nach der Überfahrt mit der Granma wurde Guevara beim ersten Zusam-
menstoß mit Batistas Truppen verwundet. Nachdem er 1957 zum comandante ernannt worden war, spielte er im Verlauf der Gefechte, insbesondere
bei der Schlacht um Santa Clara, eine herausragende Rolle. Das von unzähligen Interpreten intonierte, am Ende dieses Exkurses abgedruckte, melan-
cholische Lied ¡Hasta siempre! glorifiziert diese Erfolge.*

*Nach dem Sieg der Revolution erhielt Guevara im Februar 1959 die cu-
banische Staatsbürgerschaft und wirkte bei der Durchführung von Wirt-
schaftsreformen mit. Bereits zum zweitmächtigsten Mann neben Fidel Castro aufgestiegen, heiratete er die Cubanerin Aleida de la Torre.*

*Als Industrieminister bereiste er viele Länder und schloss wichtige Han-
delsabkommen ab. Er galt als einer der Chefideologen der Revolution und
strebte in dieser Eigenschaft die totale Verstaatlichung an. Sein eigentliches
Ziel war die Schaffung eines „neuen", selbstlosen Menschen (hombre nuevo) im Dienste der Allgemeinheit. Im Ausland propagierte er unermüdlich
seine Vision von einer gerechteren Welt und warb für die Werte der cubanischen Revolution. Er kam immer mehr zu der Überzeugung, dass die
Armut in den Ländern Lateinamerikas nur durch eine große, den ganzen
Kontinent erfassende Revolution bekämpft werden könne. Im März 1965*

▷ „El Che" ist auf Cuba allgegenwärtig

zog sich Guevara, vermutlich wegen Differenzen mit Fidel Castro, aus dem öffentlichen Leben zurück und ging heimlich in den Kongo, um linksgerichtete Rebellen zu unterstützen.

Im Dezember desselben Jahres kehrte er im Glauben, aus den Anden eine Hochburg der internationalen Revolution machen zu können, nach Cuba zurück. Von hier aus bereitete er schon bald eine Guerilla-Kampagne für ganz Südamerika vor.

Getreu seiner Doktrin von einer erfolgreichen Revolution durch die „Einnahme der Stadt vom Land her" errichteten er und seine Mitstreiter im November 1966 in den bolivianischen Wäldern einen ersten Stützpunkt. Vier Monate später formulierte Guevara nach dem erfolgreichen Überfall auf ein bolivianisches Sonderkommando seine berühmte Botschaft an die Völker der Welt: „Lasst uns zwei, drei, viele Vietnams schaffen".

Diese Parole versetzte die USA in Alarmbereitschaft. Am 8. Oktober 1967 wurde er von der bolivianischen Armee gefangen genommen und nach Rücksprache mit Washington einen Tag später im bolivianischen Higuera erschossen. Erst 1997 wurden seine sterblichen Überreste nach Cuba überführt und in Santa Clara feierlich beigesetzt.

Che Guevara gilt nach wie vor als Personifizierung des wahrhaftigen und unbestechlichen Freiheitskämpfers, der bereit ist, sich für die Unterdrückten der Welt einer unüberwindlich scheinenden Übermacht entgegenzustellen. Er verfasste mehrere Abhandlungen über die Kunst des Guerillakrieges und den auf lateinamerikanische Verhältnisse zugeschnittenen Kommunis-

Extrainfo 6 (s. S. 6): *Che Guevara* spricht vor der UN-Vollversammlung 1964 (englische Untertitel)

mus. Che glaubte fest an die Schaffung eines „sozialistischen Menschen", der sich von individuellen materiellen Antrieben freimacht und diese durch selbstlose moralische Motive ersetzt. Das anlässlich eines Begräbnisses von Alberto Korda geschossene Foto, das ihn mit langen Haaren und sternverziertem Barett zeigt, hat sich als eines der berühmtesten Porträts der Geschichte tief ins Bildergedächtnis des 20. Jahrhunderts eingegraben.

¡Hasta siempre!	Bis in die Ewigkeit!
Aprendimos a quererte desde la histórica altura donde el sol de tu bravura le puso un cerco a la muerte. Aquí se queda la clara, la entrañable transparencia, de tu querida presencia Comandante Che Guevara.	Wir begannen dich zu lieben in dem historischen Höhepunkt als die Sonne deiner Tapferkeit dem Tod keine Chance gab. Erhalten bleibt die klare, verehrte Transparenz deiner geliebten Gegenwart, Komandant Che Guevara.
Tu mano gloriosa y fuerte sobre la historia dispara cuando todo Santa Clara se despierta para verte. Aquí se queda la clara …	Deine ruhmreiche und starke Hand macht Geschichte, wenn ganz Santa Clara aufsteht um dich zu sehen. Erhalten bleibt die klare …
Vienes quemando la brisa con soles de primavera para plantar la bandera con la luz de tu sonrisa. Aquí se queda la clara …	Die Luft verbrennend kommst du mit Frühlingssonnen, um die Fahne einzupflanzen mit einem hellen Lächeln im Gesicht. Erhalten bleibt die klare …
Tu amor revolucionario te conduce a nueva empresa donde esperan la firmeza de tu brazo libertario. Aquí se queda la clara …	Deine Liebe zur Revolution führt dich zu einer neuen Unternehmung an einem Ort, wo man schon die Stärke deines Freiheit bringenden Armes erwartet. Erhalten bleibt die klare …
Seguiremos adelante como junto a ti seguimos y con Fidel te decimos: Hasta siempre Comandante.	Wir werden dir weiter folgen, wie wir bis jetzt mit dir gegangen sind und zusammen mit Fidel rufen wir dir zu: Für immer Komandant.

Ein Jahr später erklärte *Fidel Castro* erstmals öffentlich, dass die Revolution eigentlich doch eine sozialistische sei. Um ihren Erfolg nicht zu gefährden, sei dies bisher geheim gehalten worden.

Handelsembargo

Nach der Niederlage in der Schweinebucht versuchten die USA Cuba wirtschaftlich in die Isolation zu drängen und verhängten im Februar 1962 ein Handelsembargo, das mit einigen Modifikationen bis heute fortbesteht und von cubanischen Politikern als „Blockade *(bloqueo)* durch das Imperium *(imperio)*" bezeichnet wird.

Das Embargo hatte sehr schnell verheerende Auswirkungen auf die cubanische Wirtschaft. Ab März 1962 mussten **alle Waren rationiert** werden. Cuba sah sich – wohl auch wegen des faktischen Ausschlusses aus der Organisation amerikanischer Staaten (OAS) – im selben Jahr gezwungen, um volle Aufnahme in den Kreis sozialistischer Staaten zu bitten.

Cuba-Krise: die Welt am Abgrund

Im Zuge des Machtkampfes zwischen den beiden Weltmächten beschloss *Nikita Chruschtschow* statt der von den neuen cubanischen Machthabern zur Landesverteidigung erbetenen Kurzstreckenraketen atomare Mittelstreckenraketen auf Cuba zu stationieren. Damit war das Kernterritorium der USA zum ersten Mal der Gefahr eines direkten Angriffs aus unmittelbarer Nähe ausgesetzt.

Historiker werten *Chruschtschows* Vorgehen als Reaktion auf die Stationierung von US-Raketen in der Türkei und amerikanische Destabilisierungsversuche in der DDR. Mit *Kennedys* Befehl vom 22. Oktober 1962, die sowjetischen Schiffe in internationalen Gewässern aufzuhalten und nach Raketen zu durchsuchen, begann der als Cuba-Krise in die Geschichte eingegangene Konflikt.

Die Welt wähnte sich am Rande des dritten Weltkrieges und hielt sechs Tage lang den Atem an. Erst am 28. Oktober entschärfte *Kennedy* die Situation, als er den Sowjets zusicherte, es werde keine Invasion Cubas geben. Dankbar für dieses Entgegenkommen, zog *Chruschtschow* die Raketen ohne Rücksprache mit *Castro* wieder ab.

Als Ergebnis der Cuba-Krise erkannten die Supermächte die Notwendigkeit engerer Kontakte und richteten den sogenannten „heißen Draht", eine ständige Fernschreibverbindung zwischen Washington und Moskau, ein. In der Folgezeit zog der Vietnamkrieg das Interesse der amerikanischen Öffentlichkeit auf sich und die Vorgänge auf Cuba traten für einige Zeit in den Hintergrund. 1963 wurde die offizielle Unterstützung der Emigrantenattacken eingestellt.

Der Sozialismus – Cuba wird rot

1965 wurde die heutige *Partido Comunista de Cuba* (Kommunistische Partei Cubas) gegründet. Nach zwei **Agrarreformen** befanden sich 1963 bereits zwei Drittel des cubanischen Bodens in der Hand des Staates. In wirtschaftlicher Hinsicht waren herbe Rückschläge zu verkraften. Die politische Unerfahrenheit der Revolutionäre und die Emigration vieler Fachleute forderten ihren Tribut. *Che Guevara* etwa, der stets auf eine allgemeine Bewusstseinsveränderung hin zum „neuen Menschen" gesetzt hatte, war als Präsident der Nationalbank ebenso glücklos wie als Indus-

Das US-Handelsembargo

Erst nach dem Zusammenbruch der Sowjetunion konnte das seit vier Jahrzehnten bestehende Embargo im Sinne seiner Befürworter greifen.

Castro-Anhänger sehen den Grund der anhaltenden wirtschaftlichen Misere Cubas weniger im Versagen der staatlich gelenkten Planwirtschaft, sondern halten sie für eine Folge der mehrfach verschärften Handelsbeschränkungen.

Diese verstoßen nach einheiliger Expertenmeinung gegen internationales Handelsrecht. Die Vollversammlung der Vereinten Nationen fordert regelmäßig und mit großer Mehrheit die Aufhebung des Embargos von den USA.

Der von den republikanischen Hardlinern Jesse Helms und Dan Burton entworfene „Helms-Burton-Act" (Cuban Liberty and Democracy Solidarity Act) von 1996 weitete die Beschränkungen und Sanktionen auf Drittländer aus: Ausländische Firmen können seither in den USA verklagt werden, wenn sie ehemaliges Eigentum von US-Firmen und Exilcubanern nutzen. Gewähren IWF oder die Weltbank Cuba einen Kredit, kürzen die USA ihre Beiträge an die jeweilige Organisation um die entsprechende Summe. Ferner dürfen Artikel aus Drittländern, die cubanische Rohstoffe, etwa Nickel, enthalten, nicht in die USA eingeführt werden.

Schließlich erlaubt das Gesetz, auf Cuba investierende Unternehmer zu unerwünschten Personen zu erklären und ihnen die Einreise in die USA zu verweigern.

Man schätzt, dass Cuba während der über 50-jährigen Handelssperre Kosten von bis zu 90 Milliarden US$ entstanden und den USA jährlich Exporteinnahmen von bis zu 2 Milliarden US$ durch die Lappen gehen (die Höhe der genannten Beträge ist allerdings sehr strittig).

trieminister. Die Folgen der bis heute spürbaren, teilweise dilettantischen Maßnahmen, wie etwa die **Verstaatlichung** von Zigtausenden kleinen Geschäften und Betrieben 1968, waren Desorganisation, Produktionsrückgang, Qualitätsverfall, steigende Bürokratie und eine immer stärkere bis 1990 andauernde Abhängigkeit von der Sowjetunion.

Ab 1970 setzte der Staat noch konsequenter auf Planwirtschaft und vertiefte die Beziehungen zur UdSSR. Nachdem *Fidel Castro* 1972 allen Ostblockstaaten einen Besuch abgestattet hatte, wurde Cuba vollwertiges

Paradoxerweise stärkt das Embargo dem Regime den Rücken: Da Cubas politische Elite die US-amerikanische Cuba-Politik als neokoloniale Aggression darzustellen versteht, wird der nationale Zusammenhalt letztlich nicht geschwächt, sondern gefördert.

Seit 2001 schwenken die USA wieder weniger Peitsche und dafür etwas mehr Zuckerbrot: Neue Maßnahmen wie die Wiederzulassung von direktem Postverkehr und die Genehmigung von Geldüberweisungen in unbegrenzter Höhe an Verwandte auf Cuba, sollen die Position des Regimes schwächen. Viele hoffen, dass das Embargo gegen Ende der zweiten Amtszeit von Barack Obama endgültig ausgedient hat. Mit der meistgebrauchten Ausrede bezüglich der desolaten Haushaltslage wäre es dann vorbei. Waren US-amerikanischer Produktion, die es seit Langem überall auf Cuba zu kaufen gibt, kommen meist auf dem Umweg über Mexiko, andere lateinamerikanische Länder und Kanada ins Land.

Kaum bekannt ist, dass das Embargo gerade in jüngerer Zeit durchaus nicht so rigoros eingehalten wird, wie seine Befürworter sich dies wünschen. Soweit Cuba bereit ist, cash zu zahlen, verschiffen US-Agrarkonzerne ihre Produkte auf die Insel. Hafenarbeiter in Santiago de Cuba versichern, dass US-amerikanische Frachter Reis und Geflügelfleisch in rauen Mengen anliefern: Dass das Embargo nur partiell durchgesetzt werde, zeige eindrucksvoll die Doppelmoral des nördlichen Nachbarn. Dieser sei für Cuba schon seit vielen Jahren de facto der wichtigste (!) Nahrungsmittellieferant, denn „beim Geld höre die Feindschaft auf ...“

Eine kritische juristische Untersuchung des Handelsembargos bietet die 2001 erschienene Arbeit „Das U.S. Embargo gegen Kuba und Internationales Recht“ von Jens Reinmuth.

Mitglied des COMECON, der Wirtschaftsgemeinschaft der sozialistischen Staaten. Dieser Schritt hatte eine Reduzierung der Schuldenlast und höhere Preise für Exportprodukte zur Folge. 1973 legte die Sowjetunion ein milliardenschweres Hilfspaket auf.

1988 war der Höhepunkt der Abhängigkeit von den Handelsbeziehungen zum Ostblock erreicht: Fast 90 Prozent der Gesamtproduktion gingen in die Bruderstaaten. Das sollte Cuba schon wenig später zum Verhängnis werden.

„Período Especial" – Notstandsmaßnahmen

Durch den **Zusammenbruch des Ostblocks** 1989 rissen die wichtigsten Handelsbeziehungen ab. Als auch noch wichtige Kredite platzten und die sowjetische Wirtschaftshilfe mit einem Wert von jährlich zuletzt schätzungsweise 5 Milliarden US$ eingestellt wurde, kam es zur schlimmsten **Energiekrise** der cubanischen Geschichte und zu erheblichen **Versorgungsengpässen** in praktisch allen Bereichen.

Jeder Haushalt hatte nur noch für wenige Stunden am Tag Strom, auf Busse und Züge wartete man ewig, wenn sie überhaupt noch fuhren. Fabriken mussten schließen, da es keine Ersatzteile mehr gab. Fahrräder und

◁ „Eine bessere Welt ist möglich" — man spart nicht an revolutionärem Pathos

Kutschen ersetzten Autos und die Schlangen vor den staatlichen Geschäften wurden immer länger, obwohl sogar die einfachsten Artikel wie Zahnpasta und Seife aus den Regalen verschwanden. Oft waren nicht einmal mehr die Hungerrationen der Lebensmittelkarte *libreta* vorrätig (vgl. dazu den Exkurs „Der Lebensmittelkorb der ‚libreta'").

Fidel Castro sah sich im August 1990 gezwungen, ein zunächst auf fünf Jahre angelegtes rigoroses Sparpaket namens *período especial en época de paz* (wörtlich: „besonderer Zeitabschnitt in Friedenszeiten", häufig abgekürzt: P.E.) zu schnüren, das eigentlich für den Fall einer US-amerikanischen Invasion konzipiert worden war. Dieses sah die Senkung der Importe auf ein Minimum und die Verschärfung des bereits bestehenden Rationierungssystems auf das Überlebensnotwendige vor. Der Wert der cubanischen Wareneinfuhr sank rapide von etwa 8 Mrd. US$ 1989 auf 2 Mrd. US$ im Jahre 1992.

Die Misere verschärfte sich durch die Ausweitung des US-Handelsembargos: 1992 verabschiedeten die Amerikaner den sogenannten Torricelli Act *(Cuban Democracy Act)*, der ausländischen Tochtergesellschaften von US-Unternehmen den Handel mit Cuba untersagte und Schiffen, die cubanische Häfen anliefen, für die Dauer von sechs Monaten ein Anlegen in den USA verbot.

Fidel Castro hielt dem Kommunismus nichtsdestotrotz auch in den 1990er-Jahren (formal) die Treue, sah sich aber zu einigen ökonomischen Reformen genötigt, um der wirtschaftlichen Misere Herr zu werden: 1993 erhielten Cubaner das Recht, US$ zu besitzen. In über 100 Berufszweigen wurde der freie Arbeitsmarkt eingeführt und staatliche Agrarbetriebe durften ihre Erzeugnisse in begrenztem Umfang erstmals selbst absetzen.

Ab 1994 wurden Steuern auf Deviseneinkommen und -gewinne erhoben. Die Volksrepublik China wurde zum Vorbild für eine wirtschaftliche Neuorientierung ohne politische Reformen. Seit 1995 können ausländische Firmen eigene Betriebe gründen. Kanada, Spanien, Italien und Mexiko sind die seitdem am kräftigsten investierenden Nationen.

Die ideologischen Zugeständnisse blieben nicht ohne Folgen für die cubanische Wirklichkeit. Es entstand ein duales Wirtschaftssystem und damit eine Zweiklassengesellschaft, in der sich Devisenbesitzer und diejenigen, die überwiegend auf Peso-Basis leben müssen, gegenüberstehen. In den seit 1993 entstandenen Devisenläden und auf dem Schwarzmarkt (*bolsa negra*, wörtlich: schwarze Tasche) ist für ausländische Zahlungsmittel bzw. für die inländische, an den US-Dollar gekoppelte Zweitwährung *Peso Convertible* (CUC, Slang: *chavito/fula*) praktisch alles zu bekommen, während die Regale in den hoch subventionierten Läden für *Moneda Nacional* (*Peso Cubano*, CUP) oftmals leer stehen.

Vor allem das boomende Tourismusgeschäft verspricht schnelles Geld. Und so tauchten an den Stränden wieder *jineteras* (Prostituierte, wörtlich: Reiterinnen – nämlich auf den Rücken der Touristen) auf. Überwunden geglaubte soziale Missstände, wie Kleinkriminalität und Korruption, greifen um sich. Als die Wirtschaftskrise nach 1996 abflaute, wurden einige Reformen entschärft oder ganz zurückgenommen.

Privatunternehmern vermiest man das Geschäft nun mit saftigen Steuern. Die Wirtschaftspolitik wird auch und gerade von den Cubanern selbst als unberechenbar bezeichnet: *Un pasito pa'lante, dos pa'tra'* („Ein Schrittchen vor, zwei zurück"). Die sozialistische Garantie der Vollbeschäftigung ist schon lange aufgegeben worden. Die offizielle **Arbeitslosenquote** ist sensationell niedrig. Unabhängige Schätzungen nehmen im Rahmen internationaler Maßstäbe eine tatsächliche Arbeitslosigkeit von bis zu 40 Prozent an.

Bemerkenswert ist, dass die steigende Arbeitslosigkeit nicht von Sozialabbau begleitet wird, sondern man die Staatsquote im Gegenteil sogar erhöht, um die negativen Folgen der gesamtwirtschaftlichen Entwicklung abzumildern. Dennoch ist es ein offenes Geheimnis, dass ein Dasein jenseits der allgegenwärtigen Schattenwirtschaft ein äußerst karges ist.

Neueste Entwicklungen

Nach offizieller Ideologie dauert die cubanische Revolution immer noch an, wobei das Auseinanderklaffen von Anspruch und Wirklichkeit seit Langem nicht mehr übersehen werden kann. Korruption und Unterschlagung von Staatseigentum sind weit verbreitet.

Einige weltpolitische Entwicklungen haben günstige Auswirkungen für Cuba: Nach den Machtverschiebungen in Südamerika betraten neue Handelspartner die Bühne. Auch mit ihrer Hilfe konnten die erheblichen ökonomischen Probleme der 1990er-Jahre zumindest teilweise überwunden werden. So wird derzeit der größte Teil des cubanischen Erdölbedarfs über Lieferungen aus Venezuela gedeckt. Und auch die Wirtschaftsbeziehungen mit China und anderen asiatischen Ländern haben sich vielversprechend entwickelt.

„Pragmatiker" *Raúl* vertraut stärker als „Träumer" *Fidel* auf die Loyalität des Militärs und hat der Armee mittlerweile die direkte Verantwortung für zahlreiche Staatsunternehmen übertragen, darunter unter anderem die für den Tourismus relevanten. Grob vereinfacht lässt sich sagen, dass derzeit etwa ein Viertel der Cubaner zu den Anhängern des Regimes gezählt werden kann und ein Viertel diesem (sehr) kritisch gegenübersteht. Der Rest der Bevölkerung ist entpolitisiert und vollauf mit der Bewältigung des von Mangel geprägten Alltags beschäftigt.

Geschichte im Überblick

- **ca. 2000 v. Chr.** (nach anderer Ansicht wesentlich früher):
  Erste Besiedlung
- **27. Oktober 1492:** *Kolumbus* besetzt Cuba für die spanische Krone.
- **1511:** Eroberung der Insel durch *Diego Velázquez* und Gründung der Stadt Baracoa ein Jahr später
- **1512:** Der Indianerführer *Hatuey* wird hingerichtet.
- **1519:** *Hernán Cortéz* erobert von Cuba aus Gebiete im heutigen Mexiko.
- **1522:** Die ersten verschleppten Afrikaner treffen ein.
- **1548:** Beginn des Zuckerrohranbaus
- **1564:** Die erste mit Silber und Gold beladene Flotte verlässt La Habana.
- **1607:** La Habana wird Hauptstadt Cubas.
- **1700:** Tabak wird trotz weiterem Ausbau der Zuckerindustrie zum wichtigsten Exportgut.
- **1728:** Gründung der Universität von La Habana
- **1762:** Die Engländer erobern La Habana, das sie 1763 im Tausch gegen Florida wieder verlassen.
- **1789–1820:** Französische Farmer flüchten vor der Revolution auf Haiti nach Cuba, welches bald darauf größter Zuckerexporteur der Welt wird.
- **1825:** Dank *libertador* (Befreier) *Simón Bolívar* hat mit Ausnahme Cubas und Puerto Ricos ganz Lateinamerika die Unabhängigkeit erlangt.
- **1837:** Bau der ersten Eisenbahnstrecke
- **1848 und 1854:** Die USA versuchen den Spaniern Cuba abzukaufen.
- **1865:** Ende der Verschleppung von Afrikanern nach Cuba
- **1868–1878:** Erfolgloser Unabhängigkeitskrieg gegen Spanien
- **1870–1886:** Nach dem Ende der Sklaverei kommen asiatische Kontraktarbeiter ins Land.
- **1892:** *José Martí* gründet im US-amerikanischen Exil die Cubanische Revolutionspartei.
- **1895–1898:** Zweiter, diesmal mit Unterstützung der USA erfolgreicher, Unabhängigkeitskrieg
- **1898–1902:** Eine US-Militärregierung kontrolliert Cuba.
- **1901:** Die USA erzwingen ein Interventionsrecht ("Platt-Amandement"), das militärische Aktionen auf Cuba im Zweifelsfall erlaubt.
- **20. Mai 1902:** Cuba wird Republik und hat eine jahrzehntelange, wechselhafte innere Entwicklung unter politischer und wirtschaftlicher Dominanz der USA vor sich.

Extrainfo 7 (s. S. 6): „Zeitenwende in Lateinamerika – Venezuela und Kuba nach Hugo Chávez". Analyse des politischen und wirtschaftlichen Status Quo 2013 von *Prof. Günther Maihold*.

- **1903:** Die USA „pachten" den Marinestützpunkt Guantánamo.
- **1906, 1913 und 1917:** Militärinterventionen der USA
- **1925:** Gründung der ersten kommunistischen Partei in Cuba
- **1933:** Sturz des 1925 an die Macht gekommenen Diktators *Machado*
- **1952–1958:** Diktatur unter *Fulgencio Batista*
- **26. Juli 1953:** Gescheiterter Angriff *Fidel Castros* auf die Moncada-Kaserne in Santiago de Cuba
- **2. Dezember 1956:** Landung der Rebellen in Ostcuba und Beginn des Guerillakampfes
- **Dezember 1958:** *Che Guevara* nimmt Santa Clara ein.
- **1. Januar 1959:** Nach *Batistas* Flucht in die Dominikanische Republik übernimmt *Fidel Castro* die Macht auf Cuba.
- **1959:** Alphabetisierungs- und Gesundheitskampagnen sowie erste Agrarreform mit zahlreichen Enteignungen
- **1960:** Enteignung von US-Vermögen und Beginn des Konfliktes zwischen Cuba und den USA mit einem partiellen Handelsembargo gegen Cuba
- **Januar 1961:** Abbruch der diplomatischen Beziehungen zu Cuba durch die USA
- **April 1961:** *Fidel Castro* verkündet den sozialistischen Charakter seiner Revolution, die Invasion in der Schweinebucht scheitert kläglich.
- **Februar 1962:** Vollständiges politisches und wirtschaftliches Embargo gegen Cuba durch die USA
- **Oktober 1962:** Amerikanisch-sowjetische Raketenkrise, auch als Cuba-Krise oder Oktoberkrise bekannt
- **1963:** Zweite Agrarreform
- **1964:** *Fidel Castros* erster Besuch in der Sowjetunion
- **1965:** Neugründung der Kommunistischen Partei Cubas (PCC) sowie Abschluss wichtiger Handelsverträge mit der UdSSR und China
- **9. Oktober 1967:** Ermordung *Che Guevaras* in Bolivien
- **1968:** Beginn der „Revolutionären Offensive": Privater Einzelhandel und Dienstleistungsbetriebe werden geschlossen oder verstaatlicht.
- **1972:** Cuba tritt dem COMECON (Sozialistische Wirtschaftsgemeinschaft) bei.
- **Juni 1972:** Cuba „schenkt" der DDR eine eigene kleine Karibik-Insel (Ernst-Thälmann-Insel) vor der Südküste der Provinz Matanzas.
- **1975:** Cuba entsendet Militärberater und ca. 20.000 Soldaten (andere Angaben: bis zu 35.000 Mann) nach Angola. Erster Parteitag der PCC.
- **1976:** Neue Verfassung und erste Parlamentswahlen
- **1977:** Einrichtung von Interessenvertretungen der USA in La Habana und Cubas in Washington

- **1978:** Einsatz cubanischer Streitkräfte in Äthiopien zur Abwehr einer Invasion Somalias
- **1979:** Sechste Konferenz der blockfreien Staaten in La Habana
- **1980:** Massenflucht von ungefähr 135.000 Cubanern in die USA („Mariel-Krise") nach der Besetzung der peruanischen Botschaft in La Habana
- **1981:** Nach dem Regierungsantritt *Ronald Reagans* neue Eiszeit zwischen Cuba und den USA
- **1986:** Mutter Teresa besucht Cuba.
- **1988:** Politik der *rectificación* (Fehlerkorrektur) statt Perestrojka
- **1989:** *Gorbatschow* besucht Cuba. Abzug der cubanischen Truppen aus Angola. Hinrichtung des hochdekorierten Angola-Veteranen *Arnaldo Ochoa*. Cubas Wahl in den Sicherheitsrat der UN.
- **1990:** *Fidel Castro* ruft nach dem Zusammenbruch der UdSSR den nationalen Notstand *(período especial)* aus, der einen Fünf-Jahres-Sparplan mit Härtefallmaßnahmen vorsieht.
- **1991:** Teilnahme *Fidel Castros* am ersten Ibero-Amerikanischen Gipfeltreffen in Guadalajara (Mexiko), Ausrichtung der 11. Panamerikanischen Spiele und Abzug der letzten Truppen aus Angola
- **1992:** Verabschiedung der derzeit geltenden Verfassung. Beschluss des Parteitages, Cuba wirtschaftlich zu öffnen. Gleichzeitig Verschärfung des US-Embargos.
- **1993:** Erste Direktwahlen zur Nationalversammlung und Legalisierung des US-Dollars als Zweitwährung
- **1994:** Flüchtlingsabkommen mit den USA und vorübergehende Straffreiheit der illegalen Ausreise („Balsero-Krise") nach Unruhen mit Anti-Castro-Demonstrationen
- **1995:** Der Tourismus wird zur wichtigsten Devisenquelle.
- **24. Februar 1996:** Cubanisches Militär schießt zwei US-amerikanische Zivilflugzeuge ab.
- **März 1996:** US-Embargo durch das Helms-Burton-Gesetz verschärft
- **1997:** *Che Guevaras* Überreste werden von Bolivien nach Cuba überführt und in Santa Clara beigesetzt.
- **Januar 1998:** Papst *Johannes Paul II.* besucht Cuba.
- **September 1998:** Inhaftierung der „Miami Five": Die fünf regimetreuen Cubaner hatten bei exilcubanischen Organisationen in Miami Informationen über feindliche Aktivitäten gesammelt. Im Jahr 2001 Verurteilung zu sehr hohen Haftstrafen.
- **November 1999:** Der 9. Ibero-Amerika-Gipfel findet in La Habana statt.
- **April 2000:** Erster „Südgipfel" (G 77 und China) in La Habana

- **Juni 2000:** Ein politisches Tauziehen um den Flüchtlingsjungen *Elián González* endet mit der Rückführung des Kindes nach Cuba. Die cubanische Regierung ruft die „Schlacht der Ideen" *(batalla de ideas)* aus.
- **2001:** Nach einem öffentlichen Schwächeanfall am 27. Juni bestimmt *Fidel Castro* seinen Bruder *Raúl* zum Nachfolger.
- **2002:** Im US-Marinestützpunkt Guantánamo werden mutmaßliche Terroristen interniert. In Varadero wird der Euro als Zahlungsmittel eingeführt.
- **Mai 2002:** Der ehemalige US-Präsident *Jimmy Carter* besucht Cuba, um von *Fidel Castro* Reformen und von den USA die Aufhebung des Embargos zu fordern.
- **Juni 2002:** Unterschriftensammlung zur unveränderlichen Festschreibung des Sozialismus in der Verfassung
- **März 2003:** Eine Verhaftungswelle trifft 75 Oppositionelle (Schwarzer Frühling). Einige von ihnen bleiben bis März 2011 in Haft.
- **November 2004:** Durch die Einführung eines erheblichen Abschlags beim Umtausch in einheimische Währung verschwindet der US-Dollar aus dem cubanischen Alltag.
- **August 2006:** Schwere Erkrankung von Staatschef *Fidel Castro* und (zunächst provisorische) Übertragung seiner Ämter auf seinen Bruder *Raúl Castro.*
- **Juni 2007:** Der Menschenrechtsrat der Vereinten Nationen streicht Cuba von seiner schwarzen Liste.
- **24. Februar 2008:** Die Nationalversammlung wählt *Raúl Castro* zum neuen Staatsratsvorsitzenden.
- **März/April 2009:** Kurz nach dem Amtsantritt *Barack Obamas* beschließt der US-Kongress Erleichterungen des Embargos.
- **23. Februar 2010:** Der 2003 inhaftierte Dissident *Orlando Zapata* stirbt in La Habana an den Folgen eines Hungerstreiks, mit dem er gegen seine Haftbedingungen protestierte.
- **März 2012:** *Papst Benedikt XVI.* bereist Cuba, trifft die *Castro*-Brüder und liest vor Hunderttausenden Gläubigen Messen.
- **Januar 2013:** Cuba hebt die jahrzehntelang bestehenden Ausreisebeschränkungen weitgehend auf.
- **7. Juli 2013:** In einer Parlamentsrede deutet *Raúl Castro* Pläne an, das System der zwei Währungen (CUC und CUP) abzuschaffen.
- **15. Juli 2013:** Im Panama-Kanal wird ein Schiff gestoppt, das Rüstungsfracht von Cuba nach Nordkorea transportieren sollte.
- **September 2013:** Eine cubanische Delegation reist nach Neu-Delhi (Indien), um bei den Vorbereitungen zum Weltjugendfestival in Ecuador im Dezember 2013 mitzuwirken.

Cuba nach den Castros – Gedankenspiele

Wer heute nach Cuba reist, kann miterleben, wie die Regierung versucht, einen dritten Weg zwischen dem Kapitalismus und dem althergebrachten Tropensozialismus der *Castros* zu beschreiten.

Anfang 2008 geschah auch formal das, was *Fidel* bereits 1997 angekündigt hatte: Auf *Castro* folgte *Castro,* denn am 24. Februar 2008 wählte die Nationalversammlung *Fidels* nur fünf Jahre jüngeren Bruder zu dessen Nachfolger im Amt des Staatsratspräsidenten. *Raúl Castro* war bereits vor *Fidels* Rückzug aus dem politischen Tagesgeschäft sein Stellvertreter in allen Ämtern und Chef der Streitkräfte. Die Nachfolge *Raúls* könnte schon in absehbarer Zeit ein aus hohen Funktionären bestehender Zirkel von Spitzenpolitikern antreten. Seine zweite Amtszeit währt regulär noch bis 2018. Anfang 2013 hatte er offiziell erklärt, dass er kein drittes Mal antreten werde. Für Cubas mittelfristige Zukunft beschreiben Experten wie der deutsche Sozialwissenschaftler *Hans-Jürgen Burchardt* drei Szenarien.

Reformistisches Szenario

Die hoffnungsvollste Prognose geht davon aus, dass sich eine cubanische Reformallianz durchsetzt, die das System von innen heraus reformiert. Getragen von Regierungsvertretern, Beamten und Menschen, die nach wie vor an die Ideale der Revolution glauben, würde die mit Geld und Öl aus Venezuela gedopte Reformbewegung eine umfassende Modernisierung anstreben. Das Ziel der Integration in den Weltmarkt würde einen sozial verträglichen Umbau des Staates erforderlich machen. Cuba als „karibischer Tiger" wäre dann ein Zukunftsmodell für ganz Lateinamerika.

▷ Nachwuchsrevolutionäre

Szenario des Zusammenbruchs

Weniger erfreulich ist die Möglichkeit, dass verschiedene Gruppen ihren Machtanspruch mit Waffengewalt durchzusetzen versuchen. Schlimmstenfalls käme es zu einem Bürgerkrieg, den die USA zum Anlass für eine direkte oder indirekte Intervention nehmen könnten. Möglicherweise wäre die Wiederherstellung der vorrevolutionären Besitz- und Machtverhältnisse die Folge.

Neoliberales Szenario

Das dritte Szenario geht von der (offiziellen) Einführung eines neoliberalen Wirtschaftsmodells aus, das sich ausschließlich an Effizienzgesichtspunkten orientiert, eine rasche Privatisierung durchführt und die öffentlichen Dienste weiter drastisch abbaut. Die Finanzierung erfolgt dabei über ausländische Investoren. Weite Teile der Bevölkerung verarmen, Cuba würde „lateinamerikanisiert" und *Castros* düsterste Zukunftsvision Wirklichkeit. Im Dezember 1989 ließ er verlauten: „Auf Cuba gehören Revolution, Sozialismus und nationale Unabhängigkeit zusammen. Wenn es irgendwann zum Kapitalismus zurückkehren sollte, würden unsere Unabhängigkeit und unsere Souveränität für immer verschwinden, würden wir uns in eine Verlängerung Miamis verwandeln, in ein einfaches Anhängsel des US-Imperiums."

202cu js

Castro & Co. – politische Ordnung der Gegenwart

Cubas Bewohner sind seit 1959 Nutznießer (oder Opfer) eines gewaltigen, in der westlichen Hemisphäre einmaligen, gesellschaftlichen Experiments.

Cuba ist ein sozialistisches Land mit teilweise eigentümlichen Ausprägungen dieses Gesellschaftsmodells. De facto wurden von 1959 bis 2006 alle wichtigen Entscheidungen

◁ Das riesige Antlitz Che Guevaras ziert die Fassade des Innenministeriums

vom *Comandante en Jefe* (Oberkommandierender) Dr. Fidel Castro Ruz und seinen engsten Vertrauten getroffen. Er war damit das am längsten regierende Staatsoberhaupt der Welt. Staatsorganisation und Politik waren sehr passgenau auf seine Person zugeschnitten und statteten ihn mit umfassenden Vollmachten aus. Wegen der Dauer seiner Herrschaft, seiner Machtfülle und des Rückhaltes in der Bevölkerung wird er sogar von bayerischen Ministerpräsidenten beneidet.

Dem weitgehenden Versagen der staatlich gelenkten Planwirtschaft stehen große Erfolge im Bildungs- und Gesundheitswesen gegenüber. Nach wie vor wird ein beeindruckender Teil des Haushaltsbudgets für die Bereiche Gesundheit, Erziehung und andere Sparten des Sozialwesens aufgewendet. Die Aktivitäten des *Comité de la Defensa de la Revolución (CDR)*, des Revolutionsverteidigungskomitees als „Auge und Ohr" der Staatsmacht, wecken mitunter Erinnerungen an die Machenschaften der DDR-Staatssicherheit.

Cuba ist unter anderemMitglied der Vereinten Nationen, der regionalen Gruppierungen ACS *(Association of Caribbean States)*, ALADI *(Asociación Latinoamericana de Integración)*, ALBA *(Alianza Bolivariana para los Pueblos de Nuestra América)* und SELA *(Sistema Económico Latinoamericano)* sowie in der OAS *(Organization of American States)*. Die Teilnahmerechte Cubas bezüglich der OAS waren auf Betreiben der USA von 1962 bis 2009 aufgehoben worden. Schließlich ist Cuba noch Gründungsmitglied der Blockfreienbewegung.

Wie kam der Sozialismus nach Cuba?

Die „rote Insel" hält als eines der letzten Länder der Erde an einer zumindest pro forma noch existierenden sozialistischen Staats- und Gesellschaftsform fest. Die besondere Geschichte Cubas erklärt, warum Gedankengut von *Marx, Engels* und *Lenin* auch in der weit entfernten Karibik auf fruchtbaren Boden fallen konnte.

Zwar gründeten Intellektuelle bereits in den 1920er-Jahren eine Kommunistische Cubanische Partei *(Partido Comunista Cubano)*, doch konnten sozialistische Visionen erst im Zuge wirtschaftlicher und sozialer Misere in breiteren Bevölkerungsschichten Anhänger finden.

Wie im Abschnitt „‚Hinterhof' der USA" (s. Seite 52) erläutert, verschärfte die (Wirtschafts-)Politik der USA-hörigen cubanischen Diktaturen in den Jahren vor der Revolution die sozialen Konflikte. Die USA, die Cuba zu Beginn des 20. Jahrhunderts aus wirtschaftlichen Gründen zur Unabhängigkeit von Spanien verholfen hatten, betrachteten die Insel fortan als ihren legitimen „Hinterhof" und sicherten ihre Interessen durch Militärpräsenz und Interventionsrechte ab. Öl-Multis, die einflussreiche United Fruit Company mit ihren Früchteimperien sowie die aus Nordamerika abziehenden Mafiakartelle beuteten Cuba und seine Bewohner vollkommen hemmungslos aus. Ende der 1950er-Jahre war es so weit gekommen, dass sich über die Hälfte des cubanischen Grundbesitzes, der Industrie und der wichtigen Dienstleistungsbereiche in ausländischem Besitz befanden. Die Guerilleros kämpften nicht für die Ausbreitung des Kommunismus, sondern für Cubas Souveränität. Es war vor allem die Aufteilung der Welt in zwei ideologische Machtblöcke und die milliardenschwere wirtschaftliche Unterstützung durch die Sowjetunion, die Cuba zum „sozialistischen Staat" machten.

Von der UdSSR wurde der grundsätzliche Staatsaufbau im Sinne eines demokratischen Zentralismus übernommen: Die vom Volk gewählte Nationalversammlung *(Asamblea Nacional del Poder Popular,* kurz: *Poder Popular* – „Volksmacht") tritt regelmäßig zwei Mal im Jahr zusammen. Sie entscheidet dann unter anderem über die Zusammensetzung des Staatsrates *(Consejo de Estado),* dem mit 31 Mitgliedern besetzten obersten Organ des Staates mit zentraler Entscheidungsmacht. Darüber hinaus wird auch über die Zusammensetzung des Ministerrates *(Consejo de Ministros)* als oberstem Verwaltungsorgan sowie des obersten Gerichtshofes und der Generalstaatsanwaltschaft entschieden. Der Staats- und Ministerrat *(Consejo de Estado y Consejo de Ministros)* monopolisiert die cubanische Spitzenpolitik in nur wenigen ausgewählten KP-Kadern. Staatliche Gewaltenteilung mit wenigstens formal unabhängiger Legislative, Exekutive und Judikative ist nicht vorgesehen.

Besonderheiten des „socialismo tropical"

Es bestehen augenfällige Unterschiede zu den politischen Verhältnissen in den Ländern des ehemaligen Ostblocks. Politik und Staatsführung sind so angelegt, dass *Fidel Castro,* als Anhänger eines autoritären Führungsstils fast 50 Jahre lang wie ein Alleinherrscher agieren konnte.

Der volle Titel des von der Bevölkerung schlicht „Fidel" (mit Betonung auf der zweiten Silbe) und nie „Castro" genannten Staatsoberhauptes ließ keinen Zweifel an seiner Machtfülle: „Oberkommandierender *Dr. Fidel Castro Ruz,* erster Sekretär des Zentralkomitees der Kommunistischen Partei Cubas und Präsident des Staats- und Ministerrates".

Ihm ging es gerade in den Jahren nach der Revolution nicht primär um die Installation eines kommunistischen Staatswesens, sondern um die Verbesserung der Lebensverhältnisse mittels wirtschaftlicher und sozialer Maßnahmen wie Agrarreformen, Verstaatlichung ausländischer Firmen und Banken sowie ein Wohnreformgesetz, durch das bisherige Mieter zu Eigentümern wurden.

Erst am 15. April 1961, kurz vor der von den USA unterstützten Invasion in der *Bahía de Cochinos* (Schweinebucht), erklärte *Castro*, dass die cubanische Revolution eine sozialistische sei. Entgegen seinen wiederholten Beteuerungen, seit seiner Studienzeit Marxist-Leninist zu sein, spricht viel dafür, dass er durch die politischen Umstände in den 1960er-Jahren in diese Haltung gezwungen wurde.

Orlandos Kandidatur für das Kreisparlament

Kurz vor seinem 60. Geburtstag beschließt Orlando, sich politisch stärker zu engagieren. Aufgrund seiner Bekanntheit und Beliebtheit in und um Morón rechnet er mit guten Chancen auf einen Sitz im Kreisparlament, das alle zweieinhalb Jahre gewählt wird. Er hat sich daher in seinem Bezirk nominieren lassen und mit Feuereifer in den Wahlkampf gestürzt. Dieser besteht, wie der von Orlandos nicht sehr zahlreichen Konkurrenten, vor allem darin, dass er einen Lebenslauf mit Foto in Geschäften und anderen stark frequentierten Orten aufhängt. Mehr Wahlwerbung und Propaganda für seine Person ist nicht vorgesehen und auch nicht üblich. Dass er ein politischer Quereinsteiger und nicht einmal Mitglied der Partei ist, spielt keine große Rolle. Wird er in der Bürgerversammlung gewählt, erwarten ihn eine ganze Reihe von weiteren Verpflichtungen, da er in seinem bisherigen Beruf als Techniker weiterarbeiten wird. Als Kreisabgeordneter würde er einen Tag in der Woche Sprechstunde haben und einmal im Monat ins Kreisparlament nach Ciego de Ávila gehen.

Seine wichtigste Tätigkeit würde der Rechenschaftsbericht sein, zu dem er vier Mal jährlich alle Interessierten einladen müsste. Die Dauerbrenner dieser Aussprachen sind zurzeit fehlendes Baumaterial, Transportlücken und das als ungerecht empfundene Lebensmittelrationierungssystem. Dem Himmel sei Dank stellt die Versorgung mit Wohnraum in seiner Gegend bisher kein größeres Problem dar. Die vorgebrachten Ärgernisse werden Orlandos persönlichen Einsatz verlangen, d. h., er muss sich mit den zuständigen Behörden herumschlagen. Nur besonders gravierende Probleme kommen im Kreisparlament zur Sprache. Bei entsprechendem Ehrgeiz kann sich ein Abgeordneter in dessen Exekutivausschuss wählen lassen, der das politische Geschehen im Kreis kontrolliert. Bewährt sich ein Kreisdelegierter nach Meinung seiner Mitbürger nicht, kann er mit 20 Prozent der Wählerunterschriften zum Rücktritt aufgefordert werden („revocación").

Partei, Massenorganisationen und Militär

Die Partei

Die Kommunistische Partei Cubas *(Partido Comunista de Cuba, PCC)* ist die einzige auf Cuba zugelassene politische Organisation. Sie hielt 1975 ihren ersten Parteikongress ab und ist analog zur staatlichen Organisation nach dem Prinzip des demokratischen Zentralismus aufgebaut. Ihr politischer und gesellschaftlicher Führungsanspruch ist seit 1992 sogar in Artikel 5 der cubanischen Verfassung festgeschrieben. Die Partei soll die Vorhut *(vanguardia)* des Volkes sein und dessen moralische Elite als Mitglieder haben. Wer beitreten möchte, muss lebendes Beispiel eines revolutionären, „neuen Menschen" sein und dies durch freiwillige Arbeit und einen zumindest formal tadellosen Lebenswandel unter Beweis stellen.

Ist man Mitglied *(militante)* geworden, erhält man das rote Parteibuch und sollte möglichst viel Freizeit für Parteibelange opfern. *Fidel Castro* formuliert es so: „Der Militante hat die oft verschwommenen Wünsche der Bevölkerung zu kanalisieren und seine Freizeit, seine persönliche Ruhe und seine Familie zu opfern, um dabei doch immer Mensch zu bleiben."

Die Partei ist auf allen Ebenen lenkende Kraft Cubas, etwa indem sie Leute für wichtige Posten in Staat und Gesellschaft auswählt.

Die derzeit etwa 600.000 Mitglieder zählende PCC ist eine Massenpartei, die ihren Führungsnachwuchs aus dem Jugendverband *Unión de Jóvenes Comunistas* (UJC) rekrutiert. Dieser ist nicht mehr so exklusiv wie in früheren Jahrzehnten, als neue Mitglieder ihr ausgeprägtes sozialistisches Bewusstsein durch schweißtreibende Knochenarbeit unter Beweis stellen mussten.

Massenorganisationen

Zahlreiche Organisationen sollen die **Partei- und Regierungspolitik an die Basis** vermitteln. Die Einheitsgewerkschaft CTC, der Kleinbauernverband ANAP, der Frauenverband FMC sowie der Studentenbund FEU und die Schülervereinigung FEEM vertreten (und kontrollieren) wichtige gesellschaftliche Gruppen.

Eine besondere Rolle nimmt das Komitee zur Verteidigung der Revolution *(Comité de la Defensa de la Revolución, CDR)* ein, das in jedem Häuserblock und Dorf revolutionäre Macht und Wachsamkeit repräsentiert. Jede CDR-Zelle hat in der Regel einen Präsidenten, einen Wachbeauftragten und einen Leiter der politisch-ideologischen Arbeit. Es gibt Dachorganisationen auf munizipaler, provinzialer und nationaler Ebene. Wer sich

besonders eifrig hervortut, wird öffentlich geehrt. Die regelmäßig stattfindenden Versammlungen *(asambleas)* finden häufig unter freiem Himmel statt und sind für Ausländer angesichts des zur Schau getragenen Pathos ein unvergessliches Erlebnis.

1960 wurden die Komitees als kleinste zivile Einheit zum Schutz vor konterrevolutionären Angriffen und Spionageakten gegründet. Beitreten konnte jeder, der mindestens 14 Jahre alt war. Ihre Feuerprobe erlebten die CDRs schon kurze Zeit später: Die Schweinebuchtinvasion wurde nicht zuletzt mithilfe der *cederistas* (von CeDeR) zurückgeschlagen.

Als während der 1960er-Jahre die unmittelbaren, von Miami aus gesteuerten Sabotageakte nachließen, kamen neue Aufgaben auf die Komitees zu, wie etwa das Sammeln von Blutspenden, Überwachung des ordnungsgemäßen Schulbesuchs, die Organisation von gesundheitlichen Voruntersuchungen, die Verteilung von Lebensmittelrationen und die Unterstützung alleinstehender Rentner.

Ihre vordringlichste Aufgabe aber blieb, keine Zweifel an der Allgegenwart und Macht des Staates aufkommen zu lassen. Und so schieben die Frauen und Männer der CDR nach wie vor jede Nacht von 22 bis 1 Uhr Wache. Sie tragen so maßgeblich dazu bei, dass Cubas Ortschaften immer noch die sichersten der ganzen Karibik sind.

⌃ Cuba versteht sich als Bastion gegen den Imperialismus

Dem Reisenden werden beim Spaziergang durch cubanische Städte immer wieder Schilder mit einem stilisierten macheteschwingenden Mann und Aufschriften wie „CDR No 8, Zona 77, La Habana" auffallen, die den Beginn eines Wohnblocks *(cuadra)* markieren. Die programmatische Parole auf der Machete *„Con la guardia en alto"* bedeutet „Mit höchster Wachsamkeit". Spitzel- und Polizeihilfsdienste, Nachbarschaftshilfe und politische Arbeit sind bis heute die Kernaufgaben der CDR-Einheiten.

Cubanische Staatssymbole

Als sich im Mai 1850 eine Gruppe Aufständischer in Cárdenas gegen die spanische Kolonialmacht auflehnte, wurde die ein Jahr zuvor entworfene blau-rot-weiße **Staatsflagge** *zum ersten Mal gehisst. Die blauen Streifen stehen für die drei alten Provinzen Occidente (Westen), Centro (Zentrum) und Oriente (Osten), in welche die Insel früher unterteilt war. Auch heute noch geben Cubaner, nach ihrer Herkunft gefragt, zur groben Orientierung eine dieser drei Regionen an. Die zwei weißen Streifen symbolisieren die Reinheit des Verlangens nach nationaler Unabhängigkeit. Die drei Seiten des roten Dreiecks stehen für die Postulate der Französischen Revolution Freiheit, Gleichheit und Brüderlichkeit. Seine Farbe erinnert an das in den Unabhängigkeitskriegen reichlich vergossene Blut. Der weiße Stern soll die Souveränität Cubas unter den Völkern symbolisieren.*

Das **Staatswappen** *ist dreigeteilt. Der Schlüssel zwischen den Felsen macht die wichtige geostrategische Bedeutung der Insel zwischen dem Kap Catocha von Yucatán und dem Kap Sable Floridas am Eingang des Golfs von Mexiko deutlich. Manche deuten ihn auch als Symbol für Cubas Brückenstellung zwischen Nord- und Südamerika. Die aufgehende Sonne bezeugt den Aufbruchwillen der cubanischen Republik. Links sind die Farben der Nationalfahne und rechts eine typische cubanische Landschaft mit der Königspalme als Symbol der Stärke zu sehen. Auf der Spitze des Wappens ruht mit der phrygischen Mütze die klassische Kopfbedeckung französischer Revolutionäre, die zusammen mit dem auf ihr angebrachten silbernen Stern für die erlangte Freiheit steht. Die Mütze sitzt auf Liktorenruten, dem römischen Symbol für republikanische Macht. Ihre rote Farbe erinnert wie bei der Staatsflagge an den hohen Blutzoll der Unabhängigkeitskriege.*

Das Staatswappen und die cubanische Flagge wurden 1849 von Miguel Teurbe Tolón kreiert. Ein sehr schönes Exemplar des Wappens befindet sich über dem Tor zur Festung Real Fuerza in La Habana. Eine gewaltige Staatsflagge weht vor dem Grabmal Martís in Santiago de Cuba.

Reinaldo Arenas, Zoé Valdés, Yoani Sánchez und andere cubanischen Autoren gehen mit den *cederistas* hart ins Gericht. Manche würden ihre Macht und die enge Zusammenarbeit mit der Partei und staatlichen Stellen ausnutzen, um die Freiheit des Einzelnen despotisch einzuschränken und schreckten auch vor Diffamierungen mit übelsten Folgen für die Betroffenen nicht zurück. Auf dem Land haben *cederistas* oft einen besseren Ruf als in den Großstädten.

034cu   035cu   036cu

*Wegen der sich in seinem Federkleid spiegelnden Farben der Staatsflagge wurde der tocororo zum **Nationalvogel** gekürt. **Nationalblume** ist die weiße, bis zu einem Meter hohe mariposa blanca (Schmetterlingsjasmin). **Nationalbaum** ist die majestätische Königspalme (palma real). Text und Melodie der **Nationalhymne** La Bayamesa stammen von dem Rebellen Pedro Figueredo. Sie soll 1868 im Unabhängigkeitskrieg gegen Spanien zum ersten Mal gesungen worden sein. Ihr kämpferischer Pathos ist dem der französischen Hymne nicht unähnlich. Er lautet:*

Al combate corred, bayamesas,
que la Patria es contempla orgullosa,
no temais una muerte gloriosa
que morir por la Patria, es vivir.
En cadenas vivir es vivir
en afrentas y oprobios sumidos,
del clarín escuchad el sonido
a las armas, valientes, corred.

Auf zum Kampf, Bayameser,
das Vaterland blickt mit Stolz auf euch,
fürchtet nicht einen glorreichen Tod,
denn fürs Vaterland sterben, heißt leben.
In Ketten zu leben, heißt leben
in Schande und Unterwerfung.
Hört den Klang der Trompete,
zu den Waffen, Tapfere, lauft.

⌃ Staatswappen, Nationalflagge und cubanische Sondermarke

Militär und Milizen

Cuba ist mit einer im Vergleich zur Einwohnerzahl deutlich überproportionalen Truppenstärke nach den USA und Brasilien die größte Militärmacht des amerikanischen Kontinents. Der Etat des Militärs wird lediglich von den Ausgaben für Bildung und Gesundheit übertroffen. Die regulären cubanischen Streitkräfte mit ihren olivgrünen Uniformen gingen 1961 aus der Rebellenarmee hervor und haben nach wie vor großen Einfluss auf die Geschicke des Landes. Oberkommandeur der *Fuerzas Armadas Revolucionarias* (FAR), der Revolutionären Streitkräfte, war bis 2008 der Vier-Sterne-General *Fidel Castro.*

Für Männer von 17 bis 45 Jahren galt jahrzehntelang eine dreijährige **Wehrpflicht,** die inzwischen verkürzt wurde und z. B. für angehende Akademiker nur noch ein Jahr dauert. Die ersatzweise Ableistung von Zivildienst ist nicht vorgesehen. Wer sich weigert, der Wehrpflicht nachzukommen, erhält eine Haftstrafe von einem Jahr, um anschließend zwangsweise zur Truppe zu stoßen. Frauen von 17 bis 35 Jahren können zum freiwilligen Militärdienst antreten. In den 1970er und 1980er-Jahren waren cubanische Soldaten in Angola und im Kongo stationiert, um dort Revolutionstruppen zu unterstützen.

Neben den regulären Streitkräften bestehen eine paramilitärische Volksmiliz *(Milicias Populares)* und Territorialmilizen *(Milicias de tropas territoriales),* die in ihrer Freizeit trainieren und unter anderem strategisch wichtige Einrichtungen bewachen. Cubaner, die das wehrpflichtige Alter überschreiten, können der Zivilverteidigung *(Defensa Civil)* beitreten.

Der Staatssicherheitspolizei *(Departamento de Seguridad del Estado)* werden hin und wieder Menschenrechtsverletzungen bei der Überwachung Oppositioneller vorgeworfen. Ihre vornehmste Aufgabe ist der Schutz der Regierungsmitglieder.

Recht und Gesetz

Die Verfassung

Die cubanische Verfassung *(constitución)* aus dem Jahr 1976 ist, wie nicht anders zu erwarten, das Ergebnis der durch die Revolution 1959 eingeleiteten Entwicklungen und weist Cuba als sozialistische Republik aus. Sie wurde nach dem Muster osteuropäischer sozialistischer Volksdemokratien auf der Grundlage des Marxismus-Leninismus ausgearbeitet. Ihre derzeit geltende Fassung datiert von 1992. Damals wurden Direktwahlen zur Nationalversammlung, das Recht des Staatspräsidenten, den Ausnahmezustand zu verhängen, und die Religionsfreiheit in der Verfassung verankert.

Im Juni 2002 haben nach Angabe der Regierung fast 99 Prozent der wahlberechtigten Cubaner einer Verfassungsänderung zugestimmt, mit der das sozialistische System für unantastbar erklärt wurde.

Justizwesen

An der Spitze der Judikative steht der **Oberste Volksgerichtshof,** dessen Richter genau wie der Oberstaatsanwalt von der Nationalversammlung eingesetzt werden. In den Provinzen und Regionen gibt es Gerichtshöfe und Kommunalgerichte (ordentliche Gerichte).

Revolutionstribunale werden bei besonders schweren Straftaten und „Verbrechen gegen den Staat" einberufen. Vor den Volkstribunalen *(tribunales populares)* werden leichtere Fälle unsozialen Verhaltens mit einem Strafhöchstmaß von drei Monaten Freiheitsstrafe abgeurteilt. Hier kann sich der Angeklagte auf Wunsch selbst verteidigen.

Alle Gerichte setzen sich aus Berufs- und Laienrichtern zusammen, wobei letztere von Stadtteilkomitees, Gewerkschaften und anderen Massenorganisationen für maximal 30 Tage gewählt werden und nach einer kurzen Einweisung in die Rechtswissenschaft die gleichen Entscheidungsbefugnisse haben wie hauptamtliche Richter.

Zeigt ein Inhaftierter Disziplin und ist bereit zur „Umerziehung", kann er in verschiedenen **Rehabilitationslagern** in drei Etappen mit zunehmender Freizügigkeit seine Strafe erheblich verkürzen.

Die **Todesstrafe** wird unter anderem für schwere Sabotageakte und Mord aus niederen Beweggründen verhängt. Vollstreckt wurde sie zuletzt 2003 wegen Entführung einer Fähre zur Flucht nach Florida. Im Dezember 2010 wurde die letzte zur Vollstreckung anstehende Todesstrafe von Cubas Oberstem Gerichtshof in eine Haftstrafe umgewandelt.

Cuba und die Menschenrechte

Eine objektive Einschätzung der aktuellen Menschenrechtssituation auf Cuba wird dadurch erschwert, dass viele Vorkommnisse niemals an die Öffentlichkeit gelangen.

Sicher ist, dass Personen wegen Handlungen im Gefängnis sitzen oder anderweitig sanktioniert werden, die nach europäischem Verständnis in die Kategorie „abweichende politische Meinung" fallen. Der Grund für

diese Dünnhäutigkeit der staatlichen Stellen ist in Cubas Geschichte zu suchen: Vor, während und seit der Revolution sah sich Cuba immer wieder Einmischungen in seine nationale Eigenständigkeit ausgesetzt. Den Brüdern *Castro* gelingt es nun seit über 50 Jahren, sich als Bewahrer und Symbol dieser Eigenständigkeit zu präsentieren.

Grundfesten liberaler Marktwirtschaften, wie etwa freies Denken und ein hohes Maß an Eigeninitiative, werden in einer autoritär geführten Gesellschaft nicht gerade gefördert. Geistige Eliten und unternehmerisch begabte Personen, die ihre Fähigkeiten nicht in den Dienst des Staates stellen, sind höchst unerwünscht. Formal-juristische Allzweckwaffe für Anklagen gegen „Oppositionelle" ist häufig der ominöse Straftatbestand der *peligrosidad social* (Gefährdung der öffentlichen Ordnung). Systemkritische Äußerungen werden nervös registriert und lösen unter Umständen radikale Reaktionen der Obrigkeit aus. So wurden beispielsweise im Frühjahr 2003 auf einen Schlag 75 „Abweichler" festgesetzt. Prominente Opfer des Peligrosidad-social-Paragraphen waren zuletzt der Betreiber des berühmten Privatrestaurants *Huron Azul* (u. a. wegen überzogener Anhäufung von Kapital) und der Punkrocker *Gorki Águila* (u. a. Beleidigung *Fidels* als *Coma Andante:* „Wandelndes Koma").

Allerdings muss man es gar nicht so weit treiben, um ganz erhebliche Probleme mit der cubanischen Justiz zu bekommen: Da (nach unserem Verständnis) viel zu viel verboten und die Justiz nicht unabhängig ist, findet sich stets ein Grund, missliebige Personen zu kriminalisieren. Auch herrscht kein Mangel an Denunzianten *(chivatos).*

▱ Helden oder Spione? Vier der „Los Cinco" (Die Fünf) sind immer noch in den USA inhaftiert (siehe Exkurs Seite 107)

Meinungspluralismus ist nicht vorgesehen. Das Recht der **Meinungs- freiheit** muss nach Ansicht der cubanischen Regierung gegenüber dem zu sichernden Fortbestand der nachrevolutionären Verhältnisse zurück- stehen. Auch wenn ein Cubaner nicht (mehr) an die ideologischen Dog- men des Sozialismus glaubt, so muss er sie dennoch wenigstens kennen und sein Verhalten daran ausrichten.

Nur Konformität, persönliche Beziehungen und das Parteibuch des PCC versprechen gesellschaftlichen Aufstieg. Die viel gepriesene umfassende Versorgung und eine alle Lebensbereiche erfassende Überwachung ge- hen Hand in Hand. Auch gegenüber Ausländern halten Cubaner sich mit **Systemkritik** vorsichtshalber zurück. Viele flüchten ins Private. Partyleben und naive Romantik stehen hoch im Kurs. Manche erhalten sich, trotz der im Vergleich zu anderen mittelamerikanischen Staaten hervorragenden Schulbildung, zeitlebens ein kindliches Gemüt, zumindest nach außen. Kritiker sagen, die Revolution habe das Mittelmaß zur Norm erhoben.

Andere, für die westliche Welt selbstverständliche, auf Cuba jedoch **nicht gewährte Bürgerrechte und Grundfreiheiten** sind die Vereinigungs- freiheit sowie das Recht, Grund und Boden zu erwerben. Die Gerichte sind nicht unabhängig, die Presse nicht frei und die Gewerkschaften alles andere als autonom. Menschenrechtsvereinigungen sind nicht zugelas- sen. All diese Beschränkungen sollen eine Destabilisierung des Systems verhindern.

Andererseits werden Bürgerrechte, die dem System ungefährlich erschei- nen, vorbildlich umgesetzt. Cubaner kommen mit einem Selbstverständnis in den Genuss von kostenloser oder äußerst günstiger Gesundheitsfürsor- ge und Bildung, von dem die Bürger wesentlich reicherer Staaten weit ent- fernt sind. In sozialer Hinsicht und ganz besonders was die Umsetzung der Rechte von Kindern (und Frauen) angeht, gilt Cuba vielen nach wie vor als beispielhaft.

Bürokratie und Korruption

Die Verwaltung arbeitet zwar in vielen Bereichen effizienter als in ande- ren lateinamerikanischen Staaten, wirkt aber dennoch oft genug undurch- schaubar und willkürlich.

Vor allem Selbstständige müssen sich bei der Antragstellung und wäh- rend des Verwaltungsverfahrens auf einiges gefasst machen. Zahlreiche Vorschriften machen ihnen das Leben schwer, beispielsweise unterliegt Ei- genwerbung strengen Auflagen. Obendrein finden häufig unangemeldete Kontrollen durch die gefürchteten *inspectores* (Inspektoren) statt.

Adriana und der Sozialismus

„Da ich in La Habana Jura studiere, gehöre ich automatisch dem Studentenbund „Federación Estudiantil Universitaria" (FEU) an. Bei den Versammlungen muss ich mich ab und zu blicken lassen. Man sollte schon den Eindruck erwecken, hinter der Regierung zu stehen. An den regelmäßig veranstalteten Fackelmärschen („marchas de atorchas") nehme ich jedenfalls fast immer teil. Ohne einwandfreien sozialistischen Leumund kriegst du keinen Studienplatz. Mir hat es sehr geholfen, dass meine Mutter Mitglied der PCC ist und ich mich seit der Grundschulzeit in sozialen Projekten engagiere.

Wie die meisten jungen Leute auf Cuba habe ich fast jedes Jahr an freiwilligen Arbeitseinsätzen teilgenommen, meistens bei dem Centro, in dem auch mein Vater arbeitet. In die sozialistische Ideologie werden schon die Kleinsten eingewiesen. Jeder Grundschüler kann die Namen der Helden der Unabhängigkeitskriege aufsagen. Und auch die imperialistische Unterdrückung vor der Revolution wird jedes Schuljahr ausführlich behandelt.

Es ist schade, dass es der Regierung nicht gelingt, unser Land wirtschaftlich auf die Füße zu stellen. In der „período especial" in den 1990er-Jahren haben ich und meine Leute an manchen Tagen wirklich Hunger gelitten und einige Zeit lang musste ich tatsächlich ohne Schuhe in die Schule gehen. Das ist jetzt, Gott sei Dank, vorbei, aber ausländische Gaststudenten und die vielen Touristen in La Habana provozieren schon noch eine Menge Neid. Wir müssen einen Weg zurück in das globale Wirtschaftssystem finden, ohne der 51. Bundesstaat der USA zu werden. Manche Kommilitonen sagen scherzhaft, wir sollten einen Aufnahmeantrag bei der Europäischen Union stellen. Aber bis jetzt besteht ja noch nicht einmal ein vernünftiges Kooperationsabkommen.

Da ich später am liebsten Anwältin werden möchte und dann formal sowieso beim Staat angestellt wäre, überlege ich mir seit einiger Zeit, sicherheitshalber doch in den PCC einzutreten. Wegen der guten Verdienstmöglichkeiten im Tourismus werde ich nächstes Jahr außerdem wieder Englischkurse belegen.

In Verbindung mit Jura ergeben sich da bestimmt mal interessante Möglichkeiten. Vielleicht kommt aber alles anders. Letztes Jahr habe ich nämlich einen netten italienischen Unternehmer kennengelernt. Er ist oft geschäftlich auf Cuba. Neulich war er wegen einer der großen Messen zwei Wochen in La Habana und wir haben fast jeden Abend etwas unternommen. Wir telefonieren regelmäßig und ich könnte mir gut vorstellen, irgendwann in Europa zu leben."

Manchmal öffnen diskret überreichte Geldbeträge fest verschlossene Ohren bzw. verschließen das Auge des Gesetzes. Dabei wird der Bürger **Bestechung** niemals von sich aus anbieten. Zu groß ist die Gefahr der Bestrafung. Der Beamte wird ggf. von sich aus auf das Thema zu sprechen kommen, etwa mit dem beliebten cubanischen Sprichwort „Una mano lava la otra, dos lavan la cara" (Eine Hand wäscht die andere, zwei Hände waschen das Gesicht).

Man munkelt, dass sich ältere Schüler zusätzliche Ferien „kaufen" können. Geraten einflussreiche Cubaner in eine Verkehrskontrolle, entgehen sie einer Bestrafung unter Umständen durch die Inaussichtstellung irgendeines Vorteils. Auch hört man, dass devisenträchtige Jobs und Posten meistbietend verscherbelt werden. So sollen für eine Anstellung in einem der großen Hotels in Varadero schon mal umgerechnet 300 Euro und mehr den Besitzer wechseln. Die äußerst begehrte Beschäftigung als Taxifahrer ist noch viel teurer.

Diese zur sozialistischen Ideologie in krassem Gegensatz stehenden Praktiken werden verständlich, wenn man die Höhe der in Pesos ausbezahlten niedrigen Gehälter bedenkt.

Es kann durchaus vorkommen, dass Cubaner auf der Straße **ohne ersichtlichen Grund ausführlich durchsucht** und befragt werden. Die meisten wissen aber, mit welcher Mischung aus Duldsamkeit und Forschheit sie sich am besten aus der Affäre ziehen können. Touristen dürfen unbesorgt sein. Sie werden als willkommene Devisenbringer grundsätzlich von jeglicher Gängelei verschont.

Wirtschaft – zartes Pflänzchen Kapitalismus

Planwirtschaft und neuere Entwicklung

Von 1970 bis 1992 wurde auf Cuba nahezu ausschließlich klassische **Zentralverwaltungswirtschaft** (Planwirtschaft) nach den Grundsätzen der Kommunistischen Partei betrieben, vergleichbar mit den Verhältnissen in der ehemaligen DDR. Staatliche Planbehörden streben die Erfüllung zentral vorgegebener Bedarfsvorgaben an. Löhne wie auch Preise bilden sich nicht am Markt, sondern werden von staatlichen Stellen festgesetzt. Alle Produktionsmittel sind Gemeineigentum und auch der Außenhandel ist fest in staatlicher Hand.

Abgesehen von kleineren landwirtschaftlichen Betrieben *(fincas)* wurde jahrzehntelang jede wirtschaftliche Betätigung vom Staat geplant, finanziert, ausgeführt und kontrolliert. Direkte Steuern waren unbekannt, da alle Angestellten für den Staat arbeiteten. Lange Zeit hatte jeder Bürger Anspruch auf einen Arbeitsplatz.

Die **Mängel** eines sozialistischen Wirtschaftssystems sind allgemein bekannt: Da die Staatsbetriebe nicht wie privat finanzierte und geleitete Firmen unbedingt Gewinn abwerfen müssen und obendrein die Preise für sämtliche Produkte staatlich festgelegt werden, ist die Arbeitsproduktivität gering. Oft kann die Qualität der Waren dem Vergleich mit den Erzeugnissen freier Marktwirtschaften nicht standhalten.

Die anfangs desaströsen und auch später stets unbefriedigenden Ergebnisse der Planwirtschaft führten zu einer hohen Abhängigkeit von den **Handelsbeziehungen zum Ostblock.** Sowjetische Wirtschaftshilfe erfolgte beispielsweise in Form von über dem Marktwert gezahlten Preisen für cubanische Produkte.

Nach dem Zusammenbruch des Ostblocks sahen sich *Fidel Castro* und seine Minister zu einschneidenden ökonomischen Maßnahmen gezwungen. Das 1990 ausgerufene, *período especial* genannte Sparpaket, die Möglichkeit, sich in beschränktem Rahmen privatwirtschaftlich zu betätigen und vor allem die massive Forcierung des Tourismus sowie die freundschaftlichen Beziehungen zu Venezuela (Öl gegen medizinisches Knowhow und Beraterleistungen) konnten bisher das wirtschaftliche Überleben Cubas sichern.

Im kleinen Rahmen betreiben die meisten Cubaner schon seit Längerem (häufig nicht ganz legal) **Marktwirtschaft.** Ob nun ein kleiner landwirtschaftlicher oder handwerklicher Nebenerwerb, der Handel mit allem Möglichen oder eine Tätigkeit als Touristenführer, Geldwechsler oder auch als Kuppler – Not gepaart mit Einfallsreichtum und Geschäftstüchtigkeit macht erfinderisch.

Als Mitte 1992 die Möglichkeit ausländischer Investitionen in Joint Ventures *(empresas mixtas)* und ähnliche Kooperationsformen erheblich ausgeweitet wurde, änderten sich die Verhältnisse in einigen Wirtschaftszweigen. Die betreffenden Unternehmen wirtschaften profitorientiert und grundsätzlich außerhalb staatlicher Kontrolle. Allerdings bestehen einige Besonderheiten für diese eigenartige Form der sozialistisch-kapitalistischen Zusammenarbeit: So haben staatliche Unternehmen Vorrechte bei der Rohstofflieferung und dem Verkauf der Endprodukte. Die Löhne für die ausschließlich vom cubanischen Partner eines Joint Ventures einzustellenden Arbeitnehmer sind in Devisen an den cubanischen Staat (!) zu entrichten. Dieser wiederum entlohnt die Angestellten überwiegend in einheimischer Währung, so als wären sie direkt bei einem Staatsbetrieb angestellt. Durch diesen Kniff streicht der Fiskus bis zu 95 Prozent der offiziell gezahlten Gehälter ein. Zur Stärkung der Arbeitsmoral zahlt der

Extrainfo 8 (s. S. 6): Online-Dossier zum vielgelobten Arte-Beitrag „Mit offenen Karten – Das kubanische Paradox", der im Dezember 2012 ausgestrahlt wurde

ausländische Partner der *empresa mixta* seinen cubanischen Angestellten allerdings in der Regel eine Art „zweites Gehalt" in bar oder z. B. auch in Form von Lebensmitteln. Für die ausländischen Partner ist die Zusammenarbeit vor allem in den Bereichen Tourismus, Bergbau, Energie, Kommunikation und Landwirtschaft profitabel.

Joint Ventures dürfen ihre Erzeugnisse ungehindert exportieren. Die Rückführung von eingebrachtem Kapital und erwirtschaftetem Profit wird garantiert. In jüngerer Zeit hat die Bedeutung der Joint Ventures zulasten rein ausländischer Unternehmen (*firmas,* oft mit sogenannten *management contracts* zwischen Staat und Investoren) wieder abgenommen. Diese dürfen ausschließlich Handel treiben und insbesondere keinerlei Dienstleistungen anbieten. Man schätzt, dass allein in La Habana mindestens 2500 hochqualifizierte Cubaner für ausländische *firmas* arbeiten und von diesen Monatsgehälter zwischen 350 und 1000 CUC beziehen.

Standbeine der cubanischen Wirtschaft

Durch das dortige Tropenklima bedingte, spontane Assoziationen zu Cuba sind Zucker, Tabak, Rum und Ferien unter Palmen. Damit sind die wichtigsten Standbeine der cubanischen Wirtschaft auch schon genannt.

Andere **wichtige Agrarprodukte** sind Kaffee, Kakao, Reis, Mais, Kartoffeln, Baumwolle und Zitrusfrüchte. Cubas exzellente Zigarren werden von Rauchern rund um den Globus geschätzt.

Neben raffiniertem Zucker und Tabak spielen insbesondere Nickel, Kobalt Baustoffe, Edelhölzer, chemische Erzeugnisse, Arznei- und Lebensmittel sowie Schuhe und andere Konsumgüter eine gewisse Rolle. Über ein Drittel der weltweiten Nickelreserven liegen entlang der cubanischen Küste im Nordosten der Provinz Holguín. Außerdem werden Kupfer- und Eisenerze (bereits *Kolumbus* waren die „vielen Steine von Eisenfarbe" aufgefallen), Gold sowie Erdöl und Erdgas gefördert.

Werden Erdölvorkommen entdeckt, teilt man die Lagerstätten auf und vergibt die Konzessionen meistbietend, zuletzt u. a. an den Ölmulti Petronas aus Malaysia.

Die hochentwickelte cubanische **Pharmaindustrie** verkauft ihre Produkte, darunter zahlreiche begehrte Impfstoffe, in alle Welt und medizinische Produkte sollen inzwischen, nach den Einnahmen aus dem Fremdenverkehr, zum zweitwichtigsten Devisenbringer geworden sein.

Auch der Entwicklung und Anwendung moderner Biotechnologie steht Cuba aufgeschlossen gegenüber.

Eine besonders wichtige Devisenquelle des Landes stellt der internationale **Tourismus** dar. Infolge des seit 1990 staatlich forcierten Cuba-Booms stieg Varadero zu einem der größten Ferienorte der Karibik auf. Inzwischen bringen ausländische Besucher jedes Jahr schätzungsweise Devisen im Wert von 2,5 Milliarden US$ auf die Insel. Kanada stellt dabei die meisten Touristen, gefolgt von den großen europäischen Staaten. Um die Gewinne für den Fiskus zu sichern und das private Unternehmertum nicht zu stärken, wird der **Massentourismus als Staatsmonopol** gehandhabt, wobei im Voraus bezahlte All-Inclusive-Pauschalangebote favorisiert werden. Diese versprechen leicht kontrollierbare Devisenbewegungen, da sie den Reisenden an sein Hotel binden. Individualtourismus wird von staatlicher Seite her weniger gern gesehen, jedoch auch nicht direkt behindert.

Aufgrund der erheblichen wirtschaftlichen Bedeutung des Fremdenverkehrs werden die wichtigsten Schlüsselpositionen im staatlich gelenkten

Cubas süßes Erbe – die Zuckerrohrernte

Zuckerrohr, einst aus dem Südpazifik über Spanien in die neue Welt eingeführt, ist nach wie vor das wichtigste Agrarerzeugnis. Das „weiße Gold" wird vor allem nach Russland ausgeführt. Zitat Fidel Castro: „Wir sind nicht gerne abhängig vom Zucker, aber dies ist die Realität". Die größten Verladestellen für die Ausfuhr nach Übersee befinden sich in Cienfuegos und bei Matanzas.

Die Hauptarbeit bei der Gewinnung von Rohrzucker wird auf Cuba auch heute noch von Zuckerrohrschneidern (macheteros) geleistet, da selbst modernste Erntemaschinen im hügeligen Gelände nicht eingesetzt werden können und der durch die Wirtschaftskrise bedingte Mangel an Ersatzteilen und Treibstoff immer wieder zu längeren Ausfällen führt.

Die Haupterntezeit dauert von April bis einschließlich Juli. Die lange Machete oder das kurze Schneidemesser (mocha) in der Rechten, tragen die Macheteros an der linken Hand einen speziellen Handschuh, der vor den messerscharfen Blättern des Zuckerrohrs (caña de azucar) schützt. Mit einem Griff umfassen sie drei oder vier Rohre und trennen diese möglichst dicht über dem Boden ab. Da der Zuckersaft weit unten in den Stängeln sitzt, wird mit einem zweiten Hieb auch die Spitze der Pflanze abgeschlagen. Werden die Felder nicht, wie üblich, vor dem Schnitt abgefackelt, müssen die Arbeiter noch die Blätter entfernen, damit sie während des Transportes und der Lagerung keinen Saft ziehen. Anschließend wird der verwertbare Teil des Rohres in drei gleich lange Stücke geschlagen, die nun auf einen Haufen zum Abtransport wandern. Diese Handgriffe sind seit Jahrhunderten unverändert geblieben, während sich soziale Situation,

Tourismus vorzugsweise mit altgedienten (ehemaligen) **Armeeangehörigen** besetzt oder unterstehen wie etwa das Tourismusunternehmen „Gaviota" direkt dem Militär. Dass die neuen Manager eine militärisch-straffe Führung bevorzugen, merken die Angestellten unter anderem daran, dass zunächst einmal der Großteil von ihnen mangels Produktivität entlassen wird.

Seit etwa 2009 treten die staatlichen Hotelmanager offensiver als bisher in Konkurrenz zu den schon länger als *ricos nuevos* (Neureiche) diffamierten Betreibern von Privatpensionen *(casas particulares)*. So bekommt man in vielen 3-Sterne-Häusern mittlerweile ein Doppelzimmer mit Frühstück für umgerechnet 20 Euro. Außerdem stehen Touristenhotels anders als bis 2008 nun auch zahlungskräftigen Cubanern offen.

Einkommen und Ansehen der Macheteros, vor allem seit der Revolution, erheblich verändert haben. Das Zuckerrohr wird nicht mehr von Leibeigenen und Tagelöhnern, sondern von fest angestellten Arbeitern mit ganzjähriger Beschäftigung und mit im nationalen Vergleich überdurchschnittlichen Einkommen, geschnitten. Bei den Feiern zum Tag der Arbeit am 1. Mai marschieren sie stolz in den ersten Reihen.

Zuckerrohr kann bis zu vier Meter hoch werden und einen Zuckergehalt von über 15 Prozent aufweisen. Zur Anpflanzung (asiembra) legt man Teile des Stängels waagerecht ins Erdreich, um nach frühestens zwölf Monaten das erste Mal zu ernten. Etwa 20 Jahre lang wächst die Pflanze immer wieder nach.

Von Sammelstellen wird das Rohr in die centrales genannten Zuckerfabriken gebracht, wo es zunächst in riesigen Mühlen zerkleinert wird. Das zurückbleibende Pflanzenfasergemisch dient den Centrales als Brennmaterial.

Der ausgepresste Rohsaft (guarapo) wird gereinigt und es entsteht der hellgelbe „Dünnsaft", der nun in großen Verdampfbottichen eingedickt wird. Die entstehende zähe Flüssigkeit wird anschließend durch Abkühlung auskristallisiert und in Zentrifugen vom „Muttersirup" getrennt.

Der so entstandene Rohzucker ist immer noch recht dunkel und wird gegebenenfalls zur weiteren Raffinierung in Weißzuckeranlagen gebracht.

Aus Zuckerrohr gewinnt man nicht nur Zucker, sondern etwa 50 weitere Artikel: Aus der zähen, schwarzbraunen Zuckermelasse etwa kann unter anderem Rum, Wachs und Viehfutter hergestellt werden, aus Zuckerrohrsaft diverse Dünger und aus den zerstampften Fasern der Pflanze wird Papier, Pappe und Baumaterial gewonnen. Guarapo wird zu Alkohol, Honig und Sirup weiterverarbeitet.

319cu.om

Bildungswesen

Der allgemeinen Bildung galt, neben dem Gesundheitswesen, von Anfang an die besondere Aufmerksamkeit der cubanischen Revolution. Vor 1959 konnte ein Viertel der Bevölkerung nicht lesen und schreiben. Große Teile der Landbevölkerung hatten keinen Zugang zu Schulen.

Nach der Revolution führte man landesweit den kostenlosen Schulbesuch ein. 1961 wurden über 150.000 Lehrer, Studenten und Schüler aufs Land geschickt, um Erwachsenen Lesen und Schreiben beizubringen. Diese Bildungskampagne *(alfabetización)* war der Startschuss zur Reduzierung der Analphabetenrate, trug revolutionäres Gedankengut auch in entlegene Winkel und half, alte Rassenschranken aufzubrechen.

Cuba bietet als einziges lateinamerikanisches Land einen kostenlosen Bildungsweg vom Kindergarten (*círculo infantil* oder *jardin de la infancia*) über Vorschule *(prescolar),* Schule *(colegio)* und *preuniversidad* (wörtlich: Vor-Universität) bis zur Universität *(universidad)*. Die offizielle Alphabetisierungsquote beträgt inzwischen fast 100 Prozent.

Nach der einjährigen Vorschule werden die Kinder mit etwa sechs Jahren eingeschult. Das Schuljahr am *colegio* beginnt im September und endet im Juni. Schulbücher werden, sofern vorhanden, kostenfrei zur Verfügung gestellt. Die roten (für die Kleinen) bzw. senfgelben (für Teenager) Schuluniformen wurden bis zum Beginn der entbehrungsreichen *período especial* Anfang der 1990er-Jahre vom Staat gesponsert, müssen inzwischen jedoch grundsätzlich von den Eltern finanziert werden.

Der Unterricht und damit auch die Beaufsichtigung der Kinder dauert in der Grundschule *(primaria)* von 7 bis 12 Uhr sowie von 14 bis 16 Uhr und unterstützt so die Eltern erheblich bei der Betreuung und Erziehung ihrer Sprösslinge.

Ab der fünften Klasse besuchen kleine Cubaner die sogenannte **secundaria,** die Unterrichtszeiten bis 17 Uhr vorsieht. Allgemeine Schulpflicht besteht bis zur neunten Klasse. Kindern, deren Eltern beide arbeiten, genehmigt der Staat mittägliche Schulspeisungen.

Seit 1970 sind viele ländliche Mittelschulen *(escuela secundaria básica en el campo* oder kurz: *ESBEC)* entstanden, in denen landwirtschaftliche Arbeit und Schule verbunden werden. In Hunderten solcher Internate teilen die Schüler ihre Zeit zwischen Unterricht und Arbeit auf den Feldern auf, wobei die schulischen Einrichtungen in zwei Schichten genutzt werden können. Auf diese Weise konnte auch die Finanzierung der Schulbildung für Kinder aus ländlichen Gegenden gesichert werden. Jedes der ESBEC-Landinternate hat rund 500 Schüler. Wegen der schwierigen Haushaltslage werden seit den 1990er-Jahren allerdings immer mehr dieser Einrichtungen wieder geschlossen.

Die in jedem größeren Ort vorhandene **„preuniversidad"** bereitet im Anschluss an das neunte Schuljahr in den Klassen 10 bis 12 (blaue Schuluniformen) auf ein Hochschulstudium vor.

Zum Netz der cubanischen Hochschulbildung gehören 15 pädagogische Hochschulen, zwölf Universitäten, neun unabhängige Fakultäten, acht Zentren für Militärausbildung, vier Hochschulen für medizinische Wissenschaften, vier Hochschulzentren, die Lateinamerikanische Schule für Medizin, die Parteihochschule, eine Hochschule für nukleare Wissenschaften und Kerntechnologie, die Hochschule für Kunst, ein Institut für Industrie-Design und die Hochschule für Körperkultur – insgesamt knapp fünf Dutzend Einrichtungen mit etwa 22.000 Professoren und Dozenten. 2002 wurde in La Habana die Universität für Informatik *(Universidad de las Ciencias Informáticas)* eingerichtet. Sie soll auch für die Durchführung nationaler Internetzensur zuständig sein.

◁ Cubanische Grundschüler sind leicht an ihrem einheitlichen Dress zu erkennen

Adrianas Studentenleben

Die 1721 gegründete Universidad de La Habana hat einen schönen, großen Campus im Stadtteil Vedado mit Zentralbibliothek und einigen von insgesamt 15 Fakultäten. Alle anderen Gebäude sind in der Stadt verstreut.

Das Studentenleben ist dem in Europa nicht unähnlich, mit dem Unterschied, dass alles etwas schlichter, vor allem ohne moderne Technik erledigt werden muss. So wird etwa in den Bibliotheken nach wie vor mit dem Katalog-Zettel-System gearbeitet. Die Präsenzexemplare kann man, wenn überhaupt, nur mit ganz viel Überzeugungskraft ausleihen. Viele Bücher sind auf Cuba überhaupt nicht zu bekommen. Computer und Kopierer sind, sofern vorhanden, oft kaputt.

Besonders kompliziert ist das Prozedere in der Nationalbibliothek: Wenn man mit einem Laptop hinein möchte, ist jedes Mal ein spezieller Antrag auszufüllen. Geduld, Eigeninitiative und gute Kontakte machen die Widrigkeiten des Unialltags erträglicher.

Cubaner studieren, ähnlich wie Spanier, in Klassenverbänden mit stark verschultem Unterricht. Studiengebühren werden nur für ausländische Studierende aus „entwickelten" Ländern erhoben und die Kosten für einen Wohnheimplatz sind moderat.

Für Solidarität und Gemeinschaftsgefühl sorgt die politische Interessenvertretung FEU („Federación Estudiantil Universitaria"). Diese kümmert sich um studentische Angelegenheiten und organisiert Fakultätsfeiern. Ferner bekommen die Mitglieder Freieintritte in „actividades" (wörtlich: Aktivitäten) genannte Konzertveranstaltungen oder zu den beliebten Discoabenden.

Ausländische Gaststudenten schwärmen immer wieder von einem besonders eindrucksvollen Detail: Von der Freitreppe unterhalb der großen schwarzen Alma-Mater-Statue hat man freie Sicht auf die Weiten des azurblauen Ozeans.

Die meisten Studenten müssen mit einem recht knapp bemessenen staatlichen **Stipendium** auskommen, das Unterkunft, Verpflegung und Lernmaterial umfasst. Bezüglich praktischer Arbeit bestehen ähnliche Programme wie für Schüler. Nach dem Hochschulabschluss müssen die Absolventen zunächst zwei bis drei Jahre eine Art **Zivildienst** in ihrem Berufsfeld ableisten, bevor sie ins cubanische Berufsleben entlassen werden.

Seit der Revolution hat sich der **Ausbildungsschwerpunkt** von den Geisteswissenschaften hin zu technisch-praktischen Berufszweigen verschoben. Freies Denken und Eigenverantwortlichkeit werden an den Hochschulen kaum gefördert.

Manchmal ist der politische Hintergrund der **Herkunftsfamilie** wichtiger für die Entscheidung, ob der Nachwuchs eine Universität besuchen darf, als Talent und Ehrgeiz.

Das cubanische System der Erwachsenenbildung wartet mit einem breit gefächerten Angebot auf. Besonders beliebt sind Sprach- und Informatikkurse. Diese finden beispielsweise an Universitäten und anderen Hochschulen statt. Mit Rücksicht auf die Berufstätigkeit der Schüler werden sie entweder abends oder aber an einem bestimmten Wochentag alle 14 oder 21 Tage angeboten. Auf diesem „zweiten Bildungsweg" kann durchaus auch ein (zweiter) staatlicher Berufsabschluss *(licenciatura)* erworben werden.

⌃ Jugendliche in der Altstadt La Habanas

◁ Pause auf der berühmten Freitreppe vor der Universidad de La Habana

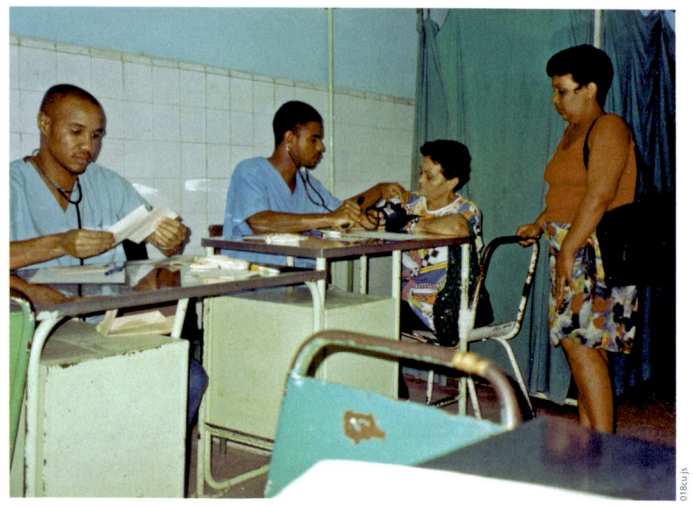

018ruj5

Gesundheitswesen

Cuba ist ohne Zweifel ein vergleichsweise **gesundes Land.** Krankheiten wie Gelbfieber, Malaria und Lepra, von denen andere tropische Länder heute noch geplagt werden, sind schon seit Langem eliminiert. Meningitis, Tuberkulose und Tetanus sowie die meisten Infektionskrankheiten wurden stark zurückgedrängt.

Die **Säuglingssterblichkeit** soll seit der Revolution von über 60 auf unter 5 pro 1000 Geburten gedrückt worden sein – einer der weltweit niedrigsten Werte.

Cubaner haben heute eine durchschnittliche **Lebenserwartung** von fast 80 Jahren. Die inzwischen verbreitetsten Todesursachen sind, wie sonst nur in wirtschaftlich gut gestellten Industrieländern, Herzleiden, Schlaganfälle und Krebs.

Seit 1959 sind Hunderte von Hospitälern, Polikliniken und Krankenhäusern eingerichtet und Zehntausende **Ärzte und Krankenschwestern** ausgebildet worden, auch um das ins Ausland abgewanderte Personal zu ersetzen. Auf Cuba gibt es heute über 400 Kliniken und fast 300 Krankenhäuser. Ferner leisten cubanische Mediziner seit 1960 medizinische Hilfe in afrikanischen, asiatischen und lateinamerikanischen Ländern, zuletzt vorwiegend in Venezuela, Bolivien und Haiti.

Die **medizinische Grundversorgung** der cubanischen Bevölkerung ist wesentlich besser als in den meisten anderen lateinamerikanischen Ländern. Die Ärzte sind meistens gut ausgebildet und die Notfallkliniken haben rund um die Uhr geöffnet. Einfache Heilbehandlungen sind wie auch Abtreibungen kostenlos.

Privat niedergelassene Ärzte gibt es nicht. Die ganze Insel ist mit einem dichten Netz von Gesundheitsstationen überzogen. Allerdings kann die medizinische Versorgung wegen der zahlreichen vor allem (im Gegenzug für Erdöl) nach Venezuela „ausgeliehenen" Ärzten seit Längerem nur noch durch den Einsatz von Studenten sichergestellt werden.

Ein weiteres großes Problem stellt die **ungenügende Ausstattung** mit medizinischem Gerät und Arzneimitteln dar. Zwar bekommen Cubaner Standardmedikamente wie etwa Aspirin für Pesos, teuer importierte Medizin ist aber nur für CUC zu haben.

Von regelmäßig benötigten Medikamenten sollte der Reisende daher einen ausreichenden Vorrat mitbringen. Cubanische Kliniken werden sich freuen, wenn man ihnen die brauchbaren Restbestände der Reiseapotheke überlässt.

Ein offenes Geheimnis ist, dass sich Behandlungen beschleunigen und verbessern, wenn unter der Hand Bargeld an das medizinische Personal fließt. Für ein diskret überreichtes Bakschisch von 10 CUC wartet ein Cubaner auf seinen Termin *(consulta)* nur noch 10 Minuten statt 10 Tage – oder Wochen.

Altersversorgung und andere Sozialleistungen

Altersversorgung

Cubaner können sich mit frühestens 65, Cubanerinnen mit 55 Jahren aus dem Erwerbsleben zurückziehen. Die Rentenhöhe hängt wie bei uns auch von den geleisteten Arbeitsjahren ab und beträgt einen bestimmten Prozentsatz des zuletzt bezogenen Einkommens: Grundsätzlich erhält ein Rentner *(jubilado)* nach 15 Beschäftigungsjahren 40 Prozent des letzten Lohnes, für jedes zusätzliche Jahr ein Prozent mehr. Die offizielle cubanische Durchschnittsrente beträgt trotzdem nur den Gegenwert von ein paar Euro.

Medizinische Grundversorgung ist kostenlos

Da dieser Betrag selbst in Kombination mit den Waren des Libreta-Bezugsscheinheftchens bestenfalls für die Lebenshaltung einer Woche reicht, ist jeder Rentner auf die Unterstützung von Verwandten oder auf andere Einnahmequellen angewiesen.

Alten Menschen ohne Angehörige steht die kostenlose Unterkunft und Verpflegung in einem der Seniorenheime (*circulos de abuelos*) des Landes zu. Falls eine Familie nur unzureichend für ihre Rentner sorgen kann, wird die Betreuung oft von der jeweiligen CDR-Einheit übernommen.

Andere Sozialleistungen

Werdende Mütter werden vor und nach der Geburt jeweils bis zu zwölf Wochen von der Arbeit freigestellt.

Die Freistellung **nach der Entbindung** kann um weitere neun Monate verlängert werden, wobei der Lohn dann nicht voll, sondern in Höhe von 60 Prozent weitergezahlt wird.

Der Staat unterstützt **alleinerziehende Mütter** in erheblichem Maße bei der Betreuung und Pflege ihrer Kinder. Babys berufstätiger Mütter können in **Krippen** untergebracht werden. Kleinkindern ab drei Jahren stehen **Kindergärten** offen.

Freiberufler verstehen ihr Handwerk – hier ein Schuster in Holguín

Gesundheitstourismus

Wenn man schon unters Messer muss, warum dann nicht in der Karibik? In La Habana, Varadero, Cienfuegos, Trinidad, Cayo Coco, Playa Santa Lucía, Gurdalavaca und Santiago de Cuba betreibt Servimed, ein Unternehmen der Grupo Cubanacán, sogenannte „internationale Kliniken". Diese bieten für knapp 30 CUC eine sofortige Untersuchung durch einen Englisch sprechenden Arzt an. Servimed beschäftigt unter anderem Spezialisten für plastische Chirurgie, Bluthochdruck, Diäten, Akupunktur, Rheumatismus, Zahnmedizin und Drogenentzug.

So vertraute etwa der argentinische „Fußballgott" Diego Armando Maradonna bei der Behandlung seiner Kokainsucht auf eine cubanische Fachklinik. Unter anderem Italiener verbinden ihren Cuba-Urlaub gern mit einer Zahnbehandlung.

Bei Behandlungen von Netzhautkrankheiten und Hautproblemen gelten cubanische Mediziner als weltweit führend.

Prinzipiell können sich auch Touristen in einer der zahlreichen Polikliniken für einheimische Patienten behandeln lassen. Allerdings ist wegen der langen Warteschlangen und den Problemen bei der Beschaffung von Arzneimitteln viel Zeit mitzubringen.

Manche Reiseveranstalter haben den Trend hin zum Wellness-Urlaub erkannt und bieten Cuba-Touristen einen Service mit entsprechenden Programmen.

Die vorbildliche Umsetzung der (Menschen-)Rechte von Kindern *(derechos de los niños)* ist eine der wenigen noch verbliebenen Errungenschaften der Revolution von 1959.

Die cubanische Gesellschaft

Cubanische Bevölkerung statistisch

Im Laufe des 20. Jahrhunderts hat sich die Zahl der Einwohner auf Cuba fast verfünffacht. Obwohl die Geburtenrate sinkt und jedes Jahr Tausende auswandern, liegt das **Bevölkerungswachstum** aufgrund der hohen durchschnittlichen Lebenserwartung derzeit immer noch leicht im Plus (nach anderen Angaben leicht im Minus). Die cubanische Gesellschaft weist (noch) eine relativ **ausgewogene Alterspyramide** auf, in deren Altersgruppen der Anteil an Frauen stets überwiegt.

Cuba ist ein **junges Land:** Knapp jeder Fünfte ist jünger als 15 Jahre und etwa 70 Prozent sind im erwerbsfähigen Alter zwischen 15 und 60 Jahren. Die durchschnittliche **Lebenserwartung** liegt auch dank der vergleichsweise guten medizinischen Versorgung bei fast 80 Jahren und ist damit höher als in manchen Industrienationen.

Einwanderung und Verschleppung

Anders als im Falle der Mehrzahl der anderen karibischen Inseln besteht die elf Millionen Einwohner zählende cubanische Bevölkerung zu fast 65 Prozent aus „Weißen". In den meisten Fällen handelt es sich dabei um Kreolen (criollos) genannte Nachkommen spanischer Einwanderer. In der Provinz Oriente ließen sich im späten 18. Jahrhundert zahlreiche aus Haiti vertriebene Franzosen nieder. Dass es im Lauf der Jahrhunderte Menschen aus ganz anderen Teilen Europas nach Cuba verschlagen haben muss, erkennt man an den gar nicht so seltenen blonden Cubanerinnen und Cubanern. Und auch aus dem arabischsprachigen Raum (z. B. dem Libanon) kamen Einwanderer. Einige ihrer Nachfahren treffen sich noch heute regelmäßig im Gebäude der Unión Cubano-Arabe am Prado La Habanas. In sowjetischer Zeit blieben einige Hundert Osteuropäer auf Cuba hängen: 2009 wurde unweit des Hafens von La Habana eine sehenswerte russisch-orthodoxe Kirche geweiht.

Mestizen (mestizos) also Menschen mit indianischen und europäischen Vorfahren und Mulatten (morenos) machen gemeinsam ca. 25 Prozent aus. Cubaner schwarzer Hautfarbe, meist Nachfahren von aus Westafrika verschleppten Menschen, stellen 10 Prozent der Gesamtbevölkerung. Etwa 0,5 Prozent der Bevölkerung sind Abkömmlinge asiatischer Gastarbeiter, die in der Mitte des 19. Jahrhunderts vor allem in der südchinesischen Provinz Kanton und auf den Philippinen angeworben wurden. Einige von ihnen leben immer noch in La Habanas winziger Chinatown (barrio chino) mit ihren zahlreichen Restaurants und Wäschereien.

Diese Zahlenangaben sind nicht unumstritten, da sehr viele Cubaner mit durchaus europäischen Gesichtszügen dennoch einen oder mehrere Vorfahren aus einem anderen Erdteil haben. Eine nicht weniger glaubwürdige Studie gibt die **ethnische Zusammensetzung** mit 51 Prozent Mulatten und Mestizen, 37 Prozent „Weißen", 11 Prozent rein afrikanischer Herkunft und 1 Prozent Asiaten an. Viele eher dunkelhäutige Cubaner legen bei Volkszählungen Wert darauf, zu den „Weißen" gerechnet zu werden.

Zum Übergewicht des kaukasischen Menschenschlages trugen nicht zuletzt die 500.000 (andere Schätzungen sprechen von 1.000.000) **Spanier** bei, die im ersten Drittel des 20. Jahrhunderts auf der Suche nach einem besseren Leben nach Cuba kamen. Die meisten stammten aus dem damals bettelarmen Süden (Andalusien, Extremadura) und von den Kanarischen Inseln.

Etwa zur gleichen Zeit wanderten einige Hunderttausend Menschen mit afrikanischen Vorfahren aus Haiti und Jamaika ein.

Dass Cuba ein Schmelztiegel der Hautfarben ist, zeigen die unzähligen Begriffe des cubanischen Spanisch, die für die Bezeichnung der vielen verschiedenen Teints verwendet werden: *Rubio* (hell), *trigueño* (bräunlich), *mulato* (braun), *mulatón* (dunkel), *negro* (sehr dunkel) und *prieto* (fast schwarz) sind nur eine grobe Abstufung der allen geläufigen Farbskala zwischen „Weiß" und „Schwarz".

⌃ Hauptsache, es ist was los – Cubaner feiern gerne generationenübergreifend

Rassismus im Sozialismus?

Kurz nach dem Triumph der cubanischen Revolution wurde jede Form der institutionalisierten Rassendiskriminierung abgeschafft. Das heißt, alle Einwohner Cubas hatten prinzipiell die gleichen Rechte und Pflichten. Dem lag die Vision vom sozialistischen „neuen Menschen" zugrunde, der sich von geschichtlichen Irrtümern freimacht und in einer Welt lebt, in der das Individuum nach seinem Einsatz für das Gemeinwohl und nicht nach Rasse, Herkunft oder Wert des individuell angehäuften Besitzes beurteilt wird.

Und tatsächlich wird man nicht nur in den Schulen und Fabriken, sondern auch im Freundeskreis der meisten Cubaner Menschen aller Hautschattierungen finden.

Jahrhundertelange Ausbeutung und Ungleichbehandlung haben jedoch auch auf Cuba bis heute tiefe Spuren im Denken und Empfinden hinterlassen. Anders ausgedrückt: Rassistische Stereotypen sind nach wie vor verbreitet. So sind Schwarze im Verhältnis zu ihrem Anteil an der Gesamtbevölkerung in den prestigeträchtigen Positionen in Staat und Gesellschaft und bei den lukrativen Posten im Devisensektor stark unterrepräsentiert. Sie haben im Durchschnitt ein niedrigeres Einkommen und weniger Wohnraum pro Kopf zur Verfügung, was in La Habana besonders auffällt. Dort sorgt obendrein für Spannungen, dass man zur Verstärkung der Polizei überwiegend dunkelhäutige Beamte aus den ländlichen Gebieten Ostcubas heranzieht.

Da die Revolution die soziale und wirtschaftliche Situation der Afrocubaner in den meisten Fällen tatsächlich verbesserte, entschieden sich nur wenige für die Emigration in die USA oder nach Europa. Dementsprechend werden farbige Familien heute nur selten von im Ausland lebenden Verwandten unterstützt. Miamis exilcubanische Bevölkerung beispielsweise ist ganz überwiegend hellhäutig. Um an die überlebensnotwendigen Devisen zu gelangen, sehen sich überdurchschnittlich viele Farbige genötigt, als Kleinkriminelle oder Prostituierte in Aktion zu treten. Dieser aus der Not geborene Missstand dient den Rassisten unter ihren Mitbürgern als Beleg für ihre latenten, unterschwelligen Vorurteile und als Beweis für den unheilvollen Mythos von der essentiellen Überlegenheit der weißen Rasse.

Dunkelhäutige Cubaner müssen öfter mit intensiven Kontrollen durch Staatsdiener rechnen. Sie werden bei Bewerbungen um freie Stellen und Studienplätze ebenso benachteiligt wie bei der Zulassung eines privaten Kleingewerbes.

Wenn hellhäutige Cubaner untereinander mal wieder ihre dunkleren Zeitgenossen für alles Ungemach verantwortlich machen wollen, signalisieren sie dies mit einer überall sofort verstandenen Geste: Unter verschwö-

325cu/s

rerischem Augenrollen wird mit zwei Fingern der rechten Hand über den linken Unterarm gestrichen. Gemischtrassige Paare, die als Individualtouristen umherreisen, müssen auf Schwierigkeiten gefasst sein, da der dunkle Partner evtl. für käuflich gehalten wird. Heiratet ein Cubaner heller Hautfarbe einen deutlich dunkelhäutigeren Partner oder bekommt dieses Paar Nachwuchs, hört man gelegentlich die beiden würden etwas zur Verbesserung der ethnischen Zusammensetzung Cubas tun: mejorar la raza (die Rasse verbessern). Rassistische Vorurteile, die sich über Jahrhunderte festgesetzt haben, lassen sich leider nicht allein durch guten Willen und wohlklingende Gesetze beseitigen.

⌃ Ethnische Diskriminierung adé: Angestellte bei der Mittagspause

Emigration – Cubaner im Exil

Im Vergleich zu dem Massenexodus ab 1959 wirkt die Emigration der spanischen Kolonialherren nach der Ablösung durch die Amerikaner zum Ende des 19. Jahrhunderts zahlenmäßig sehr bescheiden.

Nach dem Triumph der Revolutionäre verließen die meisten Angehörigen der ehemaligen weißen Oberschicht und ein großer Teil der Mittelschicht die Insel, darunter zahlreiche Juristen, Ärzte, Betriebswirte und Ingenieure. Heute leben etwa zwei Millionen Cubaner im Ausland. Die meisten von ihnen im US-Bundesstaat Florida, also nur eine Flugstunde von La Habana entfernt. Sie ließen sich auch deswegen nahe der Heimat nieder, weil man mit einem schnellen Sturz *Castros* und der baldigen Rückkehr rechnete. Als der „sozialistische Spuk" sich als überraschend widerstandsfähig erwiesen hatte, richteten sie sich auf ein längeres Exil ein und begannen aus dem verschlafenen Nest Miami eine der heute dynamischsten Metropolen der USA zu machen.

Man kann bis heute vier große **Emigrationswellen** unterscheiden:

- 1959 bis 1962 konnten Ausreisewillige einfach in die täglich verkehrenden Flugzeuge nach Miami steigen und über 250.000 taten dies auch.
- Von 1965 bis 1970 reisten etwa ebenso viele Menschen mit Chartermaschinen in die USA ein. Das US-Gesetz zur Angleichung Cubas (englisch: *Cuban Adjustment Act,* spanisch: *Ley de Ajuste Cubano*) aus dem Jahr 1966 bestimmte, dass einem Cubaner automatisch das Aufenthaltsrecht zu gewähren sei, sobald er US-amerikanischen Boden betritt.

Manche mögen es zunächst nicht glauben: Auf Cuba besteht derzeit keine Reisefreiheit. Das heißt, die Ausreise ist für Cubaner grundsätzlich illegal! Ausnahmen werden allenfalls für besonders verdiente Funktionäre, Ärzte, Sportler und Künstler sowie im Falle des Familiennachzugs gemacht.

- Im April 1980 schwappte dennoch eine dritte große Auswanderungswelle über die Straße von Florida. Castro hatte die Ausreisewilligen nach tumultartigen Szenen überraschenderweise ungehindert ziehen lassen. Boote aus Miami holten sie im Hafen von Mariel ab und 135.000 Emigranten stachen Richtung Florida in See.
- 1994, mitten in der *período especial,* verblüffte *Fidel Castro* seine Landsleute und die Weltöffentlichkeit mit der Anweisung an die Küstenwache, Ausreisewillige nicht aufzuhalten. 35.000 Cubaner, die meisten von ihnen junge Männer, nutzten die Gelegenheit, dem Elend der Sonderperiode als „Flößer" *(balsero)* auf selbstgezimmerten Booten und Flößen zu entkommen („Balsero-Krise").

Daraufhin handelte die Regierung *Bill Clintons* mit Cuba ein sogenanntes Migrationsabkommen aus: Die USA stellen für Auswanderungswillige jedes Jahr bis zu 20.000 Visa aus und verpflichten sich gleichzeitig, auf offener See aufgegriffene Flüchtlinge wieder nach Cuba abzuschieben (*wet feet – dry feet policy,* d. h. Politik der nassen bzw. trockenen Füße).

Nach wie vor versuchen Cubaner auf dem Seeweg nach Florida zu gelangen. Wegen der relativen geografischen Nähe lassen sich vor allem junge Männer auf diese riskante Reise ein. Viele werden von den modernen Schnellbooten der cubanischen Grenzwache aufgegriffen, andere verdursten, erliegen einem Sonnenstich oder werden Opfer von Haien.

Wer es sich leisten kann, wählt einen teuren, aber weit komfortableren Weg ins „gelobte Land": Professionell organisierte **Schlepperbanden** kassieren pro Transport und Flüchtling bis zu 10.000 US$.

Wer es schafft, auf nordamerikanischen Boden, d. h. in den meisten Fällen nach Key West, zu gelangen, wird von den Behörden der USA mit Aufenthaltsgenehmigung und Arbeitserlaubnis belohnt. Hinter vorgehaltener Hand verdrehen die für ihren schwarzen Humor bekannten Cubaner den Schlachtruf der Revolution inzwischen gerne in *„¡Miami o muerte!"* (Miami oder Tod!). Von Emigranten in Cuba zurückgelassenes Eigentum wird umgehend verstaatlicht.

Seit Langem sind **Sach- und Geldgeschenke von Exilcubanern** an ihre Landsleute ein wichtiger Wirtschaftsfaktor. Gleichzeitig gelingt es den

Die „Miami Five"

Gerardo, Antonio, Ramón, Fernando und René sind auf Cuba allgegenwärtig. Keine noch so kleine Ortschaft kommt ohne Plakate ihrer Konterfeis aus, häufig überschrieben mit Parolen wie ¡Volveran! („Sie werden zurückkehren!") oder Ähnlichem.

Nach Darstellung Cubas handelt es sich bei den seit 1998 in den USA inhaftierten und wegen Spionage, Verschwörung sowie 24 weiterer Anklagepunkten zu hohen Haftstrafen verurteilten Miami Five (auf Cuba häufig einfach Los Cinco, wörtlich: „Die Fünf", genannt) um moderne Märtyrer, die in Florida wichtige Informationen für die Landesverteidigung sammelten. Die cubanische Regierung fordert dementsprechend nachdrücklich die sofortige Freilassung der vier noch inhaftierten Heroen. Einer von ihnen – René – befindet sich inzwischen wieder auf freiem Fuß und ist nach Cuba zurückgekehrt. In cubanischen Medien spielen die fünf „Helden der Republik Cuba" eine kaum zu überschätzende Rolle.

Hardlinern unter ihnen nach wie vor erfolgreich, die US-amerikanische Cuba-Politik zu beeinflussen. Vor allem wirtschaftlicher Druck (Embargo und Helms-Burton-Gesetz) soll zum Kollaps des maroden Systems führen.

Gelegentlich wird darauf hingewiesen, dass das Regime seine verlässlichsten Mitstreiter in den Exilcubanern drüben in Miami habe. Was sich zunächst wie eine absurde Verschwörungstheorie anhört, erscheint auf den zweiten Blick plausibel: Die von regimetreuen Cubanern als *gusanos* (Würmer) bezeichneten Exilanten bieten der Regierung seit über 50 Jahren die Möglichkeit, sich als Bewahrer des Vaterlandes und der nationalen Unabhängigkeit zu präsentieren. Denn ohne die verbalen, militärischen und terroristischen Attacken aus Florida könnte der amerikanische *imperialismo* schon lange nicht mehr als kollektives Feindbild herhalten.

Andere Länder, andere Sitten

Eine philosophische Binsenweisheit besagt, alle Unzufriedenheit habe ihre Wurzel im Vergleich mit anderen, denen es in irgendeiner Beziehung besser zu gehen scheint. Das Vergleichen sein zu lassen sei also der Schlüssel zu einem zufriedeneren Leben.

Nun kommt dieses Buch jedoch nicht ohne den **Vergleich** aus. Genau genommen ist er das zentrale Thema. Die Leserin und der Leser möchten wissen, welche „Kulturschocks" sie erwarten, worauf diese zurückzuführen sind und wie man sich als Gast, gerade in heiklen Situationen, verhalten sollte.

Was jedem selbst überlassen bleibt, ist die **Beurteilung und Wertung** bzw. die Antwort auf die Frage, ob es überhaupt sinnreich ist, die unterschiedlichen Denk- und Lebensweisen der Kulturen dieser Welt werten zu wollen.

Cuba bietet gerade für Besucher aus dem Norden eine Vielzahl von verwirrenden Eindrücken und Erlebnissen. Die meisten dieser „Kulturschocks" lassen sich auf einige grundsätzliche **Unterschiede in der Lebensphilosophie** unserer Völker zurückführen. In Kombination mit den schon beschriebenen politischen und ökonomischen Besonderheiten sorgen sie für die vermeintliche Exotik des Gastlandes. Die Cubaner als geborene Überlebenskünstler und feurige Salsa-Tänzer darzustellen, ist, wie jede Pauschalisierung, zu kurz gegriffen und oftmals schlichtweg falsch. Ebenso daneben ist die sozialromantische Vorstellung, Cuba sei ein karibisch-sozialistisches Paradies des Frohsinns und leichten Lebens.

Dennoch können bei der Bewältigung der Mammutaufgabe, eine fremde Kultur zu beschreiben, plakative, im Einzelfall oft ungerechte Ver-

Extrainfo 9 (s. S. 6): ZDF-Doku von 2012 voller toller Eindrücke. Einige Kommentare und die vermittelte Stimmungslage werden von den Zuschauern kontrovers diskutiert.

allgemeinerungen vorkommen. Wie alle Länder weist auch Cuba eine ausdifferenzierte Gesellschaft auf: Was in einem Milieu gefällt, ist in anderen Gruppen verpönt. Ich kenne Cubaner, die Shakespeare lieben und mit Wagners Stücken mehr anfangen können als mit karibischen Rhythmen. In den Großstädten sieht man gelegentlich auch cubanische Punks (!) und wild tätowierte Heavy-Metal-Anhänger *(metálicos)*.

Das vielschichtige **Phänomen „Kultur"** kann als „Gesamtheit der typischen Lebensformen einer Bevölkerung, einschließlich der sie tragenden Geistesverfassung und Werteinstellungen", umschrieben werden. Kultur ist also all das, was man wissen, können, kennen und empfinden können muss, um sich in einer Gesellschaft erwartungsgemäß zu verhalten.

Der **unvoreingenommene Blick** auf andere Lebensweisen und Gewohnheiten wird oft dadurch vernebelt, dass die Angehörigen eines Kulturkreises lediglich ihre eigenen Denk- und Verhaltensmuster als vernünftig und „normal" ansehen. Wer Cuba und seine Bewohner verstehen will, muss diesen ethnozentrischen Horizont überschreiten und anerkennen, dass ganz andere Formen des menschlichen Sozialverhaltens möglich sind und sinnvoll sein können. Um das Lebensgefühl der Cubaner zu verstehen, ist es erforderlich, die vom (nord-)europäischen „way of life" abweichenden Werteinstellungen und Konventionen zu kennen.

△ Uniformen gehören zum Straßenbild

Dies ist leichter gesagt als getan, da die Phänomene der fremden Gesellschaft, zumindest unbewusst, nach den Regeln der eigenen Kultur interpretiert werden. Ein Verhalten, das uns kindisch oder übertrieben vorkommt, gilt woanders möglicherweise als einzig angemessene Reaktion auf eine bestimmte Situation und umgekehrt. Insbesondere vertraute Problemlösungsstrategien müssen versagen, da sie woanders unbekannt sind oder missinterpretiert werden.

Die **Prägung** durch die Kultur, in die ein Mensch hineingeboren ist, bleibt unaufhebbar. Ihre Spezifik wird stets die Wahrnehmung anderer Kulturen bestimmen. Ein späteres Hineinwachsen in eine zweite Kultur ist weitgehend ausgeschlossen. Allerdings besteht die Möglichkeit partieller Anpassung und Integration.

Soziologen definieren Wert-Einstellungen als „dauerhafte psychologische Beschreibungs- und Erklärungsbegriffe für diejenigen Verhaltensbedingungen, die ein Individuum prädisponieren". Oder kürzer: Cubaner können wie auch Europäer oft „nicht aus ihrer Haut". Es besteht Einigkeit, dass diese „Vor-Einstellungen" oder „Prägungen" nicht angeboren sind, sondern in Kindheits- und Jugenderfahrungen wurzeln.

Nach diesem kurzen Ausflug in die Sozialpsychologie stellt sich die Frage, welche Werthaltungen denn nun charakteristisch für die einzigartige Atmosphäre unseres Gastlandes sind. Nach meiner Erfahrung sind es nur eine Handvoll **cubanischer Attitüden,** die für fast alle uns erwartenden Kulturschocks verantwortlich sind. Zum einen sind dies Geselligkeit, Leidenschaft und eine oft enorme Vitalität, was vor allem bei der Freude an Konversation und Tanz deutlich wird. Zum anderen Solidarität und Stolz sowie außergewöhnliche Duldsamkeit und manchmal eine gewisse Lethargie.

Wollte man die **Ursachen für diese besondere Mischung** ergründen, so bietet sich zunächst die ethnische Zusammensetzung als mögliche Erklärung an: So sind etwa der spanische Stolz sprichwörtlich und der afrikanische Sinn für Rhythmus und Tanz legendär. Die Traditionen der Ursprungsländer schlagen auf alle Lebensbereiche durch.

Die wirtschaftliche Lage fördert das erstaunliche Improvisationstalent der Cubaner. Cuba ist ein materiell armes Land mit entsprechend eingeschränkten Möglichkeiten zur persönlichen Entfaltung. Was liegt also näher, als seine Zeit und Energie in die Freuden der zwischenmenschlichen Interaktion und Leidenschaft zu stecken, zumal diese gratis sind?!

▷ Cubaner lieben Domino: Am Strand verbindet sich das Angenehme mit dem noch Angenehmeren

Geselligkeit – immer unter Leuten

Der Drang nach einer geselligen Lebensweise ist leicht zu erklären: Man kennt gar keine andere. Ein Cubaner ist von der Wiege bis zur Bahre praktisch **niemals alleine.** Dafür sorgen schon die klimatischen Umstände und das karibische Temperament. Bei einer Jahresdurchschnittstagestemperatur von über 25 Grad Celsius ist es eben schwer einzusehen, sich länger als notwendig in den (oft tristen) vier Wänden aufzuhalten.

Auch gibt es nur wenige Cubaner, die über längere Zeit auf eine Partnerschaft verzichten. Wer dennoch alleine bleibt, gilt schnell als Sonderling. **Singlehaushalte** gibt es kaum. Aus ökonomischen Gründen leben nicht wenige Cubaner bis Ende 20 bei den Eltern oder Verwandten.

Der uns geläufige Wunsch, einige Zeit „seine Ruhe haben" zu wollen, ist vielen Cubanern unverständlich und aufgrund beengter Wohnverhältnisse auch kaum umzusetzen. Verspürt jemand dennoch das Bedürfnis, etwas „Zeit für sich" *(descanso)* zu haben und sondert sich etwas von dem allgemeinen Trubel in der Familie oder auf der Straße ab, muss er damit rechnen, dass seine besorgten Mitmenschen versuchen, ihn oder sie durch besonders viel Ausgelassenheit „aufzumuntern". *Cara larga* (miese Laune, wörtlich: langes Gesicht) wird nicht gerne gesehen. Geselligkeit *(estar comunicativo)* gilt als beste Medizin gegen Verstimmungen aller Art.

Wenn Sie, liebe Leserin und lieber Leser, auf Cuba mit „neutraler Miene" oder auch nur etwas reserviert wirkend herumlaufen, wird man Ihre Stimmung nicht für neutral halten, sondern denken, sie sei auf dem absoluten Nullpunkt. Man wird Ihnen entweder aus dem Weg gehen oder versuchen, Sie durch hartnäckige Heiterkeit gnädiger zu stimmen.

218cujs

Kommunikation ist alles

Cubaner möchten sich ihren Mitmenschen mitteilen. Man spricht lieber ein Wort zu viel als eines zu wenig und das wegen des im Allgemeinen (sehr) hohen Geräuschpegels auch stets ziemlich laut. **Leidenschaftliche Gefühlsäußerungen** gelten als authentisch und scheinen für Cubaner in vielen Situationen die einzige angemessene Ausdrucksform zu sein. Bei besonders temperamentvollen Ausbrüchen und insbesondere, wenn Rum im Spiel bzw. Kopf ist, nimmt man auch schon mal Missverständnisse und Reibereien in Kauf.

Bekräftigungen und Übertreibungen werden oft als schönste Ausdrucksmöglichkeit gesehen. So spricht man z. B. nicht von einer langen Warteschlange, sondern erklärt, diese sei *más larga que el cuello de una jirafa* (länger als der Hals einer Giraffe). Je grandioser und blumiger der Vergleich, desto besser.

Für reichlich Gesprächsstoff sorgen die **alltäglichen Probleme.** Zu dem beliebten Tratsch und Klatsch rund um Beziehungskisten und Ärger mit den lieben Kleinen kommen vor allem die Schwierigkeiten bei der Versorgung mit dem Überlebensnotwendigen. Um ihren Lieben ein vernünftiges Abendessen auf den Tisch zu stellen, muss eine cubanische Hausfrau unter Umständen mehrere Läden und ein Dutzend Bekannte abklappern.

Auf Cuba gilt noch mehr als anderswo: Kommunikation ist alles. Etwas überspitzt gesagt, kann jeder mit jedem aus dem Stand heraus offen **über praktisch jedes Thema sprechen.** Alter, Geschlecht und berufliche Stellung der Gesprächspartner spielen dabei kaum eine Rolle.

Unvergessen bleibt mir eine Szene in La Habana, als eine junge Frau ein angeregtes Gespräch mit einem sehr alten Rikschafahrer über das Für und Wider der Existenz Gottes anfing. Die beiden unterhielten sich eine ganze Weile sehr lebhaft und interessiert und ich hatte den Eindruck, dass sie sich schon seit Langem kennen würden und schon einige Male über dieses Thema gestritten hatten. Es stellte sich aber schnell heraus, dass sich das ungleiche Paar noch nie zuvor gesehen hatte und sich höchstwahrscheinlich auch nicht wieder begegnen würde. Der Frau war einfach langweilig gewesen. Der Rikschafahrer hätte auch ich sein können und der Gesprächsstoff die nächste Fußballweltmeisterschaft oder die aktuelle Bademode.

Wenn Sie den Versuch unternehmen wollten, in der gleichen Unbefangenheit und Direktheit mit ihnen fremden, deutschen Großstädtern ins Gespräch zu kommen, werden Sie schnell verstehen, wie einsam und abgelehnt sich Cubaner fühlen müssen, die sich zum ersten Mal in Europa aufhalten.

Grundregeln cubanischer Umgangsformen

Grundsätzlich sprechen sich auf Cuba auch Unbekannte mit einem freundschaftlichen „Du" (tú, Verb: tutear) an. Nur ältere Menschen legen gelegentlich Wert auf die respektvollere Anrede in der dritten Person Singular (Usted) bzw. Plural (Ustedes). In der Schriftsprache werden die Höflichkeitsformen meist mit „U./Ud. oder Vd." bzw. „Uds. oder Vds." abgekürzt.

Männer begrüßen und verabschieden sich mit Handschlag, bei echter Sympathie auch mit einer kurzen Umarmung (abrazo). Frauen bekommen zur Begrüßung und zum Abschied sowohl von Männern als auch von anderen Frauen ein hingehauchtes Küsschen auf die rechte Wange.

Küsse auf Stirn oder Augen lassen auf besondere Vertrautheit und eine besonders enge Bindung schließen. Kinder bekommen sie beispielsweise von ihren Müttern, wenn man sich längere Zeit nicht sehen wird.

Bei anregenden Unterhaltungen darf ein bisschen **Theatralik** nie fehlen. Man unterstreicht seine Aussagen mit den Händen, variiert Tonlage sowie Lautstärke der Konversation und berührt den Gesprächspartner häufiger, als es bei uns üblich ist. Möchte ein Cubaner die volle Aufmerksamkeit seines Gegenübers gewinnen, fasst er dessen Arm oder Schulter und zieht ihn näher zu sich heran.

Cubaner sind **sehr neugierig.** Bereits nach kurzer Bekanntschaft werden Fragen nach Familienstand, Beruf, Besitzstand usw. gestellt. Normalerweise signalisiert das ein echtes Interesse an der Person des Gesprächspartners.

Cubanischer Humor

Am deutlichsten wird der cubanische Humor in den zahllosen *chistes* (Witzen), die oft Wortspiele und vielsagende Andeutungen enthalten. Neben alltäglichen Problemen werden die Politik und menschliche Schwächen, die eigenen eingeschlossen, auf die Schippe genommen. Spott ist auch und gerade auf Cuba eine gegen die Obrigkeit notwehrartig gebrauchte Waffe und Ausdruck von Hilflosigkeit.

Besonders Mutige machen dabei auch vor La Barba (der Bart) nicht halt, womit natürlich der greise *Fidel Castro* gemeint ist.

Scherze über sexuelle Aktivitäten und alles, was einem dabei so passieren kann, sind äußerst beliebt. Beispiel gefällig? Bittesehr: „He José, sag mal, hat deine Frau gerade ihre Tage?" – „Woher weißt du das? Habe ich schon wieder Blut am Schnurrbart?"

Auch viele der mehr oder weniger eleganten Wortspiele befassen sich mit Erotik und den dazu verwendeten Körperteilen. Touristen, die etwas spanisch sprechen, sorgen mit der Verwendung von für Cubaner mehrdeutigen Begriffen wie *papaya* oder *meter* (hineinstecken) immer wieder für große Heiterkeit.

Man schätzt also eher direkten, derben **Schenkelklopfer-Humor.** Feinsinnige Scherze à la Loriot oder absurde Sketche, wie die der britischen Monty-Python's-Truppe haben keine sehr große Anhängerschaft.

Auch **Galgenhumor** ist, der wirtschaftlichen Lage entsprechend, weit verbreitet: „No es fácil" (Man hat's nicht leicht) sagen Cubaner bei jeder Gelegenheit. Verbunden wird der Seufzer mit einem Lächeln oder breiten Grinsen, das so gar nicht zum Gesagten passen will und in jeder Hinsicht ansteckend wirkt.

Im 35 km südwestlich La Habanas gelegenen Städtchen San Antonio de los Baños findet alle zwei Jahre Ende März die *Bienal Internacional del Humor* (Internationale Humor-Biennale) statt. Das dort untergebrachte Humor-Museum zeigt unter anderem die historische Entwicklung politischer Satire und humoristischer Comics.

▵ Typische Straßenszene: Für einen Schwatz mit den Nachbarn ist immer Zeit

Schwindeln: Mach' dir die Welt, wie sie dir gefällt!

Dass Cubaner eine kraftvolle, **bildliche Ausdrucksweise** bevorzugen, wurde schon erwähnt. Sie macht eine Konversation interessanter und lässt auf ein reiches Innenleben des Gesprächspartners schließen. Umstände und Sachverhalte so kurz und knackig „rational" zu schildern, wie dies etwa viele Deutsche gerne tun, erscheint ihnen trocken und blutleer.

Dies erklärt auch die verbreitete Angewohnheit, Erlebnisse und Zustände **ein bisschen zu „schönen"** bzw. subjektiver zu beschreiben, als wir es gewohnt sind. Was in unseren Breiten wie eine glatte Lüge oder plumpe Großmäuligkeit wirkt, wird auf Cuba vielfach als erlaubtes Mittel gesehen, um den Gesprächspartner nicht mit der unangenehmen „objektiven" Wahrheit zu konfrontieren. Schlechte Laune und offene Konflikte werden mithilfe fröhlicher Verschmitztheit vermieden, niemand verliert sein Gesicht.

Kennt man diesen Brauch nicht und hakt hartnäckig nach, so wird sich der Gesprächspartner schnell in seiner Ehre angegriffen fühlen. Je nach Stimmung und Temperament kann die Überführung eines *mentiroso* (Lügenbold) einigen Ärger bringen. Denn dieser denkt sich: „Hey, was soll das? Was ich gerade gesagt habe, stimmt nicht so ganz. OK, ich weiß es und du weißt es. Was soll's. Können wir nicht trotzdem friedlich bleiben? Was hast Du denn davon, wenn Du mich bloßstellst? Bitte akzeptiere mein Friedensangebot!" Wenn einem die Welt, in der man lebt, nicht gefällt, schwindelt man sie sich eben ein bisschen schöner.

Einladungen als Kommunikationsritual

Ähnliches gilt bei der spontanen Einladung eines Cubaners, miteinander zu essen oder bei ihm zu übernachten. An Mimik, Gestik und Betonung wird ein Landsmann leicht erkennen, ob die Offerte konkret und sofort gilt oder ob sie aus reiner Höflichkeit ausgesprochen wurde.

Denn mit der begeisterten und unverzüglichen Annahme der Einladung wird man den potenziellen Gastgeber unter Umständen in arge Verlegenheit bringen. Vielleicht hat er gerade gar nicht die Mittel für ein Gastmahl und ausländische Touristen zu beherbergen, könnte ihm erhebliche Schwierigkeiten mit der Obrigkeit einbringen.

Das Angebot wäre in einem solchen Fall als bloßer **Sympathiebeweis** zu werten. Etwa im Sinne von: „Hey, du bist in Ordnung. Lass uns mal was miteinander unternehmen. Vielleicht heute, vielleicht morgen, vielleicht irgendwann. Die Zukunft ist offen."

Auf Nummer sicher geht, wer **zunächst dankend ablehnt.** Wird die Einladung wiederholt, sollte man zumindest anbieten, die Zutaten oder die Getränke zu besorgen, und an ein angemessenes Gastgeschenk denken.

Ich habe Unterhaltungen zwischen Cubanern erlebt, in denen vier Mal zum Essen eingeladen und ebenso oft höflich und wortreich abgelehnt wurde. Erst als die Sache ein fünftes Mal zur Sprache kam, war sich der Eingeladene endlich sicher, dass er wirklich willkommen sein würde und sagte freudig zu.

Leidenschaft und Sinnlichkeit – cubanischer Hedonismus

Die offene Sinnlichkeit der Cubaner(innen) kann für Europäer durchaus verwirrend sein. Sie blicken ihrem Gegenüber direkt in die Augen, fragen neugierig nach intimen Details, mustern und wollen gemustert werden. Viele Frauen fordern mit ihrem ganzen Auftreten die spontanen Komplimente *(piropos)* der Männerwelt geradezu heraus. Viele sind zeitlebens auf der Suche nach möglichst starken Emotionen, wobei vielen „negative" Gefühle wie Zorn und Wut lieber sind als gar keine. Jeder will sich mitteilen, wahrgenommen werden, erregen und erregt werden: „Hauptsache, es ist was los".

Ihren für jeden sichtbarsten Ausdruck findet die cubanische Leidenschaft und der Wunsch nach Innigkeit im Tanz. Es ist keine Übertreibung zu sagen, dass jeder Cubaner tanzen kann. Kaum dass Kleinkinder laufen können, werden sie dazu ermuntert. Später dann ist eine durchtanzte Nacht die populärste Methode, einen Partner zu finden. Und auch ältere Semester schwingen das Tanzbein mit einer Behändigkeit, dass jedem nordischen Gerontologen Angst und Bange wird. Man denke nur an den inzwischen verstorbenen *Compay Segundo,* greiser Star des *Buena Vista Social Club.*

Die allermeisten **Tanzstile** sind Paartänze mit einer Vielzahl von ausdrucksstarken Bewegungen und Figuren. Von den auf Cuba getanzten Stilen sind Salsa, Merengue, Bachata und Casino international am bekanntesten geworden. Sie werden meist auf sehr erotische Art getanzt.

Spontanität ist auf Cuba Trumpf. Man versucht erst gar nicht, die Dinge, die das Leben lebenswert machen, im Voraus zu planen und zu organisieren. Cubaner lassen sich, wenn immer möglich, von ihren Impulsen und Sehnsüchten treiben: Hat jemand Lust zu tanzen, dann tanzt er eben, wo er gerade geht oder steht. Ebenso verhält es sich mit dem Knüpfen von Kontakten, dem Singen und dem Feiern. Man wird im Handumdrehen Gleichgesinnte treffen und in geselliger Runde macht doch alles gleich viel mehr Spaß!

Cubanischer Stolz

Bloß nicht das Gesicht verlieren!

Der cubanische Stolz ist wie auch der spanische kein Selbstzweck, sondern beruht auf dem Konzept der Ehre und ist Ausdruck der **individuellen Souveränität,** d. h. der nach außen gerichteten Botschaft, sein Leben „im Griff zu haben".

Das **Konzept der Ehre** besagt, dass man einem Menschen fast alles nehmen kann bis auf eben diese persönliche Ehre, die daher um jeden Preis verteidigt werden muss. Ehrenrührige Attacken enden mit ziemlicher Sicherheit in Handgreiflichkeiten. Besonders gefährlich ist es, Angehörige, vor allem bereits verstorbene, zu beleidigen. Wer die (vermeintliche) Tadellosigkeit der Mutter anzweifelt, spielt mehr noch als in Spanien mit seinem Leben.

Wer sich gegen verbale Angriffe nicht wehrt, kann in der Achtung seiner Mitmenschen schnell sehr tief sinken. Er wird zum *pendejo* (Feigling, wörtlich: Schamhaar) und geht offensichtlich *sin cojones* (als Muttersöhnchen, wörtlich: „ohne Hoden") durchs Leben.

⌂ Bummel durch La Habana

In den „besseren Kreisen" kommen offene Beleidigungen für gewöhnlich nicht vor. Als Tourist lässt man sich tunlichst weder auf mündliche noch auf nonverbale Konfrontationen ein.

Mit der Angst, vor seinem Gegenüber das Gesicht zu verlieren, hat eine weitere Erfahrung zu tun, die jeder Individualreisende recht schnell machen wird. **Nach einem Ort oder Weg gefragt,** wird ein Cubaner, vielleicht nach einigem Nachdenken, immer gerne Auskunft geben. Leider ist sie häufig falsch. Bis man dies erkennt, ist man unter Umständen kilometerweit in die Irre gegangen oder gefahren. Die falsche Auskunft war dabei in den wenigsten Fällen böse Absicht. Der Angesprochene wusste den Weg einfach nicht, würde dies aber niemals zugeben. Stattdessen tippt er einfach ins Blaue hinein, vielleicht in der Hoffnung, dass man gerade in dieser Richtung auf jemanden treffen könnte, der sich besser auskennt.

Mit etwas Übung bekommt man ein Gespür dafür, in welcher Art und Weise eine vermeintlich klare Antwort gegeben wird, die eigentlich, vielleicht durch Zögern und Herumdrucksen unterstrichen, bedeuten soll: „Ich weiß es einfach nicht. Frag bitte jemand anderen. Vielleicht haben die Leute da drüben mehr Ahnung."

Souveränes Zeitgefühl

Der von praktisch jedem Cubaner empfundene Stolz erklärt auch den Umgang mit der eigenen Lebenszeit. Permanentes Zuspätkommen und langes Wartenlassen sind kein boshafter Schlendrian, sondern dokumentieren elegant, wie souverän und unabhängig man zu leben versteht.

Was wirklich zählt, ist das Hier und Jetzt, der Augenblick. Diese **Lässigkeit** hat ihren Charme, auch wenn sie an europäische Gepflogenheiten gewohnte Zeitgenossen auf die Palme bringen kann. Etwa wenn der Kellner nach der dritten Aufforderung zu kassieren immer noch nicht an den Tisch kommen mag oder die Frau am Informationsschalter unbekümmert ihr Telefonat fortsetzt, obwohl man es vielleicht furchtbar eilig hat.

Cubanische Gastgeber kalkulieren diesen Umstand klugerweise ein und billigen den Geladenen ohne Weiteres Verspätungen *(demoras)* von 30 Minuten zu. Es ist regelrecht unhöflich „a punto" (pünktlich) zu sein. Wer es dennoch ist, muss im Extremfall damit rechnen, dass der Hausherr noch unter der Dusche steht. Bei **Rendezvous und anderen privaten Verabredungen** sind Verspätungen fast der Normalfall. Jedoch wird kaum jemand länger als eine Stunde warten. „Zehn Minuten vor der Zeit" ist vielleicht deutsche, keineswegs jedoch cubanische Pünktlichkeit. Dass dies keinen angeborenen Mangel an Zuverlässigkeit darstellt, beweisen Cubaner, wenn es etwa um die Einhaltung fester Arbeits- oder Abfahrtszeiten geht.

Cubanischer Machismo

Die maskuline Spielart des Konzeptes der persönlichen Ehre nennt sich Machismo. Ein Macho hat das Leben im Griff. Die Zahl seiner Heldentaten wird nur noch von der seiner Liebschaften übertroffen. Sein Verhalten ist dementsprechend: Obwohl er noch nicht weiß, wo er die nächste Nacht verbringen soll und über kein intaktes Schuhwerk verfügt, schreitet er stolz die Straße entlang und pfeift Mädchen hinterher. Die glorreiche Selbstinszenierung wird als Rolle im Spiel des Lebens verstanden.

Cubanische Mütter schätzen es, wenn der männliche Nachwuchs „muy macho" ist, d.h. gegenüber Gleichaltrigen nicht durch allzu viel Rücksichtnahme auffällt. Kleine Jungs bekommen daher oft früh im Leben den Eindruck vermittelt, dass sich der Einsatz der Ellenbogen lohnt.

Patriotismus und „cubanidad"

Mit dem cubanischen Nationalstolz (patriotismo) feiert man die Einzigartigkeit des Landes, die jedem Bewohner von Kindesbeinen an nahegebracht wird. Mit der Revolution haben sich die Einheimischen von der Vorherrschaft der US-Amerikaner befreit. Dass sie fast gleichzeitig in die Abhängigkeit der UdSSR gerieten, hat man sich nie so recht eingestehen wollen. Der amerikanischen Blockadepolitik seit Jahrzehnten zu trotzen, erfüllt viele Cubaner mit Stolz.

Ferner huldigen die meisten mit Inbrunst der cubanidad, also der besonderen Denk- und Lebensweise auf ihrer Insel. Dabei ist der Stolz darauf, Cubaner oder Cubanerin zu sein, eine emotionale Angelegenheit, die keiner tiefsinnigen Begründung bedarf und sich bei Männern mit „machistischen" Vorstellungen vermischt.

Kritische Stimmen zu Cuba werden nicht gerne gehört. Man kennt die Probleme auf der Insel selbst am besten. Wozu sich auch noch anhören, wie jemand die Heimat in den Dreck zieht? Jedes Land hat doch seine Probleme, oder? Und wie können sich ausländische Urlauber überhaupt anmaßen, ihre Meinung zu der selbst für Einheimische kaum zu durchschauenden Komplexität der cubanischen Wirklichkeit beizusteuern?

Auf jeden konkreten oder vermeintlichen **Versuch der Einmischung** oder Besserwissereien von außen reagiert man recht allergisch. Die Revolutionäre verstehen es bis heute, virtuos auf der Klaviatur des cubanischen Nationalismus zu spielen. Durch jahrzehntelange Propaganda ist es dem Regime gelungen, Sozialismus, Nationalismus und Heldenverehrung zu einer untrennbaren Gemengelage zu verschmelzen, deren Widersprüchlichkeiten vielen Cubanern gar nicht mehr auffallen.

Gewusst wie: Solidarität, Improvisation und Vitamin B

Solidarität

Während man die bisher vorgestellten Attitüden bei den meisten lateinamerikanischen Völkern findet, ist es dort mit Solidarität *(solidaridad)* und Gemeinschaftsgefühl vergleichsweise weniger weit her. Die Ursache dürfte darin liegen, dass Cuba ein Inselstaat mit nur ca. elf Millionen Einwohnern unweit der feindselig auftretenden USA ist und der Staat das „Wir-Gefühl" und den Nationalstolz seit über 50 Jahren nach Kräften fördert.

Auch ist Solidarität gerade auf Cuba eine probate Überlebensstrategie. In einer Gesellschaft, in der zeitweise Mangel an praktisch allen materiellen Dingen herrscht, entwickelte sich zwangsläufig ein umfassendes Leih- und Tauschsystem. Vor allem die „período especial" der 1990er-Jahre wäre anders nicht zu überstehen gewesen.

Orlandos Nebenjobs

Orlando hat sich so einiges einfallen lassen, um im derzeitigen Mangel überleben zu können. Dabei kommen ihm insbesondere seine allgemeine Beliebtheit, ein großer Bekanntenkreis, sein handwerkliches Talent und ein glückliches Händchen als Hobby-Landwirt zugute.

Dass er sich auf das Austauschen und Reparieren von mechanischen und elektronischen Teilen versteht, macht ihn in und um Morón zu einem gefragten Mann. Die privilegierte Position in seinem Betrieb und seine neuerlichen politischen Ambitionen erleichtern es ihm ferner, an die raren Ersatzteile heranzukommen: „¡Una mano lava la otra!" (Eine Hand wäscht die andere!)

Vor einigen Jahren noch verbrachte er fast seine komplette Freizeit mit der Reparatur von amerikanischen Straßenkreuzern aus den 1950er-Jahren. Seine Spezialität war der Einbau von gebrauchten Lada-Motoren in Gefährte, die man vorher aus den Teilen von zwei oder mehr schrottreifen Oldtimern zusammengeschraubt hatte.

Kaum ein Straßenzug oder Dorf, in dem Orlando nicht irgendjemanden mit besonderen Fähigkeiten oder guten Kontakten nach oben kennt. Dabei achtet er darauf, dass sich sein Bekanntenkreis auf möglichst alle relevanten Lebensbereiche erstreckt: Politiker, Ärzte, Lehrer, Polizisten, Landwirte usw.

Als einer seiner Nachbarn neulich klagte, dass er seit Wochen erfolglos einen Termin für einen chirurgischen Eingriff zu bekommen versuche, musste Orlando über eine seiner abendlichen Domino-Runden nur „ein paar Strippen ziehen" und drei Tage später lag der Mann auf dem Operationstisch.

Selbstverständlich rechnet Orlando damit, dass sich sein Engagement über kurz oder lang auszahlt: Würde er jenen Nachbarn oder einen seiner Verwandten um einen Gefallen bitten, könnte man ihm diesen wohl kaum abschlagen.

Wegen dieses Netzwerks kluger Kontakte und dank seiner kleinen Gemüse- und Kokospalmenzucht haben er und seine Familie auch die leidige „Spezialperiode" in den 1990er-Jahren einigermaßen glimpflich überstanden.

◁ Nachbarschaftshilfe wird großgeschrieben

Problemlösung auf Cubanisch

Der wirtschaftlichen Misere begegnen die Cubaner mit Cleverness und **Improvisationstalent.** Findige Elektriker und Mechaniker sorgen dafür, dass Fahrzeuge und andere Maschinen, die in den 1950er-Jahren und davor hergestellt wurden, immer noch in Betrieb sind und Cuba so zu einem gigantischen, lebendigen Museum machen.

In den Notstandszeiten der *período especial* wurden die auch vorher schon pfiffigen Cubaner endgültig zum findigsten Volk der Welt. Für alle Widrigkeiten des sozialistischen Alltags haben sie eine Lösung parat. Wenn etwa gerade kein Benzin zu bekommen ist, fragt man eben mal freundlich bei den Nachbarn. Haben diese nichts vorrätig, so kennen sie vielleicht jemanden, der für etwas Seife welches eintauscht. Hat man nun auch keine Seife, so leiht man eben welche auf Pump oder bietet an, die Nachbarskinder zu hüten oder verspricht, einen Stromgenerator für das nächste Familienfest zu organisieren. Der Phantasie sind keine Grenzen gesetzt und so findet sich eigentlich immer eine Lösung, wobei es zielführend ist, stets gelassen und kreativ zu bleiben.

Individualtouristen werden diese Pfiffigkeit, auf gut Cubanisch *resolviendo* (etwa: „smarte Problemlösung" oder „sich durchwursteln") genannt, in vielen Situationen schätzen lernen. Kein Problem, dass sich nicht durch Improvisation lösen lässt. Kein Wunsch, der nicht gegen (die erwartete) angemessene Gegenleistung erfüllt wird. Was immer man brauchen könnte: *„Amigo, te lo consigo"* („Freund, ich beschaffe es dir!").

Es ist manchmal verblüffend und für den Außenstehenden nicht nachzuvollziehen, über welche Kanäle Cubaner alle möglichen und unmöglichen Dinge organisieren, etwa wenn es um die Bewirtung eines lieben bzw. zahlungskräftigen Gastes geht. Aber auch für den alltäglichen Bedarf einer Familie muss derartig viel aufgespürt, organisiert und gefeilscht werden, dass dafür unter Umständen ein Großteil des Tages draufgeht. Dabei wird ständig auf das weitläufige Beziehungsgeflecht, das jeder Cubaner unterhält, zurückgegriffen.

Beziehungen

Ein Netzwerk von *socios* (Kumpels) mildert die Entbehrungen des Sozialismus (*sociolismo* statt *socialismo*) und schützt vor lästigen staatlichen Eingriffen ins Privatleben. Dabei schadet vor allem ein guter Draht nach „oben" nie. Kontakte zu Beamten reduzieren zum Beispiel Häufigkeit und Intensität staatlicher Kontrollen aller Art, ein falsches ärztliches Attest befreit Oberschüler von den ungeliebten Arbeitseinsätzen auf dem Land.

Cubaner knüpfen zeitlebens und mit großem Eifer an einem möglichst weitläufigen persönlichen Beziehungsnetz. Die Basis hierfür bilden Verwandtschaft und Nachbarschaft. Später kommen Kontakte in der Schule, am Arbeitsplatz und in staatlichen Organisationen dazu.

Duldsamkeit und Lethargie

Auf den ersten Blick erscheint es seltsam, dass die cubanische Vitalität häufig mit einer gewissen Lethargie einhergeht. Diese ist zum einen wohl die Kehrseite des Tropenklimas und der extrovertierten Lebensweise, zum anderen Ausdruck des Verdrusses, den die in materieller Hinsicht oft miserablen Lebensbedingungen bereiten.

Die Cubaner haben gelernt, die von exaltierten Exzessen unterbrochene Tristesse auszuhalten. Ihr Leben ist voll von Widersprüchen, die den immer größer werdenden Abstand zwischen Anspruch und Wirklichkeit aufzeigen: Wenn der cubanische Sozialismus doch die beste aller Staatsformen sein soll, warum leben sie denn dann in maroden Plattenbauten mit Lebensmittelkarten und Stromsperrungen? Warum verdienen Kellner und Portiers mehr als Ärzte und andere Akademiker? Wenn die cubanische Freiheit *(libertad)* in einem fort gepriesen wird, warum dürfen sie dann nicht ohne Weiteres ins Ausland reisen? Mehr und mehr Cubaner fragen sich, ob ihre „Freiheit" denn zwangsläufig mit der Einschränkung der individuellen Möglichkeiten des Einzelnen bezahlt werden muss.

Die Grenze zwischen einer lockeren Lebensweise und ruhiger Duldsamkeit einerseits und lähmendem Fatalismus und bloßem Schlendrian andererseits ist schwer zu ziehen. Fakt ist, dass auch auf Cuba konsequentes **Müßiggängertum** nicht gerne gesehen und vor allem auf dem Land durch gesellschaftliche Ausgrenzung bestraft wird.

Auf der anderen Seite: Was bleibt einem anderes übrig in einem Land, in dem die **Zeit still zu stehen** scheint und alle ohnmächtig darauf warten, dass sich etwas tut? Die meisten wollen Veränderungen, doch wenn man dann weiterfragt nach dem Was und Wie genau, werden wortlos Augen gerollt und Schultern gezuckt.

„La prisa mata. Tomalo con calma", heißt es dann: „Hektik bringt einen um. Take it easy." Die Devise, dass Zeit Geld sei, gilt auf Cuba nicht. Zeit hat man unendlich viel. Seit Jahrzehnten sind es die Menschen gewohnt, Schlange zu stehen *(hacer cola)* und mit Engelsgeduld praktisch überall auf beinah alles zu warten: Auf den Bus, Rasierklingen, darauf, dass sich ein Beamter in Bewegung setzt und darauf, dass die Zeiten sich ändern.

Das Schlangestehen in einer Bank, einem Geschäft oder an einer Bushaltestelle funktioniert übrigens folgendermaßen: Neuankömmlinge erkundigen sich mit einem lautstarken *„¿Quién es el último?"* nach der zuletzt angekommenen Person. Vordrängeln ist sehr verpönt und kommt kaum vor.

Erzwungene Schizophrenie

Die Parameter der cubanischen Denk- und Lebensweise sind teilweise gegensätzlich: So kollidiert die viel gelobte Solidarität zum Beispiel immer wieder mit dem begeistert gelebten Hedonismus. Wo mit reichlich Temperament kommuniziert wird, kommen zwangsläufig auch Missverständnisse und Ehrverletzungen vor. Diese Kollisionen und der Umgang mit ihnen befriedigen wiederum das cubanische Bedürfnis nach Trubel und Interaktion. Auch lernen Cubaner schon früh, was sie in der Öffentlichkeit sagen und wem sie was erzählen dürfen: Wie früher in der Sowjetunion und ihren Satellitenstaaten hat man eine private und eine öffentliche Meinung.

Das Janusgesicht cubanischer Denkweise wird beim gespaltenen Verhältnis zu den USA besonders deutlich: Fast alle wollen, dass sich etwas ändert und es zu nachhaltigen wirtschaftlichen Reformen kommt. Zigtausende träumen von der Ausreise nach Miami. Und dennoch sind sogar cubanische Dissidenten sicher, dass selbst die Landsleute, die schon auf gepackten Koffern sitzen, ihr Vaterland mit der Waffe in der Hand gegen eine Invasion verteidigen würden.

Gesellschaftsschichten im Sozialismus?

Die Mitglieder moderner Gesellschaften werden klassischerweise in „Ober-, Mittel- und Unterschicht" eingeteilt, wobei die Zuordnung vor allem nach Vermögen und Einkommen erfolgt.

Die cubanische Revolution trat mit höchst **egalitärem Anspruch** auf, d. h., eben diese Unterteilung sollte überflüssig werden. Der neue, sozialistische Mensch sollte nicht an seinem individuellen Besitzstand, sondern am Einsatz für die Gemeinschaft gemessen werden. Wollte man die klassische Unterteilung trotzdem anwenden, könnte man heute de facto Folgendes feststellen:

> Wer es sich leisten kann, dekoriert sein Zuhause mit allerhand Schnickschnack

Die cubanische **„Oberschicht"** besteht aus wenigen hohen (Partei-) Funktionären, die insbesondere an den Schnittstellen zwischen Politik und Wirtschaft erhebliche Macht ausüben, über einen sehr hohen Bildungsstand verfügen und u. U. auch Zugang zu ausländischen Luxuswaren haben sowie andere Privilegien, wie etwa Reisefreiheit, genießen.

Die **„Mittelschicht"**, die es nach sozialistischer Doktrin gar nicht geben dürfte, unterscheidet sich heute von der **„Unterschicht"** durch leichteren Zugang zu harten Devisen. Für die Transferzahlungen von Verwandten, Freunden, Liebhabern oder Geschäftspartnern aus Übersee können diese Glücklichen bei cubanischen Banken Devisenkonten einrichten.

Seit den 1990er-Jahren gibt es wegen der Erweiterung privatwirtschaftlicher Erwerbsmöglichkeiten eine Reihe von Berufsgruppen, die es durch eigene Geschäftstüchtigkeit, vor allem im Tourismusbereich, zu einigem Wohlstand gebracht haben, darunter beispielsweise die Betreiber von Privatpensionen, Taxifahrer und die Chauffeure der Touristenbusse.

Derzeit lässt es sich in den Provinzen mit etwa 150 CUC monatlich schon einigermaßen angenehm leben. Ab 300 CUC aufwärts bleiben dann kaum noch Wünsche offen. In La Habana braucht ein Cubaner für ein relativ sorgenfreies Leben mindestens 50 CUC mehr. Die genannten Summen ermöglichen regelmäßige Einkäufe in den Devisenläden und eine komfortablere Ausstattung der Wohnungen. In jedem größeren Ort finden sich Familien, die einen in materiellen Dingen mit europäischen Verhältnissen vergleichbaren Lebensstil pflegen. Wem es gelingt, monatlich 1000 CUC oder mehr zu erwirtschaften, kann ohne Weiteres zu der nach wie vor sehr schmalen **Schicht der Reichen** gerechnet werden.

Das Auseinanderklaffen der Einkommen und Vermögensstände bewirkt mitunter **Neid und Missgunst,** also Gefühle, die der Sozialismus eigentlich überflüssig machen wollte. Es ist ja auch verständlich: Ein treuer Parteisoldat, der keinen Arbeitseinsatz ausgelassen und seinen Pflichten gegenüber der Gesellschaft stets gewissenhaft nachgekommen ist, lebt unter Umständen neben Mitbürgern, die mit an sich illegalen Schiebereien dreißig Mal besser leben als er.

Andere bekommen von ausgewanderten Verwandten monatlich 100 Dollar oder Euro auf die Insel geschickt. Während der Musterbürger Schwierigkeiten hat, sich und seine Familie vernünftig zu ernähren, laben sich die Nachbarn an Importwaren wie italienischen Spaghetti und deutschen Konserven, tragen modische Kleidung und keine Woche vergeht ohne eine mittelgroße *fiesta*.

Bei den weiteren Ausführungen beschreibe ich die Lebensweise von Cubanern, die regelmäßig **Zugang zu Devisen** haben, für dortige Verhältnisse also weder besonders arm noch sonderlich reich sind.

Angehörige der Führungsschicht und Menschen, die erhebliche Zahlungen aus dem Ausland erhalten, pflegen unter Umständen einen ganz anderen Lebensstil. Gleiches gilt für Menschen, die ausschließlich auf der Basis von Lebensmittelkarten (über-)leben müssen, wie beispielsweise alleinstehende Rentner.

De facto geht die Schere zwischen (sehr) arm und reich seit der *período especial* jedes Jahr ein Stückchen weiter auseinander, allerdings ohne dass bisher „lateinamerikanische" Verhältnisse wie etwa in Mexiko oder Guatemala eingetreten sind.

Die Mutter – Fels in der Brandung

Die Rolle einer cubanischen Mutter kann, mehr noch als in vielen anderen Kulturen – einschließlich Italien, gar nicht überschätzt werden. Für die Kinder ist sie zeitlebens die verlässlichste Bezugsperson. Dies schon deshalb, weil nur wenige Ehen oder Beziehungen, aus denen Kinder hervorgehen, bis zu deren Volljährigkeit halten.

Der Nachwuchs bleibt nach der Trennung in aller Regel bei der Mutter oder, wenn diese noch sehr jung ist, bei deren näherer Verwandtschaft.

Nichteheliche Kinder werden spätestens seit der Revolution nicht mehr als „Schande" angesehen. Kleine Cubaner, deren Eltern keinen Trauschein haben, müssen mit keinerlei Benachteiligung durch die Gesellschaft oder den Staat rechnen. Etwas anderes gilt allenfalls noch in sehr ländlichen Gegenden. Das cubanische Familiengesetzbuch stärkt die Chancengleichheit unehelicher Kinder und bestimmt unter anderem, dass der Familienstand der Eltern in kein amtliches Dokument aufgenommen werden darf.

Doch auch wenn Mutter, Vater und Kinder unter einem Dach leben, übernimmt erstere das Gros der Pflege und Erziehung. Die **Unterstützung der weiblichen Verwandtschaft** ist ihr dabei gewiss.

Früh lernen die Kleinen, dass sie sich bei Schwierigkeiten, die in einer materiell armen und an Temperament reichen Gesellschaft nun einmal häufig vorkommen, hundertprozentig auf die Mama verlassen können. Diese erwartet dafür dieselbe **Loyalität,** die sie gegenüber ihrer Mutter empfindet. Widerworte werden von ihr gewöhnlich nicht geduldet, infantile Ausbrüche allzu oft streng gemaßregelt. Gewaltfreie Erziehung ist auf Cuba leider noch kein Allgemeingut.

Für den Schutz, die Fürsorge und Zärtlichkeit der Mutter bedanken sich die Sprösslinge gewöhnlich mit ihrer **lebenslangen Verehrung** und Unterstützung. Mama ist rein, ohne Tadel, heilig. Bei Angriffen auf ihre Ehre fliegen schnell die Fäuste, das Messer sitzt locker. Dies umso mehr, wenn der mütterliche Lebenswandel tatsächlich bedenkliche Episoden aufweist.

Die engen emotionalen Bande zur Mutter zeigen sich noch in einem weiteren Phänomen: Viele **werdende Mütter** möchten ihre eigene bei der Geburt an der Seite haben, den Erzeuger des Nachwuchses jedoch nicht unbedingt.

⌃ Cubaner vergöttern ihren Nachwuchs

Kindheit auf Cuba

Kleinkinder – Laissez-faire in Reinkultur

Cuba ist ein **kinderfreundliches Land.** Kinder dürfen, zumindest bis zum schulpflichtigen Alter, mehr oder weniger tun und lassen, was sie wollen. Ihrer Entfaltung werden, wenn überhaupt, nur durch ihre Mütter und Großmütter Grenzen gesetzt. Niemand sonst käme auf die Idee, die kleinen Racker in die Schranken zu weisen – auch nicht nach Mitternacht.

Eine schöne Einrichtung sind die zahlreichen Marionetten- und Puppenspiele (*títeres*), die inzwischen eine eigene Kunstform darstellen. Auch feiert man auf Cuba nicht nur Mutter- und Vatertag, sondern auch den Tag des Kindes (*Día del Niño*) mit häuslichen Feiern und diversen öffentlichen Veranstaltungen. In Verbindung mit dem Karneval finden, vor allem in La Habana, große Kinderumzüge statt.

Anders als in Europa werden Kleinkinder praktisch **überall hin mitgenommen.** Zur Not auch auf die Arbeit oder eine nächtliche Party. Niemand nimmt daran Anstoß. Im Gegenteil können die Kinder immer fest damit rechnen, dass ihnen jeder Erwachsene geduldig Aufmerksamkeit schenken wird.

⌃ Froh zu sein, bedarf es manchmal wenig ...

Der übliche **Spielplatz** für die Kleinen ist, mangels Alternativen, die Straße. Sehr früh treten sie in Kontakt mit anderen Kindern und steigern den ohnehin hohen Lärmpegel in der cubanischen Öffentlichkeit, woran niemand Anstoß nimmt. Für die Erwachsenen sind sie ein Quell der Freude und Unterhaltung im oft tristen Alltag.

Da gerade Frauen aus ärmeren Familien oft sehr früh Mutter werden, übernehmen de facto die Großmütter der Kleinen einen Großteil der Verantwortung für den Nachwuchs.

In der Schule

Auf die einjährige Vorschule (*preescuela*), die ab dem fünften Lebensjahr besucht wird, folgt das grundsätzlich neunjährige *colegio* (eine Art „Gesamtschule"). Schulpflicht besteht bis zum 14. Lebensjahr.

Das Schuljahr am *colegio*, von den Kindern mehr oder weniger liebevoll „cole" genannt, beginnt jedes Jahr im September und endet immer im Juni. Lernmittel werden, sofern vorhanden, kostenfrei zur Verfügung gestellt.

Cubanische Schüler sind in der Öffentlichkeit leicht an der vom Staat gestellten Schuluniform zu erkennen. Von der ersten bis zur vierten Klasse tragen Mädchen rote Röcke, weiße Blusen und ein *buñaletta* genanntes Halstuch. Die Jungs ziehen rote Hosen und weiße Hemden an und tragen ebenfalls ein Halstuch. Von der siebten bis zur neunten Klasse, also für die etwa 12- bis 14-Jährigen, sind ockerfarbene Röcke und Hosen vorgesehen.

Es gibt praktisch nur **Ganztagsschulen,** d.h., der Unterricht und damit auch die Beaufsichtigung dauert normalerweise bis (weit) in den Nachmittag hinein und unterstützt auf diese Weise die Eltern bei der Betreuung und Erziehung der Kinder. Viele Schüler kommen in den Genuss von Schulspeisungen.

Auf dem Lehrplan stehen die von unserem Bildungssystem bekannten Fächer. Wann immer möglich und in allen Jahrgangsstufen wird im Unterricht ein Bezug zum Sozialismus und zur Revolution hergestellt. Englischunterricht und Informatik (*computación*) sind für alle obligatorisch. Jede Schule soll über mindestens einen allen Schülern zugänglichen Computer verfügen.

Die **Notenskala** reicht von null bis 100 Punkte, wobei eine Prüfung mit 60 oder mehr Punkten als bestanden gilt. Nach einem anderen System werden Noten von Null bis Fünf vergeben. Ferner wird über die ganze Schullaufbahn hinweg eine Art „Schülerakte" mit Bemerkungen zu Betragen, Fehlzeiten usw. geführt.

Mit dem Eintritt in die Schule beginnt für viele Kinder die Zeit als Pionier *(pionero)*. Pioniere sind an ihren blauen Halstüchern auf weißen Hemden leicht zu erkennen. In den nur bedingt mit Pfadfindern vergleichbaren Organisationen werden von Anfang an Disziplin und Vaterlandsverteidigung groß geschrieben: Die Jungs und Mädels können hier beispielsweise auch lernen, wie man ein Gewehr zerlegt. Darüber hinaus gibt es eine Reihe von Freizeiteinrichtungen und Ferienlager für Pioniere, von denen das *Campomento José Martí* im Osten von La Habana die größte ist.

Infolge der anhaltenden Mangelwirtschaft können den Kindern diese und andere Events, von denen ihre Eltern bis heute schwärmen, allerdings schon lange **nicht mehr flächendeckend** geboten werden.

„Fiesta de quince"

Ein Höhepunkt des cubanischen Teenagerlebens stellt die *„fiesta de (los) quince (años)"*, also der 15. Geburtstag dar. Ähnlich der katholischen Erstkommunion und der protestantischen Konfirmation wird dabei das Ende der Kindheit mit einem großen Fest gefeiert. Viele Eltern scheuen weder Kosten noch Mühen, um dem Ereignis einen würdigen Rahmen zu geben. Die Kinder fiebern diesem besonders herausgehobenen Geburtstag schon wegen der Geschenke entgegen.

⌂ Polizisten schauen beim öffentlichen Schulsport zu

Extrainfo 10 (s. S. 6): Privatvideo: Auf diese Weise tanzen *quinceañeras* wohlhabender Eltern in ihren neuen Lebensabschnitt

Mädchen werden dabei gerne wie kleine Bräute ausstaffiert. Schließlich gilt die **quinceañera** (Fünfzehnjährige) nun als geschlechtsreif. Früher dokumentierte dieses Ereignis die Heiratsfähigkeit der jungen Damen. Arme Familien sparen oft jahrelang, um die aufwendige Feier zu finanzieren. Ein Friseur verwandelt das Haar des Mädchens in ein Kunstwerk. Anschließend wird sie in einem geliehenen Prinzessinnenkleid mit einer Limousine zu einem eleganten Hotel chauffiert, um dort von einem professionellen Fotografen für das Familienalbum abgelichtet zu werden.

Abends feiert die junge Dame mit der gesamten Verwandtschaft und allen Freunden ein rauschendes, feuchtfröhliches Fest. Da auf Cuba oft eher unspektakulär geheiratet wird, ist dieser Tag für viele Cubanerinnen der schönste ihres Lebens. Um so bitterer ist es, wenn die Familie die anfallenden Kosten beim besten Willen nicht aufbringen kann und dieser alte Brauch ins Wasser fällt. Als die Haushaltslage es noch zuließ, sponserte der Staat Erfrischungsgetränke *(refrescos)*, Süßigkeiten *(dulce)*, Kuchen *(pastel)* und Brot *(pan)* für die Party. Diese schöne Geste ist jedoch wie so vieles andere den Sparzwängen der jüngeren Vergangenheit zum Opfer gefallen. Niemals fehlen darf aber die Torte mit den 15 Kerzen.

Die Familie

Cubanische Namensbandwürmer und Spitznamen

Bei den von den Eltern gewählten Rufnamen *(nombre de pila,* wörtlich: Taufname) für ihre Kinder dominieren die katholischen wie José, Juan, María usw. Die Vornamen prominenter Volkshelden sind ebenfalls sehr beliebt. Viele Väter bestehen darauf, dass ihr erster Sohn denselben Namen trägt wie sie selbst.

Gelegentlich wählen Eltern auch eine Fantasieschöpfung (z. B. Yaimé, Yudarka oder Idalys) – eine besonders in den 1970er-Jahren weit verbreitete Praxis, Hauptsache mindestens ein „Y" war dabei. Auch Jesús, Stalin oder Stalina gehen als Rufnamen durch. **Zweite Vornamen** sind kein Muss, jedoch weit verbreitet.

Der Nachname (oder genauer gesagt die Nachnamen – *apellidos)* eines Cubaners setzt sich aus dem ersten Nachnamen des Vaters und dem ersten Nachnamen der Mutter zusammen. *Juanito* (also Klein-Johannes), der ganze Stolz von *Señor José Martínez Gil* und *Señora Dolores Castro Gonzáles* wird daher als *Juan Martínez Castro* durchs Leben gehen. Wenn er möchte, kann er seinen Nachnamen durch Nennung des ersten Nachnamens der Großmutter väterlicherseits (also des zweiten Nachnamens des Vaters) und des ersten Nachnamens der Großmutter mütterlicherseits (also des zweiten Nachnamens der Mutter) noch um zwei weitere Positionen verlängern.

Sollte der Vater eines kleinen Cubaners nicht so genau festgestellt werden können, behilft man sich für gewöhnlich damit, dass der volle Name der Mutter (also erster und zweiter Nachname) weitergegeben wird. Unser kleiner Juan hieße dann also Juan Castro Gonzáles.

Der Geburtsname wird ein Leben lang behalten, ändert sich also auch im Falle einer Heirat nicht.

Spitznamen und Verballhornungen von Vornamen sind äußerst populär. Hier einige Bespiele dafür, was Cubaner mit den Namen ihrer Mitbürger anstellen:

Antonio	Ton/Toni	Miguel	Migue (Mige)
Federico	Fede	Rafael	Rafa
Francisco	Paco/Quico	Rafaela	Fela/Felina
Ignacio	Nacho	Raquel	Quela
José	Pepe	Teresa	Tere
María Luisa	Marilú	Yamisel	Yami/Selli
Marisol	Mari/Solsi	Yolenys	Yoly

Familienbande – Herzstück der cubanischen Gesellschaft

Aufgrund der Tatsache, dass Cubanerinnen bis vor wenigen Jahrzehnten recht gebärfreudig waren, haben die meisten Cubaner heute eine **Schar von Tanten und Onkeln.**

Da viele Frauen schon um die zwanzig Mutter werden, der Generationenabstand also oft sehr klein ist, erleben junge Cubaner auch einige ihrer (Ur-)Urgroßeltern: 50-jährige Urgroßmütter sind keine Seltenheit. Generationenübergreifende Familienfeiern sind besondere Höhepunkte unter den ohnehin zahlreichen Festen.

Häufig verteilt sich die Verwandtschaft über das ganze Land, was den reisefreudigen Cubanern natürlich sehr entgegenkommt. Fast jeder hat eine Tante oder einen Cousin in La Habana oder anderen großen Städten.

Die meisten **Exilcubaner** leben in den USA, vor allem im Großraum Miami. In Europa finden sich vor allem in Spanien und in den Metropolen Italiens und Deutschlands größere cubanische „Gemeinden". Mit (Geld-)Geschenken erhöhen sie den Lebensstandard ihrer Verwandten zu Hause.

Freundschaften

Die ohnehin geselligen Cubaner lernen früh, dass Kontakte und Freundschaften *(amistades)* alles sind. Sei es, um das Überleben zu sichern, im privaten Geschäftsverkehr oder um über den neuesten Tratsch und Klatsch auf dem Laufenden zu bleiben.

Mit den Begriffen *amigo* und *amiga* wird dabei großzügig umgegangen. Hat man sich mal nett unterhalten, wird der Gesprächspartner eher früher als später zum Freund oder zur Freundin ernannt. Diese Sitte wird als *hacer amigos/hacer amistades* (Freunde/Freundschaften machen) bezeichnet und von fast allen Cubanern intensiv gepflegt.

Die in Deutschland häufige Institution des/der lebenslang „besten Freundes/besten Freundin" habe ich auf Cuba selten beobachtet. Auch dies mag damit zusammenhängen, das man starre Bindungen an eine bestimmte Person nicht sonderlich mag. Die Familie sorgt ja gewöhnlich für genügend seelischen Rückhalt.

◁ Mit Papa auf dem Kutschbock

Die wichtigsten verbalen Leitersprossen der Vertrautheit heißen von unten nach oben: *amigo – socio – hermano – familia.* Zu Deutsch etwa: Freund – Kollege – Bruder – Familie. *Tu eres mi familia* (wörtlich: Du bist meine Familie) sagen also nur Leute zueinander, die sich bereits kurz vor der Seelenverschmelzung wähnen.

Feste und Feiertage

Bei jeder sich bietenden Gelegenheit treffen sich Cubaner, um im großen oder kleinen Kreis – dem verfügbaren Budget entsprechend – zu feiern. Musik, Tanz, leckeres Essen (idealerweise ein Spanferkel) und Alkohol dürfen bei solchen Anlässen auf keinen Fall fehlen.

Besondere Bedeutung kommt dabei den Fiestas zum *fin del año* (Jahresende, also Silvester) zu, die im Kreise der Familie und guter Freunde gefeiert werden und für die viele monatelang sparen (müssen).

Pünktlich um Mitternacht wird ein Kübel voll Wasser durch die Haustür geschüttet, um alles Schlechte des alten Jahres zu vertreiben *(sacar lo malo de la casa).* Es gibt einige **Nationalfeiertage**, an denen die meisten Geschäfte, Ämter und Museen geschlossen bleiben. Fällt ein offizieller Feiertag auf einen Sonntag, so ist der darauffolgende Montag arbeitsfrei.

Wiederkehrende Veranstaltungen (Auswahl)

Januar:
- *International Rumba Festival in Santiago de Cuba; Monatsmitte*

Februar:
- *Jornadas de la Cultura Camagüeyana in Camagüey; Monatsanfang*
- *Feria Internacional del Libro (Buchmesse) in La Habana; Monatsanfang*

März:
- *Feria Internacional del Libro (Buchmesse) in Holguín*
- *Festival de la Toronja auf der Isla de la Juventud*
- *Festival de la Trova in Santiago de Cuba*
- *Bienal Internacional del Humor (Humor-Festival) in San Antonio de los Baños*

- Die Feierlichkeiten am **1. Januar** (*Día de la Liberación,* Tag der Befreiung) erinnern daran, dass *Batistas* Diktatur am 1. Januar 1959 endete. Am 2. Januar schließt sich der „Tag der Siegesfeiern" an.
- Der **1. Mai** ist auch auf Cuba der „Tag der Arbeit" mit zahlreichen Paraden und Festreden.
- Mit Feierlichkeiten vom 25. bis 27. Juli wird *Fidel Castros* misslungenem Angriff auf die Moncada-Armeekaserne vom 26. Juli 1953 gedacht.
- Der **10. Oktober** ist der „Tag der cubanischen Kultur" und erinnert an den Beginn des ersten Unabhängigkeitskrieges am 10. Oktober 1868.
- Obwohl Cuba de facto kein katholisches Land (mehr) ist, wurde 1997 **Weihnachten** (25. Dezember) anlässlich des anstehenden Papstbesuches wieder Nationalfeiertag.

Daneben gibt es zahlreiche **Gedenktage,** an denen gearbeitet und gefeiert wird. Fast alle haben mit der Revolution und ihren Helden zu tun.

- **28. Januar:** Geburtstag des Nationalhelden *José Martí* (geb. 1853)
- **24. Februar:** Beginn des Unabhängigkeitskampfes von 1895
- **8. März:** Internationaler Frauentag
- **13. März:** Jahrestag des studentischen Angriffs auf den Batista-Palast im Jahre 1957

April:
- *Kunstbiennale in La Habana*
- *Festival PerCuba (Percussioninstrumente) in La Habana*
- *Festival de la Música Electroacústica in Varadero*
- *Semana de la Cultura (Kulturwoche) in Baracoa*

Mai:
- *Romería de Mayo (Kulturfest) in Holguín; Monatsanfang*
- *Internationales Gitarrenfestival in La Habana; alle zwei Jahre*
- *Torneo Internacional de la Pesca de la Aguja Ernest Hemingway (Hochseeangler-Turnier) in La Habana*
- *Festival de Raices Africanas (afrikanische Kultur) in Guanabacoa bei La Habana*

Juni:
- *Fiestas Sanjuaneras (Volksfest) in Trinidad; Monatsende*
- *Jornada Cucalambeana (Cucalambé Folklore Festival) in Las Tunas*
- *Festival de la Rumba in Matanzas*

- **4. April:** Tag des Kindes – mit zahlreichen Veranstaltungen der „Jungen Kommunisten" (UJC)
- **16. April:** Tag der Milizen
- **19. April:** Jahrestag des Sieges in der Schweinebucht 1961
- **2. Sonntag im Mai:** Muttertag
- **17. Mai:** Tag der Agrarreformen
- **3. Sonntag im Juni:** Vatertag
- **30. Juli:** Tag der Märtyrer der Revolution
- **12. August:** Jahrestag des Sturzes der Diktatur von *Gerardo Machado* im Jahr 1933
- **28. September:** Gründung des Komitees zur Verteidigung der Revolution (CDR) 1960
- **8. Oktober:** Todestag von *Ernesto Che Guevara* 1967
- **28. Oktober:** Todestag von Kommandant *Camilo Cienfuegos* 1959
- **27. November:** Tag der studentischen Märtyrer (1871 von den Spaniern ermordet)
- **2. Dezember:** Landung der Jacht *Granma* mit den beiden *Castros, Ché* und einer Handvoll wackerer Kampfgenossen an der Küste Ostcubas 1956
- **7. Dezember:** Todestag von *Antonio Maceo* 1896

Juli:
- *Karibikkulturfestival in Santiago de Cuba; manchmal bereits im Juni*

August:
- *Bolero Festival (Musikfestival) in Santiago de Cuba*
- *Benny Moré Festival Internacional de Música Popular in Cienfuegos*

September:
- *Wallfahrten zur Jungfrau von Regla (bzw. Yemayá) bei La Habana und Nuestra Señora de la Caridad de Cobre (bzw. Ochún) bei Santiago de Cuba; 8. September*

Oktober:
- *Festival de la Música Contemporánea de La Habana*
- *Jornada Camilo Ché; vom 8. bis 28. landesweit Veranstaltungen um den beiden comandantes zu gedenken*
- *Festival Internacional de Ballet de La Habana*
- *Iberoamerikanisches Kulturfest in Holguín; Monatsende*

Cubanischer Karneval

In Santiago de Cuba wird der etwa acht Tage dauernde *carnaval* während der letzten beiden Juli- und der ersten Augustwoche gefeiert. Da auch die Feierlichkeiten rund um den Revolutionsfeiertag (26. Juli) in dieses Intervall fallen und die *orientales* (etwa: Ostprovinzler) es verstehen, besonders prächtig und ausgelassen zu feiern, gilt er als Highlight unter Cubas wiederkehrenden Veranstaltungen.

Der **Karneval von Santiago** geht auch heute noch recht deutlich erkennbar auf die alte Kolonialzeit zurück: Nach der Zuckerrohrernte durften die gepeinigten Afrikaner zehn Tage lang ausgelassen feiern. Trommlergruppen, die mit ihren Congas (großen Trommeln) in einer Art Wettstreit durch die Stadtviertel ziehen, spielen daher eine größere Rolle als beim **Karneval von La Habana,** der an wechselnden Terminen (Ende Februar/Anfang März oder im August) stattfindet und wo prächtige Umzüge vor dem Capitolio und an der Malecón genannten Uferpromenade dominieren.

Wie beim Karneval von Rio de Janeiro konkurrieren Dutzende von Karnevalgesellschaften *(paseos)* mit reich geschmückten Wagen und ausgelassenen Tänzern um die Gunst des Publikums und die von der Karne-

November:
- *Semana de la Cultura Trinitaria (Woche der Kultur) in Trinidad*
- *Internationales Chorfestival in Santiago de Cuba*

Dezember:
- *Patronatsfest der Heiligen Barbara (bzw. Changó) in der Iglesia Santa Barbara und anderen Kirchen in La Habana; 4. Dezember*
- *Havana International Jazz Festival*
- *Wallfahrt zum Heiligen Lazarus (bzw. Babalu Ayé) in die Lazarusbasilika von San Antonio de los Baños südwestlich von La Habana; 17. Dezember*
- *Barrandas de Remedios (Volksfest mit großen Umzügen)*
- *Internationales Festival des neuen lateinamerikanischen Films in La Habana*

Hinweis: Vor allem die Termine der Veranstaltungen von eher regionaler Bedeutung werden gelegentlich verschoben! Die Büros von INFOTUR geben entsprechende Auskunft!

valsleitung ausgelobten Preise. Dabei gelingt es der Studentenvereinigung FEU besonders häufig, die begehrten Trophäen abzuräumen.

Karnevalveranstaltungen von eher regionaler Bedeutung findet man am 26. Dezember in Remedios, Ende Juni in Camagüey, in der ersten Aprilwoche in Baracoa sowie Mitte August in Guantánamo und Matanzas. Zu wechselnden Terminen findet der Karneval von Varadero statt, auf dem die internationalen Feriengäste als Akteure gefragt sind. Sie werden von den Hotel-Animateuren auf ihren Auftritt bei den Paraden vorbereitet.

Von Frauen und Machos – cubanisches Rollenverhalten

Im Rollenverhalten der Geschlechter bestehen einige Besonderheiten im Vergleich zu hiesigen Gepflogenheiten. Auf Cuba verbinden sich der latente lateinamerikanische Machismo und die Errungenschaften des Sozialismus zu einer auf der Welt wohl einzigartigen Mischung.

⌂ Cubaner lieben den Tanz – und schauen Profis auch gerne dabei zu

Eine der europäischen Frauenbewegung vergleichbare Entwicklung hat es nie gegeben. Offenbar bestand dafür auch kein Bedürfnis: Seit den 1960er-Jahren trieb Cuba mit der Revolution eine viel tiefgreifendere Gesellschaftsumwälzung voran, die auch den Umgang der Geschlechter miteinander berührte.

Starke Frauen

Auch wenn man auf Cuba in Frauenfragen schon immer progressiver war als in anderen karibischen Staaten, sind Männer und Frauen erst seit der Revolution formal gleichberechtigt. In der insoweit vorbildlichen cubanischen **Verfassung** heißt es dazu:

„Die Frau und der Mann genießen die gleichen ökonomischen, politischen, kulturellen, sozialen und familiären Rechte ... Der Staat garantiert, dass der Frau die gleichen Gelegenheiten und Möglichkeiten angeboten werden, wie dem Mann, um voll an der Entwicklung des Landes teilzunehmen ... Die Diskriminierung aufgrund von Rasse, Hautfarbe, Geschlecht, nationalem Ursprung, religiösem Glauben und allem anderen, was menschliche Ungleichheit verursacht, ist verboten."

Und tatsächlich sind Frauen in der Politik und anderen wichtigen Positionen stark vertreten – beispielsweise liegt der Frauenanteil in der Nationalversammlung bei annähernd 50 Prozent.

Die Hälfte aller **Studierenden** sind Frauen, unter den Promovierten beträgt ihr Anteil stolze 60 Prozent. Diese erfreulichen Quoten sind im lateinamerikanischen wie auch im globalen Vergleich ungewöhnlich hoch.

Obwohl ein Gesetz vorschreibt, dass die Geschlechter im **Haushalt** die gleichen Aufgaben haben, lasten die Schwierigkeiten des täglichen Lebens im Falle der Elternschaft eindeutig auf den Schultern der Frauen. Geschieden ist man schnell, wenn man überhaupt verheiratet war. Und auch in intakten Familien tragen die Mütter die Hauptlast bei der Pflege und Erziehung des Nachwuchses. Obendrein müssen sie in einer Gesellschaft voller Machos de facto jeden Tag aufs Neue ihren Kampf um Selbstverwirklichung und Gleichberechtigung ausfechten. Und das in Zeiten, in denen Milch kaufen oder zur Arbeit fahren mehrere Stunden in Anspruch nehmen kann. Die Frauen sind in den meisten Fällen allein für den Haushalt verantwortlich, auch wenn sie einen Beruf ausüben. In der momentanen Wirtschaftssituation erfordert diese Doppelbelastung neben immensem Zeit- und Kraftaufwand ein überdurchschnittlich ausgeprägtes Improvisationstalent.

Bei allen Widrigkeiten verzichten cubanische Frauen nicht auf die Betonung ihrer Reize. Keine verzichtet auf Make-up, selbst während der Arbeit in der Fabrik nicht und die Kleidung *(auch Uniformen)* fällt stets eine Spur zu knapp aus. Die typisch cubanische Betonung der Weiblichkeit wird auf Cuba als **sandunga** bezeichnet. Der Autor *Jesús Díaz* definiert diesen Begriff als „kreolische Mischung aus Unschuld und Provokation, der kaum zu widerstehen ist". Bei meinen Aufenthalten auf Cuba habe ich übrigens immer wieder den Eindruck gewonnen, dass die cubanische Damenwelt besonders uneins ist. Möglicherweise hängt dies mit dem auch in der Öffentlichkeit sichtbaren und im internationalen Vergleich herausragenden Frauenüberschuss zusammen. Jedenfalls missgönnen viele Frauen ihren Geschlechtsgenossinnen recht unverhohlen Besitzstand und Partner.

Machos

Junge und jung gebliebene Cubanerinnen bevorzugen einen aufreizenden luftigen Kleidungsstil, was bei den herrschenden Temperaturen auch nicht verwundert. Viele Männer danken es ihnen mit anerkennenden Pfiffen und gelegentlich unverhohlenen Offerten, eine *noche caliente* (heiße Nacht) miteinander zu verbringen.

Die Spielregeln der **allgegenwärtigen Anmache** lauten dabei in etwa: Der Mann hebt die Frau und ihre körperlichen Reize auf ein silbernes Tablett und betet sie an. Kaum ist das schöne Wesen vorbei, geht er wieder seinem Tagwerk nach – bis die nächsten Rundungen vorbeischaukeln.

Die Damen fühlen sich durch das mehr oder weniger elegante Schmachten und Buhlen nicht beleidigt oder gar attackiert. Für gewöhnlich ignorieren sie die Anzüglichkeiten stolz und unnahbar. Die gewitzteren reagieren aber auch schon mal mit einem Gegenangriff, etwa indem sie die erotischen Kompetenzen des Schmeichlers anzweifeln oder ihn anderweitig verunsichern.

Was in Europa als sexueller Übergriff gewertet würde, gilt auf Cuba, wie in anderen lateinamerikanischen Ländern auch, als alltägliches **Spiel von Lockungen und Zurückweisungen.** Idealerweise gewinnen auch bei einem cubanischen Flirt beide Seiten: Die Herren gefallen sich als Casanovas. Die Damen fühlen sich umworben und damit in ihrer Weiblichkeit bestätigt. Die Intensität der Anmache können sie dabei durch Kleidung und Auftreten auch ein Stück weit selbst steuern.

Übrigens wird auf Cuba gerade deutsches Balzverhalten als besonders kalt, trocken und einfallslos belächelt.

Der Machismo zeigt sich noch in einem weiteren offensichtlichen Phänomen: Dass ein Mann, der es sich leisten kann, **mehrere Frauen** hat, ist auf Cuba Realität. Wen dies schockiert, der möge bedenken, dass umgekehrt auch viele Cubanerinnen nur ungern etwas anbrennen lassen ...

Wesen und Hintergründe des Machismo

Über den Ursprung des fast überall in Lateinamerika vehement gelebten Machismos ist viel nachgedacht worden.

Sehr spekulativ, aber nicht ganz abwegig erscheint die Ansicht, dass der vergebliche Kampf der ersten Generation von Mestizen und Mulatten um Anerkennung durch den gleichermaßen gehassten und glorifizierten spanischen Vater, der seine mit indianischen und afrikanischen Frauen gezeugten Nachkommen nicht als ihm ebenbürtig akzeptierte, eine entscheidende Rolle gespielt haben könnte.

Manche gehen noch weiter und behaupten, dass die ablehnende Haltung eines „Machos" gegenüber allen sensiblen und reflexiven, also „weiblichen" Verhaltensweisen im Grunde auf der von den Söhnen der ersten Mischlingsgeneration registrierten Verachtung des Vaters gegenüber der nicht-spanischen Mutter beruhe. Diese war in den Augen ihrer Sprösslinge das Symbol für die Attribute Schwäche, Unterwürfigkeit und soziale Minderwertigkeit. Sie begannen, dieser diffusen Empfindung folgend, sowohl das Feminine als auch jede Form der „Weicheierei" abzulehnen.

Widerstand gegen den Vater durch Übererfüllung des von ihm und der Gesellschaft erwarteten männlichen Verhaltens und Abgrenzung von der als sozial minderwertig empfundenen mütterlichen Abstammungslinie führten demzufolge zu jenem Machismo genannten, uns oft grotesk erscheinenden Männlichkeitswahn.

Dieser kann als Maske zur Kompensation der sozialen und emotionalen Nöte der Mestizen und Mulatten verstanden werden. Vereinfacht gesagt wäre die Ursache des Machismo also ein kapitaler Minderwertigkeitskomplex.

Natürlich darf man nicht übersehen, dass Spanien zur Zeit der Kreolisierung von einer zutiefst patriarchalen Gesellschaft geprägt wurde. Aber Patriarchat bedeutet eben nicht Machismo, der sich wesentlich virulenter manifestiert: Die Pose des Machos ist die stolz geschwellte Brust und die breitbeinig zur Schau gestellte, vermeintliche Potenz. Der Stolz wird dabei nicht hinterfragt und gründet nicht auf irgendwelchen Attributen oder Leistungen, sondern ist Selbstzweck.

Der Macho neigt zur Prahlerei, gibt sich verwegen, trinkfest, mutig, stark und aggressiv. Sein Verhalten ist verantwortungslos. Er frönt der Eifersucht, Unaufrichtigkeit und Durchtriebenheit.

Die übersteigerte Nachahmung der väterlichen Verhaltensweisen soll angeblich auch zu einer mehr oder weniger stark ausgeprägten Gleichgültigkeit gegenüber dem eigenen Nachwuchs geführt haben.

Solche Spekulationen dürfen natürlich nicht verallgemeinert werden. Viele cubanische Männer sind äußerst verantwortungsvolle Väter.

332cu/s

Partnerschaft und Sexualität

Auch auf Cuba findet man die ganze Palette menschlichen Sexualverhaltens: Von jung heiratenden Paaren, die ihr ganzes Leben treu zusammenstehen, bis zu Menschen, die es in ihrem Leben auf Hunderte Partner beiderlei Geschlechts bringen.

Die Frage, inwieweit afrikanische Traditionen die vielfach geringe Bereitschaft zu langfristigen Bindungen bedingen oder ob dafür eher sozialistische Vorstellungen und Errungenschaften bzw. die cubanische Sehnsucht nach Abwechslung und individueller Freiheit verantwortlich sind, führt schnell auf das Glatteis spekulativer Erwägungen und soll hier daher nicht weiter beleuchtet werden. Die in Miami lebende, cubanische Autorin Daína Chaviano ist der Meinung, dass nirgendwo so hingebungsvoll und variantenreich kopuliert werde wie auf Cuba.

Teenagerliebe

Intime Erfahrungen werden eher früher als später gesammelt. Das „erste Mal" findet für gewöhnlich zu Beginn der Teenagerzeit statt, häufig während einer organisierten Jugendfreizeit auf dem Land. Bei Jungs etwas später, obwohl gerade sie von ihrem Umfeld ermuntert werden, schon früh sexuelle Erfahrungen zu sammeln. Im Vergleich mit althergebrachten europäischen Moralvorstellungen erscheint das möglicherweise als etwas früh.

Allerdings gelten wir auch nicht gerade als sinnliche und lustbetonte Völker. Junge Cubanerinnen sehen sich **permanenter Anmache** ausgesetzt, was von allen Beteiligten als normal angesehen wird und dem Selbstbewusstsein der meisten Mädchen schmeichelt. Denn wie in anderen südlichen Ländern erwarten die Damen durchaus, dass die Männerwelt auf ihr Styling reagiert. Dazu kommt ein latenter **Gruppendruck,** der Teenager zu frühen Beziehungen animiert. Wer mit 14 oder 15 noch jungfräulich herumläuft, sieht sich häufig dem Spott oder dem Mitleid seiner Umgebung ausgesetzt.

Beziehungen im Teenageralter halten normalerweise etwa so lange wie ihre Pendants bei uns, also ein paar Wochen oder Monate. *Novio* (Freund) und *novia* (Freundin, eigentlich: Braut) leben im Hier und Jetzt, haben kein Interesse an einer frühzeitigen Bindung und schon gar nicht an einer Eheschließung oder Elternschaft in jungen Jahren.

Papst *Johannes Paul II.,* bekanntlich kein Verfechter der freien Liebe, kritisierte anlässlich seiner Cubareise 1998 explizit die Sexualmoral der cubanischen Jugend (siehe Exkurs Seite 223).

Abtreibung

Allzu oft endet eine Liebschaft mit einer ungewollten Schwangerschaft *(embarazo).* **Teenagerschwangerschaften** sind gerade in ärmeren Familien nahezu die Regel. Daher an dieser Stelle ein Wort zur gängigen Abtreibungspraxis *(aborto)* auf Cuba: In den staatlichen Kliniken sind Abbrüche bis zur zwölften Schwangerschaftswoche problemlos möglich. Sie zählen zu den Leistungen des kostenlosen Gesundheitswesens. Das Verhältnis von Geburten zu Abtreibungen soll 70 zu 100 betragen. Manche Frauen haben mehr als ein Dutzend Aborte hinter sich. Die zahlreichen Abtreibungen haben maßgeblichen Anteil an der seit Jahren vor allem aus ökonomischen Gründen sinkenden Geburtenrate, die derzeit etwa deutschen Verhältnissen entspricht. Grund für diese traurige Praxis ist neben der wirtschaftlichen Misere der oft sorglose Umgang mit der **Verhütung.** Manche Männer halten diese, wohl mitbedingt durch die (noch) relativ geringe Verbreitung von AIDS, nach wie vor für reine Frauensache.

In ihrer Not wenden sich Frauen im weiter fortgeschrittenen Stadium der Schwangerschaft zuweilen an Hebammen und Quacksalber, die den Abbruch illegal und mit hohem Risiko für die Schwangere durchführen.

◁ Wachleute des Friedhofs Santa Ifigenia in Santiago de Cuba freuen sich über einen adretten Überraschungsbesuch

Adrianas Liebschaften

„Ich bin jetzt Anfang 20 und mit meinem bisherigen Beziehungsleben einigermaßen zufrieden. Als ich etwa 14 war, haben meine Leute angefangen,
mich zu piesacken, weil ich keine Lust hatte, mich mit Jungs abzugeben.
Ein paar besonders witzige mutmaßten, ich würde mal Lesbe werden oder
ein herrisches Mannweib. Hat mich damals ganz schön geärgert. Meinen
ersten Partner hatte ich dann aber doch erst mit 15, kurz nach meiner ‚fiesta de los quince'. Er war einiges älter als ich, was meinen Eltern nicht
sonderlich passte. Naja, die Sache ging auch nicht allzu lange gut.

Als ich dann öfter abends ausgehen durfte, hatte ich hin und wieder was
mit Gleichaltrigen aus der Schule oder der näheren Umgebung. Aber erst
während meiner Vorbereitungszeit für die Uni an der ‚Preuniversidad'
hatte ich Lust, mit jemandem zusammenzuleben. Also bin ich mit meinem
damaligen Freund bei seinen Eltern eingezogen und wir haben gemeinsam
große Pläne geschmiedet. Weil ich mich aber schon nach Kurzem nicht
mehr mit meiner Schwiegermutter in spe verstanden habe und ich ziemlich
sicher bin, dass er mich die ganze Zeit über betrogen hat, habe ich die Beziehung beendet, kurz bevor ich an die Uni nach La Habana gegangen bin.

Hier habe ich dann ein paar Monate meine Freiheit genossen. Aber ganz
ohne romantische Stunden habe ich es dann doch nicht ausgehalten. Ungefähr zwei Mal in der Woche gehe ich mit Kommilitonen von der Uni tanzen. Hin und wieder lerne ich an solchen Abenden jemanden kennen. Ein
potenzieller Partner muss mich auf jeden Fall zum Lachen bringen können
und viel Sinn für Romantik mitbringen. Wenn mir ein Mann gefällt, treffen wir uns so oft es mein Studium zulässt und haben einfach eine gute Zeit
miteinander. Für eine Ehe und Kinder fühle ich mich noch zu jung.

Danay, meine jüngere Schwester hat schon zwei Mädchen, richtige Won-
neproppen, mit denen ich, wenn ich zu Hause bin, viel unternehme. Ich se-
he dann aber auch, dass die Kleinen eine ganze Menge Arbeit machen und
denke, dass ich lieber erst mal meine Ausbildung zu Ende bringen sollte. Im
Moment fällt mir sowieso niemand ein, mit dem ich Kinder haben möchte.
Oft lassen einen die Kerle ja noch während der Schwangerschaft sitzen. Der
Vater einer meiner Nichten kümmert sich zum Beispiel gar nicht um seinen Nachwuchs. Nein, das tue ich mir vorerst bestimmt nicht an - obwohl
es Alleinerziehenden finanziell oft gar nicht mal schlechter geht als liierten
Eltern. Besonders gut sind Alleinerziehende dann dran, wenn der Vater im
Ausland lebt. Entweder weil er nach Europa oder in die USA ausgewandert
ist, um dort zu arbeiten und Geld an die Familie in Cuba zu überweisen,
oder aber weil der Erzeuger des Nachwuchses Ausländer ist und seine cubanischen Verwandten aus der Ferne sponsert."

Nachwuchs

Entscheidet sich eine Frau dazu, ihr Kind auszutragen, kann sie sich für gewöhnlich auf die **Unterstützung ihrer Verwandten** verlassen. Dass gerade die Großmutter oft eine ebenso wichtige Rolle bei der Kindererziehung spielt wie die junge Mutter, wird im Abschnitt „Kindheit auf Cuba" geschildert.

Drei von fünf werdenden **Müttern sind unverheiratet:** Gemeinsamer Nachwuchs ist für viele Cubaner kein zwingender Grund, (vorerst) mit dem anderen Elternteil zusammenzubleiben. Wie gelegentlich auch bei uns, entziehen sich werdende Väter der Verantwortung gerne durch Flucht, z. B. in eine andere Stadt.

Häufig trennt sich aber auch die werdende oder frisch gebackene Mutter von ihrem Partner. Ökonomische Nachteile braucht sie dabei nicht zu befürchten. Ihre Lebenserfahrung hat sie gelehrt, dass es immer irgendwie weitergeht. Der Staat und die Familie werden sie schon nicht hängen lassen. Für Kleinkinder sind zum Beispiel großzügigere Bezugsscheine für Grundnahrungsmittel vorgesehen. Als Alleinerziehende kommt sie mit etwas Glück und guten Kontakten sogar in den Genuss einer günstigen oder kostenlosen Wohnung.

Bei den niedrigen staatlichen Löhnen haben etwaige **Unterhaltszahlungen** cubanischer Väter eher symbolischen Charakter.

Leben die Eltern nicht zusammen, wird die ökonomische und rechtliche Verantwortung für den gemeinsamen Nachwuchs grundsätzlich auf seine und ihre Familie verteilt. Die erheblichen Einschränkungen, denen sich etwa deutsche (alleinerziehende) Eltern trotz aller finanzieller Unterstützung ausgesetzt sehen, werden auf diese Weise abgemildert.

Paarbeziehungen

Gerade junge Leute halten eine feste Paarbeziehung meist nur so lange aufrecht, wie sie eine starke emotionale Anziehung verspüren. Wie bei uns endet mit der kurzen Zeit des Verliebtseins oft auch die Partnerschaft.

Kinder von verschiedenen Partnern sind nahezu die Regel. Männer, die eine ganze Reihe von Sprösslingen mit mehreren Frauen gezeugt haben, dürfen sich allgemeiner Bewunderung ob ihres Charmes, ihrer Virilität und Potenz sicher sein.

Apropos Potenz: Afrocubanische Religionen wie die *Regla de Ochá,* im Volksmund als *Santería* bezeichnet, erfreuen sich unter anderem wegen ihrer potenzfördernden und aphrodisierenden Zaubermittel sowie diverser Fruchtbarkeitsrituale großer Beliebtheit. Interessant ist auch der weit

Orlandos freier Tag

Orlando hat sich einen Tag Urlaub genommen und ist deshalb schon morgens gut gelaunt. Fröhlich hilft er seiner Frau María beim Abräumen des Frühstückstischs. Damit sie nicht zu spät zu ihrer Arbeit beim Sicherheitsdienst des Zementwerkes kommt, übernimmt er es auch, den sechsjährigen Rogelio für die Schule zurechtzumachen. Wieder mal geht alles glatt. María und Rogelio verlassen rechtzeitig das Haus.

Kurz darauf fährt der klapprige Lada von Orlandos jüngerem Bruder Manolo vor. Manolo hat heute ebenfalls frei und freut sich bereits auf die brüderliche Spritztour.

Nach ein paar derben Scherzen und einigen Gläsern Rum brechen die beiden fröhlich in die nächste größere Stadt, Ciego de Ávila, auf. Dort werden sie im Parque Martí bereits von den Schwestern Mariel und Amanda, beide üppige Mulattinnen Ende 30, erwartet.

Manolo verschwindet mit Mariel in ein nahe gelegenes Hotel de Paso (Stundenhotel). In einem etwas verrufenen Stadtteil kennt Orlando ein Privatzimmer, das er fast umsonst bekommen kann. Scherzend und turtelnd macht er sich mit seiner Freundin auf den Weg dorthin.

Gegen Mittag fahren die Männer die beiden „avileñas" (Mädchen aus Ávila) nach Hause. Manolo will noch wichtige Besorgungen in „Ciego" machen und vielleicht bei alten Freunden vorbeischauen. Orlando ist daher froh, dass er einen Arbeitskollegen trifft, der ihn auf seinem Motorrad zurück nach Morón mitnimmt.

Bevor Rogelio aus der Schule kommt, bereitet ihm sein Vater ein schnelles Mittagessen zu, fegt die Wohnung und macht die Wäsche.

Am Nachmittag trampt Tochter Adriana, die für eine Woche aus La Habana gekommen ist, mit dem Jungen an den Strand der nahen Laguna de la Leche. Orlando nutzt die Zeit, um bei Anita vorbeizuschauen. Sie ist alleine und hat ein paar Stunden Zeit für ihren langjährigen Geliebten.

Als seine Frau gegen Abend todmüde von der Arbeit kommt, steht er in der Küche und kocht für seine Familie. María ist glücklich, einen so fleißigen Gatten zu haben. Während viele Ehemänner anderen Frauen nachsteigen, hilft ihrer im Haushalt und kümmert sich rührend um den Kleinen, der als einziges ihrer drei gemeinsamen Kinder noch bei ihnen wohnt.

Was Orlando blühen würde, wenn sie von einem Seitensprung erführe, hat sie ihm im Laufe der 25 gemeinsamen Jahre oft genug lautstark klar gemacht. Das Mindeste wäre, ihn aus dem Haus, in dem sie leben und das ihr schließlich allein gehört, hinauszuschmeißen. Er wäre dann den Garten los und könnte sehen, wo er seine Schweinezucht unterbrächte.

Vielleicht würde sie aber auch auf ihn losgehen, ihn meucheln oder seines besten Stückes berauben. Ja, dazu wäre sie sehr wohl in der Lage! Sie hatte zwar hin und wieder was mit den Charmebolzen aus der Zementfabrik und möchte das auch für die Zukunft nicht ganz ausschließen. Sie ist nicht gerade stolz darauf, ihren Orlando zu betrügen, aber immer der gleiche Mann wäre ihr auf Dauer zu langweilig. Sie ist da recht spontan. Man lebt doch nur einmal, oder?

Nach dem gemeinsamen Abendessen möchte er wissen, ob er den Tag mit einem Gläschen Rum bei seinem Bruder ausklingen lassen könne. María hat nichts dagegen. Sie wird sich nach ihrer Lieblings-Novela (TV-Soap) früh hinlegen und auf ihn warten. Er solle halt nicht zu lange fortbleiben.

Mit einer halb vollen Flasche Rum unter dem Arm setzt sich ihr Ehemann in Richtung Manolo in Marsch. Nach ein paar Hundert Metern biegt er dann aber lieber zur Wohnung von Marina ab. Marina kennt er schon fast so lange wie seine Frau. Sie treffen sich sehr unregelmäßig, aber da sie beide dem Alkohol nicht abgeneigt sind, geht es dabei immer sehr stürmisch zu. Es heißt, sie habe eine ganze Menge Gönner und Liebhaber. Orlando ist das herzlich egal ...

Orlando glaubt nicht an große Gefühle. Die Liebe ist für ihn nur eine schmerzhafte, bestenfalls hinderliche Illusion.

Er bevorzugt den „contacto directo" (Tuchfühlung), am besten mit so vielen verschiedenen Frauen wie möglich und so oft es geht. Immer die gleiche, das ist doch auf Dauer langweilig. Außerdem: Sex ist gesund und kostet nichts. Er ist erst Mitte 50. Treue kann er noch lernen, wenn seine Begierde und Manneskraft nachgelassen haben. Dass Orlando verheiratet ist, macht ihn in den Augen seiner Freundinnen nur noch attraktiver. Sie genießen seinen Charme und seine jahrzehntelange Erfahrung in der Erotik. Das von vielen seiner Altersgenossen geschätzte Aphrodisiakum PPG braucht er, Gott sei Dank, noch nicht. Auf Präservative verzichten er und seine Freundinnen in aller Regel. Mit dem Lug und Trug („mentiras y engaño"), dem er seine über zehn Jahre jüngere Gattin aussetzt, kommt er ganz gut klar. Schließlich lügen und betrügen hier alle. Eigentlich vergeht kein Tag ohne Vertrauensbrüche („traición") und Heuchelei („hipocresía"). Wenn jemand alles glaubt, was man ihm erzählt, ist das doch nicht sein Problem! Wer die Illusion von ewiger Liebe und Treue braucht, der kann sich ja in die Scheinwelt irgendwelcher Schnulzenfilme hineinspinnen. Orlandos Art ist das jedenfalls nicht.

María ist seine dritte Frau. Aus erster Ehe hat er noch einen Sohn, der ebenfalls Orlando heißt. Aus der zweiten ist seine Tochter Haila hervorgegangen, mit der er sich, wie mit allen seinen fünf Kindern, ausgezeichnet versteht. Seiner Gattin fühlt er sich vor allem durch Sympathie, Gewohnheit und aus Bequemlichkeit verbunden. Die Ehe sieht er als Zweckgemeinschaft, die so lange aufrecht erhalten wird, wie sie den Partnern nützlich erscheint. Wenn jeder erst mal an sich denkt, dann kommt am Ende keiner zu kurz. Dass María drei Mal abgetrieben hat, findet er nicht so gut. Andererseits weiß man auf Cuba auch nie so genau, ob man wirklich der biologische Vater seiner Kinder ist. Bei Rogelio zum Beispiel ist er sich da nicht so sicher. Der Junge ist einfach eine Spur zu dunkel …

Natürlich versucht er so vorzugehen, dass María von seinen Ausschweifungen nichts mitbekommt. Dass dies sehr unwahrscheinlich ist, weiß er, seit ihn die Nachbarn hin und wieder auf Marías Techtelmechtel mit irgendwelchen Arbeitskollegen aufmerksam machen. Er reagiert dann immer sehr unbeherrscht - den Nachbarn gegenüber.

Kein Cubaner möchte gerne als „tarú" (von „tarros": Hörner) oder „venao" (wörtlich: Reh) dastehen. Kaum jemand würde einen betrogenen Mann offen darauf ansprechen. Falls doch, kann man seinen Mitmenschen mit der aggressiv vorgebrachten Frage, ob man denn für einen Gehörnten oder Lügner („mentiroso") gehalten werde, sehr effektiv den Wind aus den Segeln nehmen. Tritt derjenige, der die Mannesehre angegriffen hat, nun nicht schleunigst den Rückzug an, muss mit Handgreiflichkeiten gerechnet werden.

Dass seine Tochter an der Uni auch nichts anbrennen lässt, hat man ihm ebenfalls schon gesteckt. Hin und wieder zieht er sie damit auf. Ein bisschen Spaß muss sein! Neuerdings gibt es wohl einen wohlsituierten Geschäftsmann aus dem Ausland, der seine Tochter in La Habana besucht. Neulich hat sie ihrem Papi ein paar Hemden des Europäers gebracht.

Orlandos Frau hat insofern tatsächlich Glück mit ihrem Gatten, als er sich der Verantwortung als Familienvater stellt und sie sich nie von ihm eingeengt fühlte. Die meisten ihrer Freundinnen sind alleinerziehend oder haben einen herrischen Pascha zu Hause sitzen. In letzterem Fall bestimmt dann der Dreiklang Putzen, Kochen und Bett das Eheleben. Klar, Cubanerinnen lieben den Sex, aber ohne das Spiel von Lockungen und Abweisungen ist er doch nur halb so viel wert!

Orlando hat gehört, dass es in Europa viel weniger Frauen gebe, die nur zum Spaß mit Männern ins Bett gingen. Da fühlt er sich auf Cuba dann trotz aller Einschränkungen doch wohler! Kurz vor Mitternacht torkelt er nach Hause. Zufrieden und erschöpft schlüpft er ins Ehebett und kurze Zeit später schlafen María und Orlando eng aneinandergekuschelt ein.

verbreitete Glaube an die Stärkung der Manneskraft durch ein Mittelchen namens PPG. Viele Herren schwören zeitlebens auf dieses rein pflanzliche Polyalkoholgemisch, das die cubanische Pharmaindustrie zur Senkung des Cholesterinspiegels entwickelt hat. Gegen den vermeintlich durchschlagenden Effekt spricht jedoch die Tatsache, dass keine Apotheke der Welt PPG im Sortiment hat. Möglicherweise versetzt der Glaube auch auf Cuba hin und wieder Berge. Inzwischen hat das auf dem Schwarzmarkt *(mercado negro)* erhältliche Viagra dem PPG den Rang abgelaufen.

Da die wenigsten jungen Leute über eine eigene Wohnung verfügen, nutzen sie für intime Stunden *posadas,* eine Art Stundenhotel. Wer es sich leisten kann, lädt seinen Schatz aber natürlich lieber in eine cubanischen Bürgern vorbehaltene Privatpension *(casa particular por moneda nacional)* ein.

Eheschließungen

Im mittleren Alter wächst der Wunsch nach einem festen Partner zusehends. Es gibt aber auch **materielle Anreize,** um die Heiratsfreudigkeit der Cubaner zu erhöhen: Etwa die Bevorzugung bei der Zuweisung von Wohnraum oder die sogenannte *preferencia,* d. h. ein Vorrang beim Bezug einiger Waren.

Die **Trauung** ist kostenlos und findet meist in einem speziellen gemeindlichen „Hochzeitspalast" *(palacio de matrimonio)* statt, der in jeder größeren Ortschaft vorhanden ist. Für die Fahrt zum Standesamt werden Autos geliehen und auch das weiße Brautkleid sowie das kleine traditionelle Krönchen sind meist nur geborgt. Unter Beisein der Trauzeugen leisten die Partner feierlich ihre Unterschriften und der Ring, den er für sie und sie für ihn gekauft hat, wandert von der linken (Verlobungs-)Hand an die rechte (Ehe-)Hand. Wenn der Gatte in spe es sich leisten kann, beglückt er seine Braut zusätzlich zu ihrem Verlobungsring mit einem weiteren, etwas stärkeren Ring, sodass die Dame am Ringfinger der rechten Hand zwei Ringe trägt.

Für die Honigmond *(luna de miel)* genannten **Flitterwochen,** mietet man sich gern in ein honoriges Hotel ein.

Für das eheliche Zusammenleben hat das **Familiengesetz** von 1975 die Partner verpflichtet, die im Haushalt anfallenden Arbeiten zu gleichen Teilen zu tragen. Das staatliche Fernsehen veröffentlicht hin und wieder Dokumentationen über besonders vorbildliche Ehemänner, die sich ebenso liebevoll wie ihre Frauen um Küche und Kinder kümmern. In der Praxis müssen viele Frauen allerdings ebenso geduldig sein, wie das Papier, auf dem das besagte Gesetz geschrieben steht.

Im Allgemeinen wird man sagen können, dass es in einer cubanischen Beziehung stets stürmischer zugeht als wir dies gewohnt sind. Für ein ordentliches Quentchen Dynamik sorgen dafür neben der ohnehin temperamentvollen Charaktere die Qualen der Eifersucht und die (oft berechtigten) Zweifel an der sexuellen Treue des Partners. Gehört die gelebte freie Liebe nicht auch zu Castros „permanenter Revolution"?

Von der Möglichkeit einer schnellen und unkomplizierten **Scheidung** wird häufig Gebrauch gemacht. Einzige Hürde ist die dafür anfallende geringe Gebühr.

Homosexuelle

Homosexuelle hatten auf Cuba jahrhundertelang einen denkbar schweren Stand. Vom Staat wurden sie in vielen Bereichen **diskriminiert** und die Gesellschaft war gegenüber Schwulen und Lesben alles andere als tolerant. So waren Homosexuelle mehr als einmal von den Universitäten ausgeschlossen worden.

Die Begriffe *maricón* (Schwuler) und *maricona/tortillera* (Lesbe) gelten nach wie vor als besonders schwere verbale Angriffe.

Doch hat sich die Situation seit etwa 1990 spürbar verbessert. Homosexuelle (Selbstbezeichnung: *gays*) haben zumindest in größeren Orten nicht mehr mit direkten Benachteiligungen zu rechnen. Ärger mit den Behörden bekommen sie nur, wenn diese einen promisken Lebensstil wittern. Ein entsprechender Verdacht hat für gewöhnlich die Ladung in eine Amtsstube zur Folge. Allerdings ist es auf Cuba immer noch unvorstellbar, dass ein bekennender Homosexueller Regierungsmitglied wird oder ein hohes Parteiamt bekleidet.

Prostitution

Da viele Cubaner selbst um das Überlebensnotwendige kämpfen müssen, ist Prostitution relativ weit verbreitet: *Las necesidades obligan* (die Bedürfnisse zwingen), wie es auf gut Cubanisch heißt. Die Grenze zwischen dem bloßen Anschaffen und einer lockeren Affäre ist dabei freilich schwer zu ziehen, insbesondere, wenn nicht Bargeld, sondern Sachgüter den Besitzer wechseln.

Auch die *jineteras* und *jineteros* an den Touristenstränden verlangen hin und wieder nicht direkt Bares für ihre Dienste, sondern hoffen, dass eine Liebschaft sie ins Ausland mitnimmt – und bis es soweit ist, regelmäßig ihr Handy- und Devisenkonto auflädt. Ist der Tourist oder die Touristin nicht dazu bereit, wird zumindest ein großzügiges Abschiedsgeschenk erwar-

Extrainfo 11 (s. S. 6): O-Töne einer *Jinetera* aus La Habana mit englischen Untertiteln

tet. Und wer weiß, beim nächsten Urlaub lässt er oder sie sich vielleicht doch noch überzeugen.

Ein organisiertes Bordellwesen mit mafiösen Strukturen, Zuhältern usw. ist auf Cuba seit der Revolution unbekannt.

Der Ansicht eines Urlaubsbekannten, dass alle Cubanerinnen mehr oder weniger käuflich seien, kann ich mich nicht anschließen. Der Kollege hatte sich offenbar überwiegend in einschlägigen Kreisen bewegt und einen etwas schiefen Eindruck gewonnen. Ihr Stolz und ihre Erziehung lässt den meisten cubanischen Frauen eine Karriere als *puta* (Hure) wenig verlockend erscheinen.

Besagten Stolz illustriert eine Begebenheit, die sich 1998 zugetragen haben soll: *Leonardo DiCaprio* machte auf Cuba Urlaub und sprach, in einem teuren Mietwagen sitzend, eine junge Frau an. Sie antwortete ihm, dass sie keine Zeit für eine Unterhaltung habe, da sie auf dem Weg zur Arbeit sei. Ob sie erkannt hatte, wer da ein Auge auf sie geworfen hatte, ist nicht überliefert.

AIDS

Der internationale **Tourismus** hat mit der Etablierung der Strandprostitution ein weiteres Übel auf die Insel gebracht: AIDS (spanisch: SIDA). Zwar war Cuba erstmals nach der Rückkehr von Soldaten aus Angola im Jahr 1985 mit dem tödlichen Virus in Berührung gekommen. Doch erst durch den Einfall von Millionen Touristen, darunter viele sexhungrige Männer, wurde AIDS zu einem ernsthaften Problem.

Schon Mitte der 1980er-Jahre begann man, infizierte Cubaner in **speziellen Sanatorien** zu isolieren. Besuche bei ihren Verwandten waren nur unter Aufsicht erlaubt. Diese ungewöhnlichen Maßnahmen wurden trotz ihrer Effektivität von internationalen Organisationen hart kritisiert.

Seit 1990 wird niemand mehr gegen seinen Willen in Sanatorien untergebracht. Aufgrund der ausgezeichneten medizinischen Versorgung und den überdurchschnittlichen Lebensbedingungen dort, sind nicht wenige der Patienten freiwillig geblieben.

Trotz erheblicher Anstrengungen in Richtung Prävention und Aufklärung steigt die Zahl der Infizierten. Cubanische Wissenschaftler betreiben bereits seit Jahrzehnten intensive **AIDS-Forschung.**

Verhütung

Neben den in den Apotheken *(farmacias)* verkauften äußerst preiswerten Präservativen spielen Antibabypille *(píldora)* und Diaphragma *(anticon-*

ceptivo) wichtige Rollen bei der Verhütung ungewollten Nachwuchses. Pille wie auch Spirale sind sehr kostengünstige Leistungen der allgemeinen Gesundheitsfürsorge.

Schlüpfriges

Über Sex wird auf Cuba wesentlich direkter und offener gesprochen als in unseren Breiten. Cubaner verfügen dabei über eine bunte Palette von (vulgären) Bezeichnungen für alles, was mit Erotik zu tun hat. Viele wurden aus dem Spanischen übernommen: *Coño, cojones, puta* usw. Manche, wie zum Beispiel *pinga* (wörtlich: Pflock) oder *singar* und *templar* (eigentlich: besänftigen; beides Bezeichnungen für den Geschlechtsakt), werden so nur auf Cuba verwendet.

Eine ganze Reihe von schlüpfrigen Ausdrücken sind als täglich gebrauchte Schimpfworte oder Bekräftigungen sprachliches Allgemeingut geworden. In angeregten Gesprächen wird kaum ein Satz ohne reichlich „Hoden" und „Huren" gesprochen.

Wer sich mit der Materie der cubanischen Alltagssprache, Wortspiele und kunstvollen Zweideutigkeiten eingehender befassen möchte, dem sei die Lektüre des Kauderwelsch-Bandes „Cuba Slang" empfohlen, ebenfalls im REISE KNOW-HOW Verlag erschienen.

Sterben und Tod

Die Familie lässt ihre Angehörigen auch nach deren Ableben nicht allein: In speziellen Begräbnishäusern hält sie traditionell 24 Stunden Wache *(velorio)* bei dem Verstorbenen. Bei diesen Gelegenheiten werden zu Ehren des oder der Toten stets enorme Mengen puren Rums vertilgt.

Auf dem Friedhof *(cementerio)* werden die Särge meist nicht in die Erde hinabgelassen – sie werden stattdesssen in rechteckigen Steinkammern mit schweren Steindeckeln beigesetzt.

Cubaner, die es sich leisten können, unterhalten Familiengräber. Einige Friedhöfe verfügen über Mauerkomplexe mit wabenförmig angeordneten Nischen, in die man die Särge schiebt.

Nach etwa zwei Jahren werden die skelettierten Überreste entnommen und in kleinen Steinkästen aufbewahrt, um weiteren Verstorbenen Platz zu machen.

Der Platz auf dem Friedhof ist ebenso wie die kurze Bestattungszeremonie kostenlos und die Beerdigung wird meist von einem katholischen Priester *(padre/cura)* geleitet. Krematorien sind selten.

☑ Marmor dominiert die großen Friedhofsanlagen der Kolonialzeit

Alltagsleben

◁ Viele Gebäude warten vergeblich auf ihre Generalsanierung (010cu pr)

Es gibt eine Fülle von kulturellen Phänomenen, die weltweit vorkommen, weil sie zu den grundlegenden Elementen menschlichen Lebens und Verhaltens gehören, wie das traute Heim, das Erwerbsleben, gemeinsame Mahlzeiten oder der Nachrichtenaustausch.

Diese scheinbare Gemeinsamkeit lässt den Reisenden glauben, sich auf vertrautem Terrain zu bewegen. Er nimmt diese Phänomene meist nach den Regeln der eigenen Kultur wahr und interpretiert sie entsprechend. Dabei wird leicht übersehen, dass die Form, die Bedeutung sowie die Verteilung und Häufigkeit dieser Kulturelemente nicht mit denen der eigenen Konventionen und Verhaltensweisen identisch sein müssen.

Im Folgenden wird daher gezeigt, wie *Fulano y Fulana,* die cubanischen Pendants zu dem deutschen Pärchen Otto und Lisa Normalverbraucher, durchs Leben gehen. Es wird beschrieben, wie Cubaner wohnen, Geld verdienen, ihre Freizeit verbringen, Sport treiben, einkaufen, sich ernähren, informieren, woran sie glauben und warum und inwiefern manch einer kriminell wird.

Wohnen – Bauernhäuser und Plattenbauten

Seit den 1960er-Jahren beläuft sich die offizielle durchschnittliche Monatsmiete, auch in den Städten, auf etwa 10 % eines Familieneinkommens. Durch die Wohnreform von 1960 wurden Mietzahlungen in Abzahlungen mit einer Laufzeit von maximal 20 Jahren umgewandelt, nach deren Ende die Mieter Hauseigentümer wurden. Etwa 500.000 Cubaner profitierten von dieser Regelung. Heute sind die meisten Cubaner Eigentümer des Hauses, das sie bewohnen. Der Verkauf der Immobilien ist verboten, nicht aber deren Tausch (*permuta*).

Im ganzen Land zog man (ästhetisch bedenkliche) **Wohnblocks** hoch, meist am Stadtrand, manchmal aber auch in ländlichen Gebieten. In den 1970er- und 1980er-Jahren wurden diese häufig von sogenannten „Mikrobrigaden" errichtet. Diese aus etwa 30 Freiwilligen bestehenden Trupps verwendeten unter sachkundiger Anleitung überwiegend vorgefertigte Plattenteile. Nach Fertigstellung des Baus konnten die Helfer mit ihren Familien eine Wohnung des jeweiligen Hauses beziehen. In den letzten Jahren hat der Mangel an Baumaterial zu einem starken Rückgang im Wohnungsbau geführt.

Stirbt der Eigentümer (*dueño*), fällt das Haus oder die Wohnung an die im entsprechenden Register eingetragenen Mitbewohner, meist nahe Verwandte. Unter Umständen wird nur ein Nachkomme neuer Eigentümer, während allen anderen, zum entsprechenden Zeitpunkt seit Längerem in der Wohnung lebenden Personen automatisch ein Dauerwohnrecht zukommt. Diese Regelung wurde bereits vor Jahrzehnten geschaffen, um die Wohnungsnot zu verringern.

Cubanische Adressen werden folgendermaßen angegeben: Auf den Straßennamen folgt die Hausnummer, die durch „N." oder „#" angezeigt wird. Anschließend steht entweder „esq." für *esquina* (Ecke) und der Name der jeweils kreuzenden Straße oder „e/" für *entre* (zwischen) und zwei Straßennamen. Dann kommt gegebenenfalls eine Apartmentnummer, „altos" (1. Stock) oder „bajos" (Erdgeschoss), danach der Name des Viertels (*reparto*) und am Ende der Ort mit fünfstelliger Postleitzahl.

Adrianas Studentenbude

Adriana lebt in einer Art Studentendorf, nicht allzu weit von La Habanas Altstadt entfernt. Dieser Stadtteil besteht fast nur aus Wohnheimen, in denen sowohl Cubaner als auch Ausländer untergebracht sind. Sie bewohnt mit drei Kommilitoninnen ein in zwei Bereiche geteiltes Zimmer im 3. Stock des Blocks Nr. 400. Das Gebäude, ein typisch sozialistischer Zweckbau, wirkt mit der gebleichten, inzwischen an vielen Stellen abgeblätterten Farbe ziemlich deprimierend.

An sanitären Einrichtungen finden sich in Adrianas Wohngemeinschaft ein Waschbecken, eine Toilette, ein fast blinder Spiegel und eine kleine Dusche. Der Schlaf- und Wohnbereich ist mit einem Tisch, einem Stuhl, vier Betten, zwei großen Schränken und zwei Truhen möbliert.

Adrianas Stipendium umfasst auch die Miete. Gegen einen geringen Aufpreis könnten sie und ihre Mitbewohnerinnen einen alten Kühlschrank und einen Tisch-Ventilator bekommen. Was die Kochgelegenheit angeht, hatten die vier großes Glück, denn sie haben eines der wenigen Gebäude mit Butangas-Anschluss ergattert.

Viele andere Heimbewohner behelfen sich mit selbstgebauten Kochmaschinen. Dazu wird beispielsweise ein zu einer Spirale gebogener Draht in die Rillen eines umgedrehten Blumentopfuntersetzers eingelegt. Lässt man nun mit einem selbstgebauten Stecker Strom durch den Draht fließen, beginnt die Spirale zu glühen. Damit kann man zwar nicht richtig kochen, aber immerhin.

Im Gebäude 600 wohnen die Ausländer, die ohne Stipendium studieren und daher auch ihre Miete selbst zahlen. Im Gegensatz zu den anderen Wohnheimen ist die Ausstattung (relativ) modern, es befinden sich Fliegengitter in den Fenstern und einmal in der Woche kommt eine Reinigungskraft.

In der Stadt

Über 75 Prozent der Cubaner leben in Städten, davon allein ein Viertel im Großraum La Habana. Die zweitgrößte Stadt ist mit etwa 500.000 Einwohnern Santiago de Cuba, gefolgt von Orten mit mehr als 200.000 Bewohnern wie Camagüey, Holguín, Guantánamo und Santa Clara. Bayamo, Cienfuegos, Pinar del Río, Manzanillo, Matanzas, Ciego de Ávila, Sancti Spíritus und Las Tunas haben über 100.000 Einwohner.

Die Elendsviertel, die früher die großen Städte, vor allem La Habana und Santiago de Cuba, umgaben, wurden bald nach der Revolution abgerissen. Die Bewohner der Slums siedelte man in neu geschaffene **Satellitenstädte** mit Mietshochhäusern um. Beispiele für diese Praxis sind Habana del Este und Alamar, unmittelbar östlich von La Habana.

Anders als in den meisten lateinamerikanischen Staaten wurde wenig Geld in die Hauptstadt und viel in die ländlichen Regionen gesteckt. Der morbide Charme der Altstadt von La Habana ist auch auf diese jahrzehntelange bewusste Vernachlässigung zurückzuführen. In vielen **Häusern** gibt es keine funktionierende Kanalisation, an anderen Stellen ist das manchmal aus dem 18. Jahrhundert stammende Netz der Kanalrohre völlig marode. Wenn Häuser einstürzen, bleiben die Betroffenen mangels Alternativen häufig in den Ruinen wohnen. Bei den zaghaften Sanierungsversuchen ist der Mangel an Baustoffen das größte Problem.

Die **Lebenssituation** der Stadtbevölkerung ist häufig stärker als auf dem Land von Wohnungsnot, Arbeitslosigkeit und der Versorgungskrise bestimmt. Umgekehrt bieten die Städte ungleich mehr Bildungs- und Kultureinrichtungen sowie Erwerbsmöglichkeiten.

Eine große (90 qm) komfortabel eingerichtete Wohnung im Zentrum La Habanas oder Santiagos ist für ca. 200.000 CUC zu haben. Ein kleines Häuschen in einem Vorort der großen Städte kostet 25.000 CUC, ein Zimmer gibt es ab 1000 CUC. Bevor Sie, liebe Leser, nun anfangen, von einer karibischen Villa mit Sandstrand und Palmen zu träumen, noch ein Hinweis: Cubas Grund und Boden gehört überwiegend dem Staat. Der Erwerb eines Eigenheims ist mit einer langwierigen und komplizierten Prozedur verbunden und wird Ausländern strikt verwehrt. Vom Immobilienkauf über cubanische „Strohmänner" muss nachdrücklich abgeraten werden! Schon viele Cuba-Fans haben ihr auf diese Weise „investiertes" Geld unwiederbringlich verloren.

▷ Langsam, aber stetig: auf den roten Feldwegen Westcubas

Auf dem Land

Etwa ein Viertel der Cubaner lebt auf dem Land. **Vor der Revolution** war das Leben in der strukturschwachen Provinz sozial oft nicht abgesichert. Für die meist auf Zuckerrohr- und Tabakplantagen tätigen Landlosen war gar keine oder nur unzureichende schulische und medizinische Versorgung vorgesehen.

Die Eindämmung dieser Missstände stellte eines der ersten großen Revolutionsziele dar. Neben der Agrarreform, die Kleinbauern eine Existenzgrundlage schuf, brachten Alphabetisierungs- und Bildungskampagnen sowie die Sicherung der Gesundheitsfürsorge große Fortschritte.

Heute ist insbesondere die **Lebensmittelversorgung** auf dem Land besser als in der Stadt. Auch die hygienischen Zustände heben sich oft erfreulich von denen in La Habana ab. Die bevölkerungsreichsten ländlichen Regionen findet man in den Provinzen Pinar del Río, Santiago de Cuba und Holguín.

Das Landleben auf Cuba gestaltet sich natürlich nicht überall gleich. Die Spanne reicht von „richtigen" *campesinos* (Bauern) bzw. *guajiros* (etwa: Hinterwäldler), die sich in der Abgeschiedenheit der Hügel und Berge auf ihren Fincas überwiegend selbst versorgen, bis zu den Bewohnern großer Dörfer, die oft komfortabler leben als die überwiegende Mehrheit der *habaneros* oder *santiagueros*.

Vorrevolutionäre Architektur

Im Gegensatz zu den Siboneys und den Taínos, die in schlichten, mit Kalk verputzten und Palmwedeln gedeckten Holzhütten lebten, bauten die Spanier von Anfang an auf Kalk- und Korallenstein. Die Altstadt von La Habana und das Kolonialstädtchen Trinidad wurden als besonders gut erhaltene Zeugnisse spanischer Kolonialarchitektur von der UNESCO zum Weltkulturerbe erklärt.

Zentrum eines im frühen Kolonialstil erbauten Herrenhauses ist der patio, ein Innenhof mit Säulengängen, der für die Luftzirkulation sorgte und in dessen Zentrum sich ein Brunnen befand. Häufig gab es einen zusätzlichen, kleinen Innenhof, den traspatio, in dem Hausarbeiten, wie Wäschewaschen, verrichtet wurden.

Zwischen diesen Höfen befand sich der Speisesaal. Die Familie bewohnte den ersten Stock, während im Erdgeschoss Geschäfte und Lagerräume untergebracht waren. Höhere Gebäude wurden aus Angst vor Erdbeben nicht errichtet.

Die frühen Kolonialbauten hatten oft einen kleinen Ausguck (mirador). Wer sich Holzdecken leisten konnte, ließ diese gerne mit farbigen geometrischen Mustern (alfarjes) verzieren. Der Convento de Santa Clara in der Altstadt von La Habana bietet besonders schöne Beispiele für diese „Mudéjar-Stil" genannte Pracht.

Der spanische, mit maurischen Elementen durchsetzte Barock des 18. Jahrhunderts lässt sich sehr gut in der Altstadt von Trinidad studieren. Die

bekanntesten barocken Bauwerke in La Habana sind die Kathedrale und der Palacio de los Capitanes Generales. Bürgerliche Häuser wurden zu dieser Zeit gerne mit Marmortreppen, Fliesenschmuck und Buntglasfenstern (vitrales) versehen.

Als „typisch cubanisch" kann man erst den Klassizismus des 19. Jahrhunderts bezeichnen. Fast 100 Jahre lang wurde kaum ein Haus ohne Säulenvorhof errichtet. Der cubanische Schriftsteller Alejo Carpentier bezeichnete La Habana einmal als „Säulenurwald".

Sehr beliebt waren auch schmiedeeiserne Balkon- und Fenstergitter (rejas) sowie medio-puntos genannte Buntglasbögen. Besonders schöne Beispiele für den cubanischen Klassizismus sind der Palast El Templete in La Habana und die Casa Cantero in Trinidad.

Ab etwa 1900 ließ sich die Bourgeoisie prächtige Jugendstilvillen errichten, am liebsten in La Habanas noblen Stadtteilen Vedado und Miramar.

Der Historismus des 20. Jahrhunderts stellte eine gewisse Rückkehr zur kolonialen Architektur dar. Beispiele in La Habana sind das Capitolio Nacional (Kapitol), die Estación Central (Hauptbahnhof) und das Hotel Sevilla. Nach der Revolution wurden zahlreiche Paläste und Herrenhäuser in Wohngebäude umfunktioniert. Um möglichst viele Menschen unterzubringen, war es üblich, in die hohen Räume Zwischendecken und -wände einzuziehen, sodass unter Umständen aus einem großen Zimmer eine komplette Wohnung wurde. Viele historische Gebäude befinden sich in einem katastrophalen Zustand. Man sagt, in La Habana stürze seit den 1990er-Jahren jeden Tag mindestens ein Balkon ab.

335 cu js

◁ Auf La Habanas Platz der Kathedrale

▷ Auch in touristisch relevanten Stadtteilen kommt die Restaurierung der Fassaden nur langsam voran

Arbeiten, um zu leben

Von den elf Millionen Cubanern sind offiziell knapp vier Millionen berufstätig. Allerdings bestehen seit Beginn der „Sonderperiode" in manchen Branchen mangels Beschäftigung (erheblich) verkürzte **Arbeitszeiten.** Gar nicht so selten ist auch die Aufteilung eines vollen Arbeitsplatzes auf zwei Personen, bei denen sich freie und Arbeitstage abwechseln.

Im Oktober 2010 kündigte die Regierung die baldige Entlassung von über 500.000 Cubanern aus dem Staatsdienst an. Gleichzeitig sollten die Möglichkeiten der privatwirtschaftlichen Betätigung ausgeweitet werden. Anfang März 2011 erklärte *Raúl Castro* dann, dass sich die geplanten Entlassungen um bis zu fünf Jahre verzögern würden.

Die meist **mangelnde Produktivität** der Staatsbetriebe zeigt sich unter anderem darin, dass dort nur ein geringer Teil der Cuba zufließenden Devisen erwirtschaftet wird.

Dass bei körperlich anstrengender Arbeit ausgedehnte **Pausen** gemacht werden, ist aufgrund der klimatischen Bedingungen in den Tropen verständlich. Auch am Arbeitsplatz ist vielen Cubanern ihre **Siesta** heilig.

Den Wenigsten kann man eine negative Einstellung zu ihrer Tätigkeit nachsagen. Offene Arbeitsverweigerung kommt praktisch nicht vor. Kaum ein cubanischer Arbeitnehmer wäre von dem Angebot begeistert – selbst bei weiterlaufenden Bezügen – nicht mehr in seinem Betrieb erscheinen zu müssen. Dies liegt zum einen daran, dass der Arbeitsplatz wie überall auf der Welt ein Ort der sozialen Begegnung ist und die berufliche Tätigkeit sinnstiftend wirkt. Es werden Freundschaften geschlossen, Neuigkeiten ausgetauscht, Herausforderungen gemeinsam bewältigt. Zum anderen ergeben sich bei der Ausübung der meisten Berufe ganz handfeste Vorteile bzw. Nachteile werden vermieden. Das Komitee zur Verteidigung der Revolution ist gehalten, die Arbeitsmoral jedes einzelnen zu überwachen und zu festigen.

Vor allem Jobs in den Bereichen Einzelhandel, Transport und **Tourismus** (ca. 150.000 Beschäftigte) bieten außerdem die Möglichkeit, am Staat vorbei Geld zu verdienen. Zimmermädchen nehmen mit Trinkgeldern (neuerdings ist deren Annahme eigentlich illegal) ein Vielfaches ihres offiziellen Verdienstes ein, Animateure verscherbeln (oft gefälschte) Havannas an Schnäppchenjäger und so mancher Taxifahrer kennt junge Damen, die mit Ausländern anbandeln möchten.

Aber auch in den staatlichen Betrieben kann das **Budget aufgebessert** werden. Die Anbahnung ausländischer Investitionen findet oft außerhalb der offiziellen Nachrichtenkanäle statt. Wohl dem, der sich bei Devisen-Unternehmen wie der Corporación Cimex SA (Tourismus, Immobilien,

Investment, Handel) oder Grupo Cubanacán (Hotels, Tauchzentren u. Ä.) hochgearbeitet hat und auf Insiderwissen oder gar Kontakte zu Regierungsstellen zurückgreifen kann.

In den staatlichen Betrieben geht es nicht immer ganz so selbstlos und solidarisch zu, wie sich die Väter und Mütter der Revolution das ihrerzeit vorgestellt hatten. Obwohl (theoretisch) drakonische Strafen drohen, **verschwinden immer wieder Arbeitsmittel** – beispielsweise der streng rationierte Treibstoff – auf Nimmerwiedersehen. Dabei arbeiten Beschäftigte und Wachdienste wohl häufig Hand in Hand.

Das durchschnittliche **Monatsgehalt** eines cubanischen Arbeitnehmers liegt bei etwa 500 Pesos und selbst „Spitzenverdiener" bekommen in der Regel nicht wesentlich mehr. Das sind nominell etwa 20 US$. Vor dem Hintergrund der erheblichen staatlichen Subventionen (Wohnraum, einige Grundnahrungsmittel, Transport usw.) soll dieser Betrag im lateinamerikanischen Vergleich aber mindestens 500 US$ entsprechen. Dennoch ist es vor allem in den großen Städten völlig unmöglich, allein damit über die Runden zu kommen.

In den letzten Jahren fällt ein **erheblicher Ärzte- und Lehrermangel** auf: Erstere arbeiten im Rahmen sozialistischer Bruderhilfe in befreundeten Staaten, allen voran Venezuela, letztere haben ihren Beruf mangels Devisenzugang und sonstiger materieller Anreize an den Nagel gehängt. Um eine medizinische und pädagogische Grundversorgung zu gewährleisten, setzt der Staat daher verstärkt Studenten ein. Da jedoch kaum noch jemand auf Lehramt studieren möchte, gab es bereits Phasen, in denen der Unterricht vornehmlich aus dem Einlegen von Videokassetten mit Lehrfilmen bestand (sogenannte „Teleklassen").

Besonders vorbildliche Arbeiter *(trabajadores vanguardia)* können sich bezahlten Sonderurlaub und andere Vergünstigungen verdienen. An den *murales* (Anschlagstafeln) der Betriebe stehen für alle sichtbare Informationen über die besten Arbeiter, aber auch die Namen derer, die unentschuldigte Fehlzeiten aufweisen. Über jeden Arbeiter wird ein „Führungsbuch" angelegt, in welches seine Leistungen und Verfehlungen eingetragen werden. In der ersten Zeit nach der Revolution hatte man noch auf rein moralische Anreize gesetzt, wie öffentliche Ehrungen und die Verleihung spezieller Orden. **Freiwillige Arbeitseinsätze** werden gerne gesehen und sind eine wichtige Voraussetzung für den Aufstieg in der Gesellschaft. Wer keinen devisenbringenden Job hat, nicht von Verwandten im Ausland unterstützt wird und allein auf seinen offiziellen Lohn angewiesen ist, muss trotz eventueller Prämien ziemlich **spartanisch leben** oder sich etwas einfallen lassen: Cubaner, die Platz hinter dem Haus haben, ziehen Gemüse oder halten Kleinvieh. Andere stellen in Heimarbeit Kleidungs-

Orlandos trautes Heim

Orlando, Ehefrau María und ihr Jüngster, der sechsjährige Rogelio, bewohnen, wie die meisten Leute an der Ausfallstraße nach Ciro Redondo, ein eingeschössiges, aus Zementblöcken gemauertes, weiß getünchtes Haus mit Flachdach und einem Verkehrswert von umgerechnet etwa 3000 Euro. Es steht im Eigentum von María, die es vor zehn Jahren von ihrer Großmutter übernommen hat. Gebäude aus Holz sind in diesem Stadtteil selten. Plattenbauten gibt es, Gott sei Dank, auch keine.

Früher bewohnten die Eheleute zusammen mit den beiden, inzwischen erwachsenen Töchtern eine aus Brettern gezimmerte Hütte am anderen Ende der Kleinstadt. Sie waren damals froh, dieses auch für cubanische Verhältnisse schlichte Domizil für umgerechnet 300 Euro verkaufen und verlassen zu können: Es hatte nur zwei durch einen Vorhang getrennte Wohnräume und durch die Ritzen zwischen den Brettern krabbelten Skorpione und anderes Ungeziefer in das Gebäude.

Ihr jetziges Haus hat eine massive Eingangstür, die Orlando wegen der im Laufe der Zeit angeschafften Wertgegenstände (ein älterer Kühlschrank, ein kleiner Farbfernseher, ein tragbares Kassetten-Radio, zwei große Ventilatoren und eine rustikale, mit rotem Leder bespannte Sitzgarnitur) einbauen ließ. In absehbarer Zeit möchte er seine Familie mit einem DVD-Player überraschen. Leider hat er die 30 CUC für ein gebrauchtes Gerät noch nicht beisammen.

Moderne Wunderwerke wie Telespielkonsolen, Notebooks, iPods und anderen elektronischen Luxus kennen Orlando und seine Leute nur vom Hörensagen und aus ausländischen Zeitschriften. Das Haus besitzt einen großen Aufenthaltsraum, in dem auch gegessen und ferngesehen wird, sowie zwei geräumige Schlafzimmer mit Doppelbetten. Der Wohnbereich wurde von María eingerichtet und wirkt wie ein kleines Museum. Sorgsam sind die Schätze und Andenken der Familie auf mehreren Tischchen und Regalen arrangiert: Fotos, Schmuckkästen, Urkunden, Plastikblumen, kleine Figuren, Kinderteddys und als Krönung eine antike österreichische Spieluhr.

Die weiß getünchten Wände sind mit Panoramabildern verschiedener cubanischer Strände, Bildpostkarten und Fotos der Kinder dekoriert. Auf einer kleinen Kommode steht eine Gipsfigur der „Virgen de la Caridad de Cobre" (Barmherzige Jungfrau von Cobre), der Nationalheiligen Cubas.

Das etwa drei Quadratmeter große, hellblau gefliese Bad ist mit einer Duschbrause, einem Holzbottich, einem in der Mitte durchgebrochenen Spiegel und einer Toilettenschüssel ohne WC-Sitz ausgestattet. Da das WC keinen Spülkasten hat, wird zum Abspülen ein Eimer Wasser aus dem großen Regenfass hinter dem Haus geschöpft.

Die ebenfalls gefliese Küche ist mit einem Gasherd, einer Spüle und einer großen Arbeitsfläche ausgestattet. Da sowohl María als auch Orlando gerne für sich und ihre Freunde kochen, ist reichlich Geschirr vorhanden. Auf einem Regal über der Spüle türmen sich leere Coladosen. Wird ein Behälter, etwa zur Aufbewahrung von Briefmarken oder Münzen gebraucht, schleift Orlando einfach den Dosenboden weg. Auch Aschenbecher werden auf diese Weise hergestellt.

Hinter dem Haus befindet sich unter einem kleinen Vordach der Wäschezuber und das Waschbrett. Eine Waschmaschine ist finanziell bis auf Weiteres leider nicht drin.

Alle Räume haben Steinböden. Die acht Fenster sind mit beweglichen Holzlamellen versehen. Der Abstand der Lamellen im waagerechten, also geöffneten Zustand ist so kalkuliert, dass es einem Erwachsenen nicht möglich ist, einen Arm ins Wohnungsinnere zu stecken. Nachts werden die Lamellen senkrecht gestellt und die wuchtigen Fensterläden von innen verriegelt.

Noch sicherer wären natürlich eiserne Gitter, die aber schwer zu bekommen und auch recht teuer sind. Glas in den Fenstern ist in dieser Gegend völlig unüblich. Die nächtlichen Moskitoschwärme versucht man sich mit (manchmal selbstgebauten) Ventilatoren vom Leib zu halten.

Hinter dem Haus hegt Orlando etwa 30 Kokospalmen und vier Schweine mit derzeit acht Ferkeln. Diese und der recht große Gemüsegarten dienen nicht nur der Selbstversorgung, sondern tun auch der Haushaltskasse gut. Vor allem Rote Bete („remolacha roja") findet dieses Jahr auf den Bauernmärkten reißenden Absatz. María hat Rogelio zuliebe einen kleinen Hund angeschafft. Die zottelige Promenadenmischung darf, wie auf Cuba üblich, nicht in den Wohnbereich.

Die Eheleute sind alles in allem sehr zufrieden mit ihrer Behausung. Abends sitzen sie gerne auf einer Bank vor dem überdachten Eingangsbereich und schwatzen mit den Passanten.

An die Stromausfälle, vor allem nachts, und die bedenkliche Wasserqualität haben sie sich längst gewöhnt. Da das Leitungswasser oft nur sechs Stunden am Tag fließt, haben sie wie alle, die es sich leisten können, einen großen Plastiktank („tanque") auf dem Flachdach installiert. Zu den Nachbarn, die abends häufig zum gemeinsamen Fernsehen rüberkommen, besteht ein ausgezeichnetes Verhältnis. Klar, manche feiern fast jeden Tag, aber nach zwei Uhr morgens hört man die Musik kaum noch. An einer „permuta" (wörtlich: Tausch), der auf Cuba üblichen Form des Wohnungswechsels, hat María bis auf Weiteres kein Interesse.

Richtige Sorgen bereitet ihr eigentlich nur die Straße, die keine drei Meter von der Eingangstüre vorbeiführt. Seit Rogelio krabbeln kann, haben sie ihm immer wieder eingeschärft, dass viele Fahrzeuge, vor allem große Lastwagen, mit hoher Geschwindigkeit vorbeirasen.

Langfristig will María ein weiteres Stockwerk auf das Flachdach aufsetzen lassen. Mit entsprechend viel Eigenarbeit und Hilfe durch Nachbarn und Bekannte ließe sich dieser Plan für etwa 600 CUC in die Tat umsetzen. Sie hat auch schon daran gedacht, einen der beiden Schlafräume als „casa particular" (Fremdenzimmer) für 15 CUC pro Übernachtung an Ausländer zu vermieten. Aber zum einen verirren sich leider nicht allzu viele Touristen in das verschlafene Morón und zum anderen hätte sie dann, unabhängig davon, ob Gäste kommen oder nicht, jeden Monat hohe Steuern abzuführen.

Sie wären nicht die ersten in der Gegend, denen ihr sauer Erspartes beim Versuch, im Tourismusgeschäft mitzumischen, durch die Finger rinnt.

stücke, Sandalen und viele andere Dinge her. In den Touristenorten werden Zimmer illegal an Individualtouristen vermietet. Tauschhandel und Schwarzmarkt florieren. In den Städten ist gegen harte Devisen grundsätzlich alles zu bekommen. Woher die Waren kommen, wird nicht gefragt.

Wer es auf dem vom Staat vorgesehenen Weg zu etwas bringen möchte, hat es ungleich schwerer. Zum einen darf kein Zweifel an der Treue zum Sozialismus aufkommen, zum anderen gibt es nicht allzu viele einfluss- und **privilegienreiche Positionen** zu besetzen. In der Praxis läuft noch mehr als bei uns über Klüngel. Diese verbreitete Einstellung sorgt dafür, dass nicht immer die qualifiziertesten Leute an den Schalthebeln der politischen und wirtschaftlichen Macht sitzen.

Extrainfo 12 (s. S. 6): Ein selbständiger *cocotaxista* chauffiert Touristen durch La Habanas Altstadt

Freud und Leid der Selbstständigen auf Cuba

Als der Staat Mitte 1993 nicht mehr in der Lage war, jedem einen Arbeitsplatz zu garantieren, erhielten Cubaner das grundsätzliche Recht, kleine private bzw. Familienbetriebe zu gründen. Augenfällige Massenarbeitslosigkeit war zu dieser Zeit nicht mit dem politischen System vereinbar. Diese kleinen Unternehmen verkaufen Waren eigener Produktion oder bieten Dienstleistungen aller Art an.

Das **Spektrum privatwirtschaftlicher Aktivitäten** ist breit und umfasst ungefähr 180 Berufe. 1997 gab es bereits 210.000 staatlich anerkannte *cuentapropistas* (Selbstständige), deren Zahl jedoch schnell wieder stark abnahm. Grund für den Schwund waren absurde gesetzliche Hürden und die erhebliche Steuerbelastung der Unternehmer. Da die Anhäufung von Kapital verhindert werden soll, müssen zusätzlich zu der hohen monatlichen Lizenzgebühr im Extremfall noch 50 Prozent des verbleibenden Gewinns abgeführt werden. Den ineffizient wirtschaftenden Staatsbetrieben konnte somit vorerst keine ernsthafte Konkurrenz erwachsen.

Um der Entstehung einer neuen kapitalistischen Klasse vorzubeugen, dürfen Unternehmer **nur eingeschränkt Personal** einstellen. Daher sind kleine Unternehmen in der Regel tatsächlich Familienbetriebe. Zur Not wird ein Angestellter aber auch schon mal zum (pro forma) Schwager oder Mitinhaber erklärt. In privaten Restaurants *(paladares)* zahlen Touris-

☑ Ein „cocotaxi" düst über La Habanas Uferpromenade Malecón

ten und Einheimische, die es sich leisten können, etwa zehn CUC für ein cubanisches Gericht. Viele potenzielle Betreiber von Paladares bekommen das für Ausstattung und Gebühren erforderliche Kapital von einigen Tausend CUC nicht zusammen.

Eigenwerbung gilt als kapitalistisches Teufelszeug und ist verboten. Das bloße Anbringen eines entsprechenden Hinweisschildes am Haus ist zwar mancherorts gestattet, wird aber mit einer zusätzlichen Abgabe belegt.

Die aus marktwirtschaftlicher Sicht **absurd erscheinenden Vorschriften** werden streng eingehalten, da der Staat die Lizenz wesentlich schneller wieder einzieht, als er sie vergibt.

Freizeitaktivitäten

In ihrer freien Zeit *(tiempo libre)* bevorzugen Cubaner vor allem solche Aktivitäten, die ihrer Begeisterung für Geselligkeit und Kommunikation entgegenkommen.

Orlandos Erwerbsleben

Orlando arbeitet seit seinem 15. Lebensjahr als Elektriker und Mechaniker. Seinen etwa acht Kilometer langen Arbeitsweg zum „Centro Agroindustrial", einem Staatsbetrieb, der auf riesigen Flächen Zitrusfrüchte kultivieren lässt, legt er am liebsten mit seinem Fahrrad der Marke „White Pigeon" (englisch für „weiße Taube") zurück. Er erzählt stolz, dass er es zur Feier seiner 25-jährigen Betriebszugehörigkeit geschenkt bekommen hat. Ausweislich der Schriftzeichen am Rahmen und am Sattel stammt es aus China.

Als älterer Mitarbeiter kennt er sich bestens mit der komplizierten Werkselektrik aus. Oft wird er auch außerhalb seiner Arbeitszeit gerufen, um eine der antiquierten Bewässerungspumpen oder einen Laster des veralteten Fuhrparks wieder in Gang zu setzen. Wegen seiner technischen Kenntnisse wird er auch in seiner Heimatstadt Morón sehr geschätzt. Kleine Reparaturen nebenher, die Kokospalmen und das Gemüse in seinem Garten sowie seine kleine Schweinezucht sichern ihm und seiner Familie bescheidenen Wohlstand.

In den 1980er-Jahren verbrachte er im Rahmen eines Werksaustausches einige Monate in der damaligen DDR. Obwohl ihn das Heimweh, vor allem in den sächsischen Wintermonaten, arg plagte, hat er eine gute Meinung

Musik und Tanz

Musik ist auf Cuba allgegenwärtig – von lateinamerikanischer Folklore über internationalen Rock & Pop bis hin zu Punkrock und House. Die Präferenzen liegen jedoch bei einheimischen, tanzbaren Stücken. Die ältere Generation schätzt die Rhythmen von Rumba, Bolero, Son, Danzón und Chachachá. Die cubanische Jugend steht eher auf HipHop, Rap und Techno. Seit einigen Jahren ist *Reggaetón* (örtliche Variante: *Cubatón*) äußerst beliebt. Dessen charakteristische Merkmale sind ein simpler Grundrhythmus *(dembow)*, sparsame Instrumentierung und mehrdeutige Texte. Der dazugehörige superlaszive Tanz heißt *perreo*, die international bekanntesten Künstler sind die Puertoricaner *Daddy Yankee* und *Don Omar* sowie *Pitbull,* ein US-Amerikaner cubanischer Abstammung aus Miami.

Musik ist Bestandteil und Ausdruck des cubanischen Lebensgefühls. Auch traurige Stücke und Lieder werden mit viel Engagement intoniert. Zu jeder denkbaren Gelegenheit wird das Tanzbein geschwungen *(echar un pie)*. Die Cubaner verstehen es meisterhaft, ihre Lebenslust in Musik

von den Deutschen und spricht gerne über diese Zeit. Nach seiner Meinung zur deutschen Wiedervereinigung befragt, erklärt er schmunzelnd: „Wenn nicht einmal die Deutschen dauerhaft mit dem real existierenden Sozialismus zurechtgekommen sind, wie soll das dann uns Cubanern gelingen?" Seine Vorgesetzten im „Centro" zeigen sich hin und wieder besorgt über Orlandos hohen Rumkonsum. Während der Arbeit ist dieser zwar streng verboten, aber in den häufigen Pausen schaut manchmal keiner so genau hin. Wenn er darauf angesprochen wird, erklärt er verschmitzt, dass der Staat nun einmal nur Musik, Arbeit und Rum als Rauschmittel zulasse.

Immerhin hat er es nicht nötig, einem anderen weit verbreiteten Laster anzuhängen: Noch nie hat er etwas am Arbeitsplatz mitgehen lassen („naja, höchstens mal einen Schraubenzieher oder so"). Erst letzte Woche hat ihm seine Frau, die als Wachpersonal für eine Zementfabrik arbeitet, wieder von einem unaufgeklärt gebliebenen, größeren Benzinklau in ihrem Betrieb erzählt. Seit Kurzem geht das Gerücht um, ein italienisches Unternehmen wolle sich an Orlandos „Centro" beteiligen. Obwohl ihre Löhne gleich bleiben würden, stehen er und die meisten Kollegen dieser Entwicklung positiv gegenüber. Fast alle würden ihren Arbeitsplatz behalten können und es käme neue Technik in den Betrieb. Wenn er mit 65 Jahren in Rente geht, will Orlando sich noch intensiver dem Domino-Spielen und seinen inzwischen fünf Enkeln widmen.

und Tanz zum Ausdruck zu bringen. Tanzend tauchen sie ein in eine rauschhafte Parallelwelt, die sie ihren Alltag für eine Weile vergessen lässt und ihnen neue Kraft gibt, Probleme anzupacken und zu bewältigen.

Cubaner erleben Musik anders als wir. Vor allem der **Rhythmus** wird unmittelbarer und intensiver wahrgenommen. Jedes Glied und jeder Muskel giert danach, an den Schwingungen teilzuhaben. Bei besonders beliebten Stücken hält es niemanden auf dem Stuhl. Jung und Alt setzen ihre Lebensenergie begeistert in Bewegung um. Musik wird zuerst mit den Füßen verstanden und umgesetzt, dann erst mit den Ohren gehört. Dieses intensive Musikerlebnis ist vielleicht einmalig auf der Welt und hat bisher noch jeden ausländischen Besucher fasziniert.

Die Musik der Cubaner beschäftigt sich seit jeher mit den Umständen und Problemen der Gegenwart. Die jeweils **aktuellen Texte** sind gespickt mit ironischen Kommentaren zu den Paradoxien des cubanischen Alltags. Stets beliebt sind Songs, die sich mit der Liebe und anderen starken Gefühlen auseinandersetzen.

⌂ Wo Touristen sind, wird aufgespielt: Live-Musik im Café Louvre in La Habana

Extrainfo 13 (s. S. 6): Typisches cubanisches Salsa-Musikvideo von 2013

Kleine cubanische Musikgeschichte

Die cubanische Musik entstand aus einer Mischung spanischer und afrikanischer Traditionen. Spanische Siedler hatten ihre eigenen Melodien und Musikformen nach Cuba mitgebracht. Besonders populär war dabei stets die althergebrachte Tanzmusik, insbesondere der Bolero, der Zapateo und die Guajira.

Berühmtestes Beispiel einer Guajira ist „Guantanamera", 1928 von Joseíto Fernández komponiert. In den späten 1950er-Jahren fügte Hector Angulo Zeilen aus José Martís 1891 veröffentlichten „Versos Sencillos" hinzu (siehe Seite 51).

Mit der Ankunft der ersten Afrikaner kamen gänzlich verschiedene, aber dennoch passende Aspekte hinzu. Die Stücke vom schwarzen Kontinent wurden meist von Schlaginstrumenten, z. B. der eieruhrförmigen batá begleitet.

Mit der Zeit vermischten sich spanische und afrikanische Musik, wobei die Elemente der letzteren unüberhörbar dominieren: Es sind die Perkussions-Instrumente, die den Takt angeben und ohne die in der cubanischen Musik gar nichts geht. Rumba, Son, Danzón und Trova sind die vier Grundformen, aus der alle cubanischen Musik-Stilrichtungen entstanden:

__Rumba:__ Rumba war die ursprünglichste Form schwarzer Musik auf Cuba. Ihr Rhythmus, der die afrikanischen Wurzeln beschwören und das Eintauchen in einen tranceähnlichen Zustand fördern sollte, wird durch mindestens drei Handtrommeln erzeugt.

__Son:__ Der Son vereinte erstmals schwarze und weiße Musik in einer Stilrichtung. Lasziv synkopierte Rhythmen machen seinen unverwechselbaren Charakter aus.

__Danzón:__ Der ruhigere Danzón war im 19. Jahrhundert der beliebteste Tanz der kreolischen Oberschicht. Temposteigerungen veränderten ihn zum Mambo und auch der Chachachá ging aus ihm hervor.

__Trova:__ Als Trova wurden von fahrenden Troubadouren dargebotene, liebestrunkene Balladen bezeichnet.

__Salsa:__ Die auch in Europa bekannte Salsa (wörtlich: Soße) ist eine besonders gelungene Mischung dieser vier Elemente, wobei der Son die Basis bildet. Die populärste Salsa-Band der jüngeren Vergangenheit ist die Gruppe „Los Van Van".

Verreisen

Urlaub nehmen die meisten Cubaner wegen der **Schulferien** in den besonders heißen Monaten Juli und August, in die auch der Karneval von Santiago de Cuba und die Revolutionsfeiern fallen.

Massenorganisationen und einige Großbetriebe unterhalten **Ferienheime,** in denen die jeweils Berechtigten mit ihren Familien den Sommerurlaub besonders günstig oder umsonst verbringen können.

Ältere Kinder haben manchmal die Möglichkeit, an von ihren Schulen organisierten, mehrtägigen Ausflügen aufs Land *(campismo)* teilzunehmen, für die nur ein geringer Unkostenbeitrag erhoben wird. Die Klassen mit den besten Noten bekamen diese Fahrten in wirtschaftlich besseren Zeiten vollständig gesponsert.

Seit 2012 dürfen Cubaner, die es sich leisten können bzw. von befreundeten Ausländern gesponsert werden, auch in andere Länder reisen. Der Staat behält sich allerdings vor, nicht jedem Interessenten einen Reisepass auszustellen. Außerdem bleibt die Schwierigkeit, von der Botschaft des Gastlandes ein Visum zu erhalten.

Eine andere Möglichkeit, das Ausland kennenzulernen, besteht darin, *cooperante* (eine Art Entwicklungshelfer) zu werden: Tausende qualifizierter Cubaner, in der Mehrzahl Mediziner, helfen in etwa 30 Ländern der Erde bei Problemen, die sie aus eigener Erfahrung nur zu gut kennen.

Feiern

Feiern, Partys und Discobesuche sind eine willkommene Abwechslung im oft harten realsozialistischen Alltag. Sie sind mehr noch als anderswo Höhepunkte des Gemeinschaftslebens. Die Stimmung ist dabei stets lustig und ausgelassen. Vereint im Wunsch, den alltäglichen Sorgen zu entkommen, engagieren sich alle Gäste für das Gelingen des Events. Ernste oder besinnliche Veranstaltungen sind weit weniger populär.

Eine Feier ohne Tanz ist noch weniger vorstellbar als eine ohne Alkohol. Nach ein bisschen Small Talk bei einem Becher Bier oder Rum findet sich das Partyvolk auf der (zur Not improvisierten) Tanzfläche ein. Besonders begabte Tänzer und Tänzerinnen können sich allgemeiner Bewunderung sicher sein.

Verglichen mit der herzlichen Fröhlichkeit und der oft unverhohlenen Anmache auf einer cubanischen Feier, müssen sich gerade Deutsche schwerste Partymüdigkeit vorwerfen lassen. Für die bei uns verbreiteten Feiern, auf denen zwar auch getrunken und gescherzt, ansonsten aber nur herumgestanden oder -gesessen wird, haben Cubaner nichts übrig.

Domino und andere Spiele

Domino ist mindestens so populär wie Doppelkopf und Skat in Deutschland. Wenn einige Männer mit ihren gepunkteten Steinen um eine Holzplatte oder einen Tisch sitzen, kommen nach kurzer Zeit andere dazu, die das Geschehen mit viel Hingabe kommentieren oder auch (eigentlich streng verbotene) Wetten auf den Ausgang der Partie abschließen.

In der Stadt wie auf dem Dorf wird gerne im Freien gespielt. Man hört dann schon von weitem das Klacken der Steine auf der Unterlage.

Domino wird auch von Kindern und Frauen geschätzt, wobei letztere für gewöhnlich nicht in der Öffentlichkeit spielen.

Zu Beginn der Partie ist Domino ein Glücksspiel. Doch im weiteren Verlauf wird der Spieler auf Dauer mehr Erfolg haben, der aus den bereits auf dem Tisch abgelegten und den vor ihm liegenden, nur für ihn sichtbaren Steinen sowie aus der Spielweise seiner Gegner Rückschlüsse auf die Verteilung der Steine ziehen kann und diese beim Anlegen seiner eigenen Steine berücksichtigt.

Dame *(dama)* und Schach *(ajedrez)* sind ebenfalls sehr beliebt und werden genauso gerne wie Domino in der Öffentlichkeit gespielt.

☑ Ob jung oder schon grauhaarig: Kein Cubaner ist gerne allein

Adrianas typischer Samstagabend

„*In Morón geht man am Wochenende natürlich anders aus als in La Habana. Hier in der Provinz ist es ja auch noch eher möglich, nur mit Pesos in der Tasche auszugehen.*

Wir Cubaner sind alle ziemlich filmverrückt. Wenn ich zu Hause bin, lade ich daher hin und wieder meine Geschwister ins örtliche Kino ein. Wir sind froh, dass die Stadtverwaltung den sehr niedrigen Eintrittspreis seit vielen Jahren nicht erhöht hat. Aus Sicht von etwas wohlhabenderen Leuten kostet ein Kinobesuch praktisch gar nichts.

Früher sind wir bei wichtigen Spielen gerne ins Baseball-Stadion nach Ciego de Ávila gegangen. In letzter Zeit haben wir aber leider nur noch selten einen Fahrer für die immerhin 40 km lange Strecke gefunden.

Wenn niemand in meinem Bekanntenkreis Geld hat, treffen wir uns irgendwo, unterhalten uns über unsere Probleme oder haben einfach eine gute Zeit. Meistens kann man dann doch was zu trinken und ein paar Zigaretten auftreiben. Wenn alle Anwesenden ihr Bargeld für eine Pulle Rum zusammenlegen, nennen wir das ‚hacer una ponina'.

Sofern wir schlecht bei Kasse sind, trinken ihn dann alle pur aus der Flasche oder aus kleinen Plastikbechern. Wenn es irgendwie geht, schauen wir aber schon, dass wir die Zutaten für Mixgetränke zusammenbekommen, am besten für einen leckeren Mojito.

An den Samstagen finden manchmal schon nachmittags irgendwelche Straßenfeste oder ähnliche ‚actividades' (Aktivitäten) statt. Diese werden z. B. vom örtlichen CDR oder der PCC organisiert. Auch zu Fidels Geburtstag lässt sich das CDR im Auftrag der Partei einiges zur Unterhaltung für Groß und Klein einfallen. Für kleine Kinder wird fast jeden Sonntag und vor allem am Tag des Kindes (4. April) irgendwas Besonderes geboten: Auftritte von Clowns und Puppenspielern, Pony- oder Ziegenreiten usw.

Für die Älteren organisieren die Schule, die Pioniere oder eben wieder die CDRs hin und wieder Ausflüge, Campingurlaube und matinés, eine Art Kinderdisco am Nachmittag.

Wenn Privatleute, z. B. eine Gruppe von Teenagern oder jungen Erwachsenen, eine größere Party im Kulturzentrum oder im Freien schmeißen will, muss zunächst die Erlaubnis des zuständigen CDR eingeholt werden, was aber meist eine bloße Formalie ist. Dann wird Bier und Rum für ‚moneda nacional', also Pesos, organisiert und irgendwer besorgt eine Musikanlage. Schon kann die Fiesta beginnen!

Wir haben hier auch zwei Mal in der Woche eine ganz gute Disco. Die zehn Pesos Eintritt kann sich allerdings nicht jeder leisten. Oft gibt es dort auch nur billigen Rum, pur oder mit Milch gemixt, zu trinken.

Extrainfo 14 (s. S. 6): Tanzen gehört fest zum cubanischen Lebensgefühl

Wenn ich eine Mitfahrgelegenheit kriege, besuche ich ganz gerne die Tanzabende in den Kulturzentren und Clubs von Ciego de Ávila und Ciro Redondo. Da dort besonders viel getrunken wird, kommt es vor den Läden immer wieder mal zu Schlägereien und Messerstechereien. Mir und meinen Freunden ist aber, Gott sei Dank, noch nie etwas Ernstes passiert.

In La Habana gestaltet es sich um einiges schwieriger, etwas ohne CUC zu unternehmen. Die Bars und Diskotheken, in denen man mit Pesos zahlen kann, sind bezüglich Soundanlagen und Getränkeangebot ziemlich mies ausgestattet, wenn sie überhaupt geöffnet haben.

Wenn man knapp bei Kasse ist, bleibt einem oft nicht viel anderes übrig, als Freunde zu besuchen, am Malecón entlang zu schlendern oder Kinos und Theater zu besuchen, in die man noch für Pesos reinkommt. Hin und wieder organisiert die Uni Tanzabende (‚baile') oder ähnliche Events.

Wenn ich oder eine meiner Freundinnen an ein paar CUC gekommen sind, gehen wir am Wochenende gerne in Devisen-Discos, die wenig Eintritt kosten. Dort werden bis zwei Uhr nachts recht passable Shows mit verschiedenen Alleinunterhaltern und Sängern geboten. Danach ist bis in die Morgenstunden tanzen angesagt.

Wenn uns niemand einlädt, können wir uns aber oft nur einen Cocktail oder zwei Bier leisten, von Pizza und Burgern nach US-amerikanischer Art ganz zu schweigen.

370cu om

Ja, und hin und wieder gönne ich mir mit Freunden einen Besuch im berühmten Speiseeispalast ‚Coppelia' am unteren Ende der 23. Straße in Vedado.

Den Eintritt für die Shows in den großen Hotels, wie dem „Hotel Nacional' und dem ‚Capri' oder für die Disco ‚Gato Tuerto' (Einäugiger Kater) kann ich praktisch nie aufbringen, von den bis zu 100 CUC für die weltberühmte Show im ‚Tropicana' drüben im Süden des Stadtteils Miramar ganz zu schweigen.

Allerdings war ich dort neulich mit meinem italienischen Freund, der mich dieses Jahr immerhin schon zwei Mal besucht hat. Unser Lieblingsklub ist zurzeit das ‚Rincón del Feelin' (zu deutsch etwa ‚Schmuse-Eck') im 15. Stockwerk des Hotels ‚Saint Johns'. Dort treten regelmäßig bekannte Comedians auf und man hat so einen herrlichen Blick über den östlichen Malecón und einen Teil der Altstadt!"

Fernsehen und Radio

Auf Cuba gibt es fünf Fernsehsender: Cubavisión, Tele Rebelde (wörtlich: Rebellen-TV), Multivisión sowie Canal Educativo 1 und 2 (wörtlich: Erziehungskanal). Die Reichweite des letztgenannten ist ebenso eingeschränkt wie die von einzelnen Provinzen betriebenen Regionalsender. Canal Habana wird beispielsweise nur in der Hauptstadt ausgestrahlt.

Wegen der Ausstrahlung mehrerer, meist US-amerikanischer **Spielfilme** (*películas,* kurz: *peli*) wird am Samstag bis ein Uhr nachts gesendet, an den anderen Tagen grundsätzlich bis Mitternacht. Sonntags wird ebenfalls ein Film ausgestrahlt. Neben den Spielfilmen zählen Nachrichtenshows (*noticieros*), Krimis (*policiacos*), Musik- (*musicales*) und Spielshows (*programes de participación*), Dokumentationen (*documentales*) sowie Daily Soaps (*novelas*) zu den **beliebtesten Sendungen.**

Von den **Telenovelas** flimmern jede Woche etwa ein halbes Dutzend über die cubanischen Bildschirme. Von manchen wird täglich eine Folge ausgestrahlt. Die Soaps mussten lange Zeit in Spanien, Mexiko und Brasilien eingekauft werden, doch mittlerweile hat Cuba eigene Produktionen gestartet.

Junge Leute schätzen neben den Samstag- und Sonntag-Spielfilmen vor allem die Jugendsendungen „Somos Multitud", „Arte 7", und die äußerst beliebte Samstagabendshow „23 y M" mit Moderatorin *Edith Masola*.

Für kleine Kinder werden jeden Werktag nach Schulschluss von 16.30 bis 17.30 Uhr Zeichentrickfilme (*dibujos*) gezeigt. Für fast alle jüngeren Schüler stellen diese einen Fixpunkt in ihrem Tagesablauf dar.

Internationales **Satelliten-TV** kann nur in Touristenhotels legal gesehen werden. Jedoch heißt es, dass findige cubanische Techniker aus polierten Autofelgen recht passable Sat-Schüsseln basteln. Damit kann dann beispielsweise der sehr beliebte, in Puerto Rico produzierte „Canal 23" empfangen werden.

Zwei landesweite und diverse regionale **Radiostationen** sorgen für die Ausstrahlung von Programmen auf ganz Cuba, darunter der 24-Sunden-Nachrichtensender Radio Reloj (Radio Uhr) mit besonders häufiger Zeitansage. Aus dem nahen Miami konkurrieren exilcubanische Stationen mit diesen staatlich gelenkten Sendern. Das Hören US-amerikanischer Radiostationen, beispielsweise Radio Martí, kann mit Strafe belegt werden und ist daher nicht allzu beliebt.

▷ Manche Baseballfelder liegen mitten in der Stadt

Cuba – die kleine, große Sportnation

Jeder Cubaner hat die Möglichkeit, Sport zu treiben. Baseballfelder und andere sportliche Anlagen sind recht gleichmäßig auf die ganze Insel verteilt und finden sich auch in vielen Kleinstädten.

In der Schule wird darauf geachtet, dass sich jedes Kind in allen Sportarten versuchen kann. Bei entsprechender Begabung bekommt ein Schüler die Chance auf eine Sportschule *(escuela de deporte)* zu wechseln, wo das Talent optimal gefördert und die Teilnahme an nationalen Wettkämpfen ermöglicht wird. An den Universitäten und anderen darauf spezialisierten Hochschulen kann Sport *(cultura fisica)* als Studienfach belegt werden. Setzt man die Einwohnerzahl in Relation zu den sportlichen Leistungen bei internationalen Wettkämpfen, ist Cuba die **erfolgreichste Sportnation der Welt.** Der Erfolg kommt nicht von ungefähr. Frühe Talentsichtung und professionelle Förderung sind die Grundlage für die hervorragenden Platzierungen der cubanischen Athleten.

Insbesondere im Boxen und Baseball, dem Nationalsport schlechthin, Volleyball, Fechten und in der Leichtathletik sind Cubas Sportidole seit Langem Weltspitze. So sorgt etwa die respektvoll als *morenas del Caribe* (Karibische Mulattinnen) bezeichnete Volleyball-Damennationalmannschaft immer wieder für Furore. Der auf Cuba populärste Boxer ist *Mario Kindelán* aus Palma Soriano bei Santiago de Cuba, der seine Profikarriere 2005 beendete. Der 1993 von *Javier Sotomayor* in Salamanca (Spanien) aufgestellte Weltrekord im Hochsprung (2,45 m) gilt noch heute!

340cu js

Baseball („pelota")

Die ersten Baseball-Partien trugen um 1870 cubanische Dockarbeiter und US-Matrosen aus. Da die Einkünfte aus manchen Matches in die Kassen der Unabhängigkeitsbewegung von *José Martí* geflossen sein sollen, verboten die Spanier 1895 das als subversiv betrachtete Spiel.

Nach der Unabhängigkeit von Spanien und aufgrund der ständigen Präsenz von US-Marines wurde dieser Sport dann Jahr für Jahr populärer. Heute verfügt fast jede cubanische Stadt mit mehr als 20.000 Einwohnern über ein Baseballstadion, die bei wichtigen Begegnungen stets zum Bersten gefüllt sind. Angesichts der besonderen Atmosphäre sollte man sich dieses vergleichsweise günstige Spektakel nicht entgehen lassen.

Ihre Baseball-Teams liefern den Cubanern mindestens so viel Gesprächsstoff wie die Fußball-Bundesliga den Deutschen. Oft wird man Gruppen von Männern beobachten, die sich angesichts der neuesten Ergebnisse und Insider-Gerüchte die Köpfe heiß reden.

Cubas Teilnahmen an den Olympischen Spielen stellen für das internationale Publikum die seltenen Gelegenheiten dar, einige der besten Baseballspieler der Welt in Aktion zu sehen. Cubanische Baseballstars versichern gerne und häufig, dass sie nur aus Liebe zum Sport und zum Vaterland auflaufen und am großen Geld der US-amerikanischen Major League kein Interesse haben. Aber hin und wieder können manche Spieler dann doch nicht der Versuchung widerstehen, in den USA sehr schnell sehr reich zu werden. Bisher prominentester Überläufer ist *Liván Hernández,* der sich 1995 für immer in den Norden absetzte.

Im Spiel um den Weltmeistertitel bei den World Baseball Classic 2006 unterlag Cuba in San Diego (USA) den Japanern – eine nationale Tragödie sondergleichen! Ihren Anteil am Preisgeld spendete die cubanische Mannschaft an die Opfer von Hurrikan Katrina in New Orleans und Umgebung.

Einkaufen – alltägliches Geduldsspiel

Zu Zeiten der Unterstützung durch die Sowjetunion lebten *Fulano y Fulana* (etwa: cubanische Durchschnittsbürger) bescheiden, aber ohne materielle Not. Seit Anfang der 1990er-Jahre und Ausrufung der *período especial* (Sonderperiode) mangelt es an fast allen Gütern des täglichen Bedarfs, wobei die Situation von etwa 1998 bis 2008 etwas entspannter war. Heute ist eine ausreichende Versorgung mit Lebensmitteln, Kleidung und Medikamenten nur sichergestellt, wenn man über *divisa* (eigentlich

Devisen, also US\$, Euro usw., gemeint sind jedoch CUC) verfügt. Im Jahre 1962 wurde ein Rationierungssystem für die Zuteilung von Grundnahrungsmitteln eingeführt. Diese sind in einem *libreta* genannten Heftchen aufgezählt, das bei Einkäufen in den *bodegas* (staatliche Lebensmittelläden) vorgezeigt werden muss – siehe Exkurs „Der Lebensmittelkorb der ‚libreta'" auf Seite 181.

Durch kräftige Subventionen sind die **Preise in diesen staatlichen Läden** über Jahre hinweg stabil geblieben. Auf den Bauernmärkten und auf dem Schwarzmarkt kosten die entsprechenden Produkte oft mehr als das 20-fache. Die Aufrechterhaltung der Zuteilungen verschlingt Unsummen, doch ohne die Lebensmittelkarten würden Alleinerziehende, Rentner und andere finanziell schwach ausgestattete Menschen noch größere materielle Not leiden.

Das **Libreta-System** dient somit als grobes soziales Sicherheitsnetz und soll obendrein einem „Rückfall" in den Kapitalismus entgegenwirken. In den relativ sorgenfreien 1970er- und 1980er-Jahren, in denen dank massiver sowjetischer Unterstützung reichlich Lebensmittel ins Land flossen, sah es so aus, als ob das Zuteilungsheft ausgedient hätte. Doch angesichts der Wirtschaftskrise in den 1990ern war von einer Abschaffung der Lebensmittelrationierung keine Rede mehr.

Die monatliche Zuteilung stellt schon lange lediglich eine Grundversorgung dar, die durch andere Quellen ergänzt werden muss.

In jeder größeren Ortschaft gibt es seit den 1990er-Jahren *tiendas* oder *shopies* genannte Devisenläden, in denen importierte Lebensmittel, Haushaltsartikel und andere Produkte verkauft werden. Die Preise bewegen sich in etwa auf dem in Europa gewohnten Niveau, manchmal auch darüber. Eine Flasche hochwertigen Speiseöls beispielsweise ist nicht unter umgerechnet 2 Euro zu haben. Inzwischen soll der jährliche Umsatz der *tiendas* über 1 Milliarde CUC betragen. An dieser Summe lässt sich in etwa erkennen, wie viel Geld cubanischen Bürgern aus dem Tourismusgeschäft und durch Überweisungen aus dem Ausland zufließt. In La Habana und Santiago sind auch Luxusgüter erhältlich.

Seit 1995 sind private Bauernmärkte (*mercados agropecuarios* bzw. *agromercados,* kurz: *agros*) zugelassen. Hier setzen Landwirte Erzeugnisse wie Gemüse, Gewürze und Obst gegen Pesos auf eigene Rechnung ab, wodurch sich die kritische Versorgungslage wieder etwas entspannen konnte. Natürlich werden auf den Agromercados auch gerne CUC genommen. Die Bauernmärkte gehören zu den Bereichen, in denen sich für jeden unübersehbar eine Art Kleinkapitalismus entwickelt hat. Die hier erhältlichen Güter sind, gemessen am cubanischen Durchschnittseinkommen, nicht gerade billig.

Fleisch ist nur selten zu bekommen. Viele Cubaner halten sich daher Hühner und Schweine für besondere Anlässe – notfalls auch auf einem Balkon mitten in der Stadt.

Ebenfalls problematisch ist die Versorgung mit **Kleidung und Schuhen.** Sehr schlichte Hosen und Schuhe kosten bereits mindestens zehn CUC. Soll es etwas modischer sein, ist man schnell bei 25 CUC. Cubanische Mütter entwickeln daher pfiffige Schenk- und Tauschsysteme mit Verwandten und Bekannten, um ihre Kinder halbwegs vernünftig einkleiden zu können. Schon vor Längerem verfügte der Staat wegen des Textilienmangels, dass die Schuluniform der Jungen in der Grundschule künftig aus Shorts und nicht mehr aus langen Hosen bestehen müsse.

Wenn Händler an importierte Altkleider gelangen, werden diese für etwa einen CUC aufwärts freihändig verkauft. Praktisch alle höherwertigen Artikel werden von Staatskonzernen aus Asien importiert und in den *tiendas/shopies* mit einem Aufschlag von bis zu 230 Prozent (!) weiterverkauft. Elekrogeräte sind daher erheblich teurer als z. B. in Europa.

Merenderos sind eine Kombination von Cafeteria und Kiosk, die Zigaretten, Snacks, Rum und Erfrischungsgetränke im Angebot haben. **Fliegende Händler** verkaufen unter anderem Pizza, belegte Brötchen, Speiseeis und Säfte.

Die bekannteste Schnellrestaurantkette heißt „El Rápido". Die Preise für Burger und Sandwiches entsprechen dort in etwa den in Europa üblichen.

„Cocina criolla" – cubanische Gaumenfreuden

Die cubanische Küche ist aus einer Mischung von – wen wundert's – indianischen, spanischen, afrikanischen und chinesischen Einflüssen entstanden. Und auch die Franzosen hatten, wohl über den Umweg Haiti, einen gewissen Einfluss. Die schmackhafte kreolische Küche *(cocina criolla)* ist in der Zusammenführung dieser unterschiedlichen Ernährungsgewohnheiten ziemlich einzigartig.

Die Zubereitung und der **gemeinsame Genuss der Gaumenfreuden** gehören zu den ganz großen cubanischen Leidenschaften und die Frage, wann und was man zuletzt gespeist habe, ist ein beliebtes Small-Talk-Thema. Auf dem flachen Land setzt man bei einem gestandenen Mann (also unter Umständen auch bei Ihnen, lieber Leser) Grundkenntnisse im Töten und Ausnehmen von Schlachttieren voraus. **Vegetarier** oder gar Veganer sind auf Cuba sehr selten. Lediglich in La Habana existieren einige spezialisierte Restaurants. Regelmäßig fleischlose Mahlzeiten einzunehmen gilt als Armutszeugnis.

Der Lebensmittelkorb der „libreta"

Alljährlich im Dezember erhalten Cubaner das libreta (eigentlich libreta de abastecimiento, zu Deutsch „Bezugsbüchlein") genannte Heftchen, mit dem sie in den bodegas und carnicerias (staatliche Lebensmittelgeschäfte und Metzgereien) einige Grundnahrungsmitteln zu stark subventionierten Preisen erhalten.

Die Rationen werden in regelmäßigen Abständen reduziert und umfassen derzeit (Januar 2012) pro Person monatlich 2,5 kg Reis, 2 kg Zucker, knapp 500 g Bohnen oder Erbsen, 330 g Salz, 250 g Speiseöl, 200 g Hühnchen, 200 g Soja, 125 g Kaffee, 30 Brötchen und sechs Eier. Wer 60 Jahre oder älter ist erhält 1 kg Reis, 160 g Hühnchen und fünf Eier „extra". Für Kinder bis zum siebten Lebensjahr ist Milchpulver vorgesehen.

Ferner können mit dem libreta auch filterlose Zigaretten bezogen werden – Fisch, Seife, Waschmittel und Zahnpasta wurden 2011 gestrichen.

Für Schwangere und chronisch Kranke sind Sonderrationen vorgesehen. Früher umfasste der Lebensmittelkorb unter anderem noch Cracker, Obst, Gemüse und Rum, vor der período especial obendrein eine Reihe von industriellen Produkten.

Die libreta-bodegas stehen häufig leer und selbst, wenn man nach endlosem Schlangestehen einen Großteil der Monatsration bekommen hat, reicht diese im günstigsten Fall für zehn Tage. Was darüber hinausgeht sowie alle nicht im Bezugsheftchen aufgeführten Artikel müssen anderweitig, d. h. in den CUC-Shopies, auf den Bauernmärkten oder en la calle (auf der Straße) beschafft werden.

▽ Die Auswahl in einem Libreta-Laden ist bescheiden

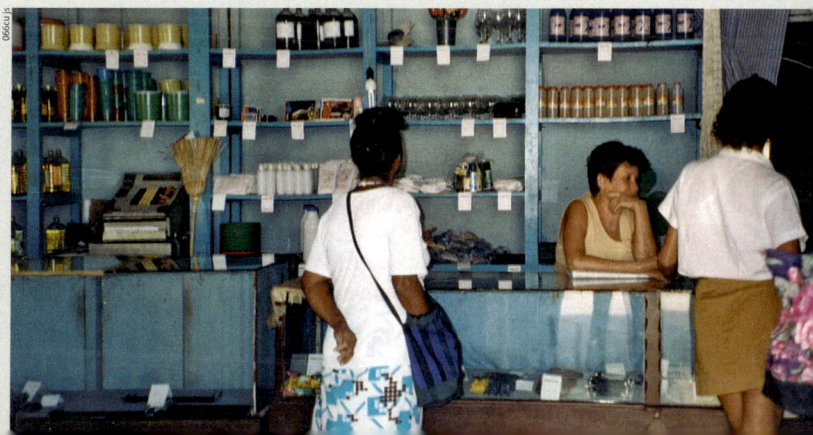

„Casas particulares": Leben unter Cubanern

Zahllose, über ganz Cuba verteilte Privatpensionen (casas particulares) bieten die Möglichkeit, günstig zu übernachten und dabei gleichzeitig das Leben in einer cubanischen Familie kennenzulernen. Die Preise pro Zimmer und Nacht reichen von 15 CUC in der Nebensaison bis zu 30 CUC und mehr, je nach Lage, Ausstattung und Service. Das Dienstleistungsangebot reicht von schlichten Kammern ohne jeden Komfort bis zu kleinen Suiten in einer restaurierten Villa, Frühstück, Abendessen und Gärtner inklusive. Wenn man mehrere Tage bleibt, kann oft ein bisschen gehandelt werden. Ein erheblicher Teil der Einnahmen ist an den Staat abzuführen: Zu der extra für diese Branche geschaffenen Umsatzsteuer kommt noch der Fixbetrag für die Lizenz pro Zimmer und Monat hinzu, der nach Regionen gestaffelt und unabhängig von der tatsächlichen Belegung zu entrichten ist.

Die Beliebtheit von **Fleisch** soll auf die Kolonialzeit zurückgehen: Die mit schwerster körperlicher Arbeit Gepeinigten wurden überwiegend mit leicht zu konservierendem Dörrfleisch verpflegt. Dies weckte den Glauben, hoher Fleischkonsum fördere Gesundheit, Stärke und Potenz. Unter anderem in Baracoa gilt das Fleisch der Riesenschildkröte als besondere Delikatesse, dasselbe gilt in den jeweiligen Verbreitungsgebieten für Krokodilfleisch. Fisch und mehr noch Langusten aus cubanischen Fanggründen sind fast ausschließlich für den Export und die Verköstigung von Ausländern vorgesehen. Restaurants, die derartige Luxuskulinaria im Angebot haben, finden sich vor allem in den Touristengegenden. Der von chinesischen Plantagenarbeitern Mitte des 18. Jahrhunderts mitgebrachte **Reis** ist Grundnahrungsmittel Nummer eins und darf bei keinem Gericht fehlen.

Die Revolution von 1959 wirkte sich auch auf die Essgewohnheiten aus: Die „haute cuisine" des Bürgertums galt lange Zeit als dekadent. In den ökonomischen Krisenjahren der 1990er-Jahre wurden Lebensmittel knapp und die Cubaner mussten sich auch am Herd auf ihr **Improvisationstalent** besinnen. In der Not kreierte man Speisen, wie Steaks aus Orangenschalen, Kroketten aus Brotkrümeln usw. Vor allem Soja, mit dem unter anderem auch Hackfleisch gestreckt wurde, galt als nutritive Allzweckwaffe: Sojalismus im Sozialismus. Inzwischen bekommt der cubanische Feinschmecker auf den Bauernmärkten und in den Devisenshops alles, was er sich wünscht – sofern er über die nötigen finanziellen Mittel verfügt.

Eine für Reisende günstige und stilechte Möglichkeit, die kulinarischen Genüsse Cubas zu entdecken, sind die inzwischen relativ zahlreichen, **Paladares** genannten Privatrestaurants. Die Köchin ist meist die Frau des Hauses, oft eine „richtige cubanische Mama (oder Oma)" mit jahrzehntelanger Erfahrung in der hohen Kunst des Backens und Bratens.

Übernachtet man **in Privatunterkünften,** wird man gegen ein geringes Aufgeld auch mit Speisen und Getränken versorgt. Da hierfür eigentlich eine besondere staatliche Konzession benötigt wird, sollte man diesen Service in der Öffentlichkeit diskret verschweigen, um der Gastfamilie keinen Ärger mit der Obrigkeit zu bescheren.

Typische Speisen

Beliebte Vorspeisen sind Krabbensuppe *(sopa de camarones)* und Krebssalat *(enchilada de cangrejos)*. *Ajiaco* ist eine kräftige, cremige Suppe, von der es heißt, dass sie Tote aufwecke. Fast so dick wie Mus, enthält sie alle möglichen Knollen und Früchte der Insel, die miteinander vermengt auf kleinem Feuer gekocht werden.

Überhaupt ist das Vermischen eine der kennzeichnenden Eigenheiten der cubanischen Küche und erinnert an das Durch- und Miteinander der Ethnien auf Cuba.

⌃ Leckeres Fischgericht mit typischen Beilagen

Das verbreitetste Hauptgericht nennt sich *criollo* und besteht aus Reis (*arroz*), Bohnen (*frijoles*), Schweinefleisch (*carne de cerdo*) und Maniok (*yuca*). Weitere typische Kreationen sind *Arroz congrí*, eine Mahlzeit, die ebenfalls auf weißem Reis und bunten Bohnen basiert, sowie die beliebte Variante *Moros y cristianos* (wörtlich: Mohren und Christen) mit schwarzen Bohnen, die Islam und Christenheit auf dem Teller zusammenschließt. Cubanischer Schweinebraten (*lechón asado*) wird gern an Festtagen serviert. Sehr verbreitet sind das traditionelle Gericht *ropa vieja* (Suppenfleisch, Tomatensoße, Bohnen, Reis und Beilagen) und Reis mit Hühnchen (*arroz con pollo*). Kreolisches Huhn wird mit einer Sauce (*salsa*) aus Tomaten (*tomate*), Zwiebeln (*cebolla*) und Knoblauch (*ajo*) zubereitet. Als Beilage findet häufig Mais (*maíz*) Verwendung. Ebenfalls beliebt sind gegrilltes Hähnchen (*pollo frito*), Hackfleisch (*picadillo*) und Spiegelei (*huevo frito*). Eintopf (*ajiaco*) mit Schweinefleisch, Süßkartoffeln, Maniok, Ají-Pfeffer und Knoblauch wird vor allem in Zentralcuba sehr geschätzt.

Eines der populärsten cubanischen Fischgerichte heißt *pescado en escabeche* (marinierter Fisch), bei dem vorzugsweise auf Sägefisch (*pez sierra*) zurückgegriffen wird.

Viandas ist der Oberbegriff für eine ganze Reihe von stärkereichen Knollengewächsen, die gekocht oder frittiert als Beilagen dienen: Kochbananen (*plátano*), Kartoffeln (*papa*), Süßkartoffeln (*boniato*), Maniok (*yuca*) und *taro*.

Zwei Klassiker der cubanischen Küche

„Arroz con pollo" (Reis mit Hähnchen)

Zutaten: 1 ganzes Hähnchen, 500 g Reis, 150 g Erbsen, 100 g eingelegte rote Paprikaschoten, 1 grüne Paprikaschote, 1 Zitrone, 1 Zwiebel, 2 Knoblauchzehen, 2 EL Öl, 2 EL Tomatenmark, 1 TL Safran, 2 Lorbeerblätter, 3 EL Wein, 2 Liter Hühnerbrühe und eine Prise Salz

Knoblauch klein schneiden und mit Zitronensaft auf das geviertelte Hähnchen streichen. Zwiebel und Paprika zerkleinern. Hähnchenstücke im zuvor erhitzten Öl braun braten. Paprika, Zwiebel, Tomatenmark, Lorbeerblätter, Salz, Safran, Hühnerbrühe und Weißwein hinzufügen und kochen. Schließlich den Reis umrühren und alles bei mittlerer Hitze zugedeckt garen. Sobald der Reis weich ist, die Erbsen unterrühren und das Ganze mit der eingelegten Paprika garnieren.

Que aproveche! - Guten Appetit!

In vielen Gerichten spielt das leicht zu verarbeitende Maismehl *(harina de maíz)* eine wichtige Rolle.

Gekochten Bananenbrei mit Salz nennt man *fufú de platano,* zerstampfte Kochbananen *tachino.* Köstlich sind auch gebratene, fein geschnittene Kochbananen *(chicharrita).* Die fingerdicke Version heißt *tostones.* Diese werden erst angebraten, dann in Packpapier eingewickelt und mit der Faust platt geschlagen bevor man sie durchgart .

Beliebte Nachspeisen sind Pudding mit Karamell- *(flan)* oder Vanillegeschmack *(natilla),* Bananen mit Zimt *(canela)* und fettiges Zuckergebäck *(churros).* Speiseeis kennt viele verschiedene Geschmacksrichtungen. Man erhält es in den *coppelias* genannten Eisdielen, an vielen Kiosken und manchmal auch bei Privatleuten.

Aufgrund seiner geografischen Lage herrscht auf Cuba kein Mangel an tropischen Früchten: Ananas *(piña),* Grapefruits *(pomelo),* Guaven *(guayaba),* Kokosnüsse *(coco),* Orangen *(naranjas),* Zitronen *(limón),* Mangos *(mango)* und Papayas, um nur einige zu nennen. Letztere sollte man auf Cuba lieber *fruta bomba* nennen: *Papaya* ist eine sehr gebräuchliche, zotige Bezeichnung für den weiblichen Intimbereich.

Zucker wird nach wie vor auf riesigen Plantagen angebaut und spielt nicht nur bei der Rumherstellung eine wichtige Rolle. Er wird, jedenfalls für den europäischen Geschmack, bei vielen Speisen und Getränken in übertriebenen Mengen genossen. Reichlich Zucker wird nicht nur Milch,

„Arroz congrí" bzw. „Moros y cristianos" (Reis mit bunten bzw. schwarzen Bohnen) für acht Personen

Zutaten: 500 g Reis, 250 g Bohnen, 250 g Schweinefleisch, 250 g Zwiebeln, 70 g Speck, 3 Knoblauchzehen, eine scharfe Paprikaschote, 4 EL Schweineschmalz, 4 TL Salz, ½ TL Oregano, ½ TL Kümmel, eine Prise Salz sowie 5 Tassen Wasser Die Bohnen über Nacht einweichen oder zusammen mit einer Knoblauchzehe mindestens zwei Stunden in Wasser kochen, bis sie weich sind. Das Wasser bis auf drei Tassen abgießen. Schweinefleisch klein schneiden und langsam anbraten, um das Fett auszulassen. Darin Zwiebeln und Knoblauch mit Paprika gewürzt andünsten. Gewürze in einer separaten Pfanne anbraten, im Mörser zerstoßen und mitsamt Bohnen, Restwasser und Salz beifügen. Den Reis anbraten. Wenn die Bohnenmischung anfängt zu kochen, den angebratenen Reis mit der Hälfte des Specks hinzufügen. Bei mittlerer Hitze zugedeckt köcheln, bis der Reis weich ist. Vor dem Servieren den restlichen Speck dazugeben. El sabor del Caribe – der Geschmack der Karibik!

Orlando im Schlaraffenland

„Frühstück (‚desayuno') ist mir nicht so wichtig. Wenn mir meine Frau kein leckeres, mit ordentlich Fett ausgebratenes Omelett macht, trinke ich meistens nur ein Glas sehr starken Kaffee. Früher habe ich dazu ein paar ‚Popular' ohne Filter geraucht, aber mein Arzt meint, dass ich entweder das Rauchen oder den Kaffee aufgeben muss, wenn ich das Rentenalter erreichen will. Zum Kaffee passt natürlich etwas Süßes ganz gut, aber meistens haben wir nichts im Haus.

Während der Tageshitze esse ich gewöhnlich gar nichts. Gegen den Durst hilft kühles Wasser, am besten aus einem Metallbecher oder einem Tonkrug. Auch ‚guarapo' (Zuckerrohrsaft) mag ich ganz gerne. Wenn mich die Kollegen auf einen Rum einladen, sag ich nur selten nein. Hin und wieder gebe ich auch selbst eine Flasche aus. Obwohl ich weiß, dass das Zeug schädlich ist, lasse ich mir manchmal ‚ron de noventa' (neunzigprozentigen Schnaps) andrehen.

Wenn ich Spätschicht habe, bringt mir eine meiner Töchter gegen Abend etwas frischen Eintopf oder eine Schüssel ‚gazpacho' (Suppe aus Brot, Öl, Essig, Knoblauch, Zwiebeln und Gurkenscheiben) in den Betrieb.

Wenn ich es mir leisten könnte, würde ein perfektes, abendliches Bankett, natürlich zusammen mit der ganzen Familie und ein paar guten Freunden, so aussehen: Reis darf auf keinen Fall fehlen. Ist ja so etwas wie unsere Nationalspeise. Eine schwarze Bohnensuppe und gekochter Maniok sollten unbedingt dabei sein. Nudeln wären auch nicht schlecht. Die Kinder lieben diese teuren, aus Europa importierten Spaghetti. Dazu passen Erbsen, Linsen und weiße Bohnen.

Als Hauptgang dann stark gewürztes Rindfleisch. Oder noch besser Spanferkel (‚puerco en pua'), über Guavenholz gebraten! Eier müssten nicht unbedingt aufgetischt werden. Die esse ich ja oft genug morgens. Meiner Frau zuliebe sollten auch Gemüse und Fisch, beides am besten gebraten, dabei sein. Ja und Langusten wären klasse! Ein Arbeitskollege kann welche für einen CUC das Stück besorgen.

Außerdem Weizenbrot und Butterkekse. Für die Kinder noch Cola und Limo. Meine bessere Hälfte und ich würden Bier trinken, am besten Cristal oder Importbier. Auf keinen Fall diese Brühe, die man ab und zu drüben in der Stadt an diesem Tanklaster fast umsonst zapfen kann.

▷ Vegetarier gibt es auf Cuba nur wenige

Zum Nachtisch dann Pudding oder irgendwas mit Zucker und Fett Zubereitetes, zum Beispiel gezuckerte Bananenchips oder süße Küchlein. Lecker sind auch Tamarindenzungen (das herb-süße Mark einer fleischfarbenen Frucht). Ein starker heißer Kaffee würde das Ganze abschließen. Hmm, nach so einem Festmahl würde ich mir entgegen aller guten Vorsätze bestimmt mal wieder eine Havanna anstecken wollen.

Normalerweise sieht meine ‚cena' (Abendessen) aber ein bisschen anders aus. Große Essen sind schon seit langem ein Luxus, den wir uns allenfalls einmal im Jahr leisten können.

Bei Reis, Bohnen und Maniok machen wir momentan keine Abstriche. An Fleisch gibt es, wenn überhaupt, Huhn und Konserven. Ab und zu Nudeln cubanischer Produktion. Auf den Kaffee danach verzichten wir eigentlich nie.

Wenn niemand Lust auf Kochen hat, essen wir manchmal Pizza an einem fahrbaren Stand. Ist zwar nicht gerade billig, aber hin und wieder muss man seinen Leuten ja etwas bieten.

Im örtlichen Peso-Restaurant waren wir schon lange nicht mehr. Bei unserem letzten Aufenthalt dort vor gut einem Jahr hatten sie nur diese fettigen Kroketten und so eine gelbe Paste aus der Dose. Kann sein, dass der Laden inzwischen dicht gemacht hat.

Auf Armeleuteessen wie z. B. minderwertigen Reis mit Tomaten-püree mussten wir eigentlich nur in der ‚período especial' zurückgreifen. Damals in den 1990er-Jahren machte ein müder, aber leider zutreffender Witz die Runde: ‚Was sind die drei größten Probleme der Revolution? – Die Sicherstellung von Frühstück, Mittag- und Abendessen.'

Wir waren damals alle Zwangsvegetarier. Viele haben Hunger gelitten. Manche Leute sollen sich sogar an streunenden Hunden und Katzen vergriffen haben."

Joghurt, Tee und Kaffee beigefügt, sondern oft noch zusätzlich zu ohnehin schon stark gezuckerten Speisen und Getränken gereicht. Sogar gesüßte Bohnen gelten mancherorts als Delikatesse. Kein Wunder, dass Cubaner jedwedes Zuckerwerk sehr schätzen. Der durchschnittliche Pro-Kopf-Verbrauch an Zucker ist dementsprechend sehr hoch.

Getränke – es muss nicht immer Rum sein!

Auf der „Rum-Insel" Cuba findet man eine Reihe erstaunlich guter einheimischer Biermarken, wie etwa *Cristal, Bucanero* (wörtlich: Pirat) und *Mayabe*. Seltener begegnet man dem in El Cotorro hergestellten und nach dem Führer eines Indianeraufstandes benannten *Hatuey,* dem ebenfalls empfehlenswerten *Tínima* und lokalen Sorten wie *Princesa* (Pinar del Río) oder *La Matancera* (Matanzas).

Ein typisches nicht alkoholisches Getränk ist Zuckerrohrsaft *(guarapo)*. In den *casas de infusiones* genießt man keine Infusionen, sondern Tee (*té* oder *yerba buena*). Dieser wird gerne mit etwas Limone versetzt.

Fruchtsäfte *(jugos)* und Milchshakes *(batidos)* sind sehr beliebt. Und auch die Erzeugnisse US-amerikanischer Brausegiganten sind, über Kanada oder Mexiko importiert, zu bekommen. Wer möchte, kann auf cubanische Colamarken wie *Tropicola* und *Tucola* ausweichen, die auch in einer zuckerfreien *(dietética)* Variante erhältlich sind.

☑ Wohl bekomms! An den Hotelbars bleibt kein Cocktail-Wunsch unerfüllt

Einmaleins des Rumgenusses

Rum gibt es grundsätzlich in drei Altersstufen: Den dreijährigen carta blanca, den fünfjährigen carta de oro und den siebenjährigen añejo. Je älter der Tropfen, desto weicher sein Aroma. Der añejo (und insbesondere der sehr teure 15-jährige) ist dabei durchaus mit einem edlen Kognak vergleichbar. Carta blanca bietet sich für das Mixen von Cocktails an. Die anderen genießt man pur oder auf Eis.

Aus Rum, Eis und anderen Zutaten werden die berühmten cubanischen Cocktails gemixt. Populär sind neben zahlreichen anderen:

- **Canchánchara** *(Honig, Limonensaft und Mineralwasser)*
- **Cuba Bella** *(Granatapfelsirup, Pfefferminzlikör, Limonensaft und Früchte)*
- **Cubanito** *(Limonensaft, Zucker und Kakaolikör)*
- **Isla de Pinos** *(Wermut, Zucker und Grapefruitsaft)*
- **Mary Pickford** *(Ananassaft und Granatapfelsirup)*
- **Piña Colada** *(Ananassaft, Kokosnusscreme)*
- **Saoco** *(Kokosmilch)*
- **Zombie** *(drei verschiedene Rumsorten, Zitronen- und Orangensaft, Granatapfelsirup und Früchte)*

Die wohl bekanntesten Rum-Mixgetränke sind Cuba Libre, Daiquirí und Mojito:

- **Cuba Libre:** *Der weltweit beliebte Cuba Libre wurde von US-Soldaten im Verlauf des zweiten Unabhängigkeitskrieges kreiert: Einfach 60 ml Rum mit Cola auffüllen und zwei oder mehr Eiswürfel beigeben.*
- **Daiquirí:** *In der Nähe der gleichnamigen Ortschaft erfunden, ist dieser Cocktail denkbar einfach zuzubereiten: 4 EL Zucker in der gleichen Menge Limettensaft auflösen und diesen mit 45 ml Rum mischen, der zuvor im Mixer mit 3 EL zerriebenem Eis versetzt wurde. Fertig!*
- **Mojito:** *Afrocubanische Zwangsarbeiter sollen bereits vor Jahrhunderten auf die Idee gekommen sein, Rum mit Minze zu mischen. Ihre Peiniger waren von der Mischung angetan und ergänzten sie mit Limettensaft.*
  Zutaten: Saft einer halben Limone, 1 TL Zucker, 5 Minzblättchen, 6 cl weißer Rum, gestoßenes Eis und Sodawasser
  Idealerweise werden kleine, dunkelgrüne (kreolische) Limetten verwendet. Die für echten Mojito am besten geeignete Minzsorte wird auf Cuba yerba buena (wörtlich: gutes Kraut) genannt.
  In einem Cocktailglas den Zucker mit dem Limonensaft gut verrühren, Minzblättchen beigeben und mit einem Löffel leicht zerdrücken. Das Ganze mit Eis, Rum und Sodawasser auffüllen, umrühren und mit weiteren Minzblättchen garnieren. Salud! – Wohl bekomms!

Hemingway: „My mojito in La Bodeguita – My daiquirí in El Floridita"

Ernest Miller Hemingway, 1899 in den USA geborener Schriftsteller und Literaturnobelpreisträger, lebte 22 Jahre auf Cuba. 1928 besuchte er die Insel zum ersten Mal. Die zwanglose, sinnliche Atmosphäre, die er vorfand, erschien ihm als das beste Gegengift für seine puritanische Herkunft. In La Habana und Umgebung kann man bis heute vielerorts auf des Meisters Spuren wandeln. Cuba ist Schauplatz einiger seiner berühmtesten Werke, darunter „Der alte Mann und das Meer". Von den Einheimischen liebevoll „Ernesto" oder „Papá" genannt, ist er nach wie vor der beliebteste yanqui (von Yankee) der Insel. Von Fidel Castro heißt es, er habe als Guerillero gerne in „Wem die Stunde schlägt", Hemingways Epos über den spanischen Bürgerkrieg, geschmökert. 1938, nach der Rückkehr aus eben jenem Krieg, mietete sich Hemingway für einige Zeit in das Zimmer 511 des gediegenen Hotels „Ambos Mundos" in der Calle Obispo ein. Von hier aus konnte der trinkfeste Schriftsteller bequem in seine Lieblingsbars spazieren.

Vor allem Daiquirí und Mojito hatten es ihm angetan. In der „Bodeguita del Medio" findet man Hemingways berühmte handschriftliche Widmung unter Glas: „My mojito in La Bodeguita del Medio and my daiquirí in El Floridita". Ein nach heutigen Maßstäben unbezahlbarer Werbegag.

„El Floridita" behauptet von sich, die Wiege (la cuna) des Daiquirí zu sein. Hemingway hat dieses Getränk nicht erfunden, aber reichlich davon konsumiert und mit der eindringlichen Schilderung dieses Cocktails zu dessen weltweiter Popularität und Verbreitung beigetragen.

In seinem Roman „Inseln im Strom" gerät er ins Schwärmen:

„Er hatte doppelte Daiquirís getrunken, von den großen, die Constante in überfrorenen Gläsern servierte, sodass sie nicht nach Alkohol schmeckten und wenn man sie herunterkippte, schmeckten, als führe man mit Skiern einen verschneiten Gletscher hinunter … Er trank noch einen gefrorenen Daiquirí ohne Zucker und als er das schwere, frostbeschlagene Glas hob, sah er die klare Schicht unter dem geraspelten Eis und sie erinnerte ihn ans Meer. Das geraspelte Eis sah aus wie das Kielwasser eines Schiffes und das Klare darunter sah wie das Bugwasser aus, wenn der Steven es zerschnitt und das Schiff in flachem Wasser war."

Zeitzeugen berichten, dass der Autor nach 15 bis 20 Glas von diesem Getränk gerne in die Bodeguita del Medio aufbrach, um sich dort auch noch

▷ Der bronzene „Hem" hat den Tresen des El Floridita noch nie verlassen

den ein oder anderen Mojito auf die Lampe zu gießen. Nach etwa 15 Minuten sollte er dort vermutlich angekommen sein. Es empfing ihn ein kleiner Raum, links die schwarze Theke, davor hölzerne Barhocker, rechts an der Wand ein paar kleine Tische. In der ersten Etage und nebenan gab es weitere Räume, in denen gegessen werden konnte. Unten in der Kneipe bestellte Hemingway die Mojitos, die seinen mörderischen Durst löschten.

1940 kaufte er für sich und seine dritte Frau, die Journalistin Martha Gellhorn, mit 18.500 US$ in bar die „Finca Vigía", eine ehemalige Rinderfarm mit Blick über die Stadt. Die berühmtesten Schriftsteller und Filmstars pilgerten zu seiner Finca, etwa um ihn auf seinen ausgedehnten Angelausflügen mit der eigens für ihn angefertigten Luxusjacht „Pilar" zu begleiten. Diese lag im Fischerdorf Cojímar, etwa 16 km östlich von La Habana und heute ebenfalls Pilgerstätte für Hemingway-Fans, vor Anker. 1954 erhielt er den Literaturnobelpreis. Die Medaille widmete er der Nationalheiligen Cubas, der Virgen de la Caridad del Cobre (Barmherzige Jungfrau von Cobre). Was Hemingway von der cubanischen Revolution hielt, wird heiß diskutiert. Sicher ist, dass er von der Männlichkeit und Verwegenheit der Guerilleros fasziniert war und Batista verabscheute.

In einem privaten Brief bezeichnete er den Umsturz auf Cuba als „gute und redliche Revolution". Politik war kein Thema, als er Fidel Castro 1960 beim Hemingway-Angelwettbewerb in La Habana begegnete. Fidel gewann eine Reihe von Preisen und Ernesto verlieh die Trophäen. Im selben Jahr musste sich Hemingway wegen einer Krebserkrankung einer Behandlung in den USA unterziehen. Als diese erfolglos blieb, nahm er sich am 2. Juli 1961 in Idaho (USA) das Leben. Der Bildhauer José Villa Soberón sorgte inzwischen für die Rückkehr Hemingways in eine seiner beiden Stammkneipen: 2003 wurde im „El Floridita" eine lebensgroße Bronzestatue des Schriftstellers errichtet. Sie steht dort in derselben Ecke, in der Ernest Hemingway über zwei Jahrzehnte hinweg seinen Lieblingsplatz hatte.

068cu js

Cubaner lieben starken schwarzen Kaffee *(cafecito, café criollo)*, den man meist in kleinen Gläsern oder Tassen serviert. Aber auch *café con leche* (Kaffee mit heißer Milch) wird sehr gerne getrunken. Die gebräuchlichste Röstung heißt Cubita und wird mithilfe eines Espressokochers *(cafetera)* aus Aluminium auf der Herdplatte zubereitet. Rum *(ron)* ist ja bekanntermaßen seit Längerem das alkoholische Nationalgetränk Cubas. Noch vor 200 Jahren galt er allerdings als minderwertiges Piratengesöff. Das änderte sich erst, nachdem der nach Santiago de Cuba ausgewanderte spanische Weinhändler *Fernando Bacardi* die Herstellung mittels Holzkohlenfilterung und Reifezeit in Eichenfässern verfeinert hatte.

Bacardi y Compañia, 1862 gegründet, betrieb die erste Destillerie in einem Gebäude, dessen Dachgebälk von Fledermäusen bevölkert wurde. Die Tiere sind bis heute das Markenzeichen des Unternehmens. Bacardi war auf Cuba jahrzehntelang gleichbedeutend mit Rum. Dies änderte sich, als die Bacardi-Familie nach der revolutionsbedingten Enteignung ihrer Fabriken nach Puerto Rico ausgewandert war, wo sie ihr Rum-Imperium neu begründete. In den folgenden Jahrzehnten taten sich die Nachfahren von *Don Fernando* jahrzehntelang unverhohlen bei der Unterstützung rechter Exilcubaner hervor.

Bis man ein Glas *Havana Club* (oder eben *Bacardi*) genießen kann, hat der Rum eine langwierige Herstellungsprozedur hinter sich: Zunächst wird Zuckerrohrmelasse, also der aus dem etwa unterarmdicken Stängel der Pflanze gewonnene Brei, mit destilliertem Wasser und Hefe versetzt. Unterschiedliche Hefekulturen verleihen den verschiedenen Rummarken dabei ihren jeweils typischen Geschmack. Die Mischung wird anschließend etwa 30 Stunden lang fermentiert. Daran schließt sich die Destillation an, d. h. die Melasse wird erhitzt und Alkohol und Wasser werden getrennt. Es folgt eine Holzkohlefilterung, die letzte Unreinheiten beseitigt. Das nun vorliegende *aguardiente,* eine Flüssigkeit mit einem Alkoholgehalt von etwa 75 %, lässt man mindestens zwei Jahre lang in Eichenfässern reifen. Diese sollten innen ausgebrannt sein, um dem Rum Fülle und Aroma zu verleihen. Während der Reifezeit verdampft ein Teil des Alkohols. Luftfeuchtigkeit und Außentemperatur spielen für die Qualität des Endprodukts eine wichtige Rolle. Anschließend wird der Inhalt der Fässer mit Quellwasser auf einen Alkoholanteil von 40 % gebracht und ein weiteres Mal gefiltert. Die pur getrunkenen Sorten müssen mindestens fünf Jahre reifen. Dabei gilt: Je länger die Reifezeit, desto edler und teurer.

Cubaner, die sich Rum nicht leisten können, weichen im Allgemeinen auf ebenfalls *aguardiente (wörtlich: brennendes Wasser)* genannten Zuckerrohrschnaps aus, der unter der Hand schon für weniger als 1 CUC pro Flasche zu bekommen ist.

Extrainfo 15 (s. S. 6)**:** Kurze Videoreportage zum Lifestyle der cubanischen Jugend mit vielen O-Tönen

Lifestyle der Jugend

Hinsichtlich **Mode und Styling** orientiert sich die cubanische Jugend gern am Ausland. Welche Klamotten in Europa und den USA der letzte Schrei sind, weiß man aus entsprechenden Zeitschriften, dem Fernsehen und unter Umständen aus dem Internet. Natürlich wird auch registriert, wie sich Touristinnen und Touristen kleiden.

Grundsätzlich bevorzugen junge Cubaner beiderlei Geschlechts enge, **figurbetonte Kleidung.** Besonderer Beliebtheit erfreuen sich dabei immer noch die Designs des US-Labels „Ed Hardy". Ein großes Problem ist der Kostenpunkt, denn modische Schuhe, Hosen, Röcke und Kleider sind kaum unter 25 CUC zu bekommen.

Praktisch alle Cubaner sind begeisterte Tänzer. Der seit einiger Zeit angesagteste **Tanz** bei den Jungen und Junggebliebenen ist der sogenannte „Casino".

Die meisten cubanischen Zigarettenraucher können sich auf Dauer nur die lokalen Marken „Popular", „Criollo", „Aroma Suave", „Serrano" und „Minero" leisten, die allesamt filterlos sind. *„Popular con filtro"* (mit Filter) sowie die beliebten „H. Upmann" kosten deutlich mehr.

Für die meisten unerschwinglich sind die Filterzigaretten der Marke „Hollywood". Das cubanisch-brasilianische Joint Venture BRASCUBA vertreibt unter dieser Bezeichnung eine „starke" (rot), eine „leichte" (blau)

⌄ An der Maniküre wird nicht gespart

und eine mit Menthol versetzte Sorte (grün). Importierte US-amerikanische Marken sind wesentlich teurer.

Cubanisches Spanisch und typische „Cubanismen"

Das Spanisch der Cubaner (scherzhaft: *cubañol*) unterscheidet sich nicht nur vom europäischen Hochspanisch *(castellano),* sondern auch von dem der anderen lateinamerikanischen Länder.

Den Latinos gemeinsam ist, dass statt des persönlichen Fürwortes der zweiten Person Plural „vosotros" (ihr) für gewöhnlich „ustedes", die Form für die höfliche Anrede, verwendet wird. Entsprechend wird auch das Verb in die dritte Person Plural gesetzt.

„Wo geht ihr hin?" heißt auf Hochspanisch also „¿Adónde vaís (vosotros?)" Latinos fragen hingegen: „¿Adónde (se) van ustedes?" Eine der in Spanien üblichen sechs Konjugationsformen, nämlich die auf -áis/-éis endende, wird also nicht benutzt.

Jedes mittel- oder südamerikanische Volk hat seine eigenen Redewendungen und Wortschöpfungen. Diese sind zum einen Überbleibsel afrikanischer und indianischer Sprachen (*guagua,* das in vielen Ländern Lateinamerikas und auf den Kanaren gebräuchliche Wort für „Omnibus" ist beispielsweise indianischen Ursprungs). Zum anderen haben Latinos große Freude daran, neue Wörter und Redewendungen zu erfinden bzw. vorhandenen Begriffen weitere Bedeutungen zu geben.

Aussprache und Klang

Cubaner sprechen laut und schnell. Endsilben entfallen oft ganz oder verschmelzen mit der vorletzten Silbe. Besonders betroffen davon sind das „g", das „d" und das „s". *Descarado* (unverschämt) zum Beispiel, hört sich in der Umgangssprache etwa wie *descarao* an. Gerne werden auch ganze Wörter weggelassen oder miteinander verbunden: „Voy pa'llá" statt „Yo voy para allá" (Ich gehe dorthin). Anders als in Spanien wird ein „c" vor „e" und „i" nicht wie das englische „th", sondern eher wie ein deutsches „ß" ausgesprochen. Ein „h" am Wortanfang wird nicht behaucht, und ist daher überhaupt nicht zu hören: *Hacer* (machen) hört sich also etwa wie „aßeerr" an. Vielen Ausländern bereitet es Schwierigkeiten, das „r" nicht im Rachen, sondern mithilfe von Zunge und Gaumen zu bilden.

Ein „s" in der Wortmitte oder am Wortende wird von vielen Cubanern wie ein sehr weiches „ch" ausgesprochen oder ist gar nicht zu hören. Beispielsweise klingt *los niños frescos* (die frechen Kinder) unsauber ausgesprochen wie *lo' niño' fre(h)co'.* Das gerollte „r" wird vor allem in Ostcuba bei manchen Wörtern zu einem „l" („thelmo" = *thermo* = Thermoskanne). Das auf den Kanarischen Inseln *(Islas Canarias)* gesprochene Spanisch hat vom Klang her am meisten Ähnlichkeit mit dem Cubanischen.

Festlandspanier behaupten scherzhaft, um den für ihre Ohren unsauberen, genuschelten Klang der cubanischen Umgangssprache hinzubekommen, müssten sie sich vorstellen, eine Kartoffel im Mund zu haben. Umgekehrt deutet ein alter cubanischer Witz zu viel „s" in der Aussprache als Indiz für homosexuelle Neigungen, was auf Cuba nach wie vor als Beleidigung gilt.

Wortspiele und Floskeln

Häufig wird man auf Cuba sogenannte *juegos de palabras* (Wortspiele) zu hören bekommen und diese mit ziemlicher Sicherheit nicht auf Anhieb verstehen.

Männer verwenden gerne eigentlich harmlose Begriffe wie *meter* (hineinstecken) und *sacar* (herausziehen) für mehr oder weniger kunstvolle zweideutige Anspielungen, die normalerweise nicht böse gemeint sind.

Gerne werden bestimmte Wörter als Synonyme für ähnlich klingende, aber bedeutungsverschiedene Begriffe verwendet, zum Beispiel *algodon* (Baumwolle) anstelle von *algo* (etwas) oder *sirope* (Sirup) statt *sí* (ja).

Auf Cuba werden, wie in den meisten lateinamerikanischen Ländern, gerne Verkleinerungs- und Vergrößerungsformen verwendet. Diese werden nicht nur bei quantitativen Abstufungen verwendet, sondern dienen vor allem dazu, sich betont herzlich auszudrücken. Die meistbenutzten Endungen für Verkleinerungen bzw. Verniedlichungen sind *-ito/-ita*. Daneben gibt es noch Varianten mit *-cito/-cita* und *-illo/-illa* sowie *-itito/-itita* für besonders kleine oder putzige Dinge. Die Suffixe *-ote* und *-ota* sind die gebräuchlichsten für Vergrößerungen bzw. Bekräftigungen.

Mit dem Wort *beso* (Kuss) kann also folgendes angestellt werden: *Besito* (Küsschen), *besitito* (Bussi), *besote* (dicker Kuss), *besotón* (Riesenschmatz). *Chico* (klein, aber auch: Junge) wird zu *chiquito* (sehr klein, kleiner Junge) oder gar *chiquitito* (winzig, Säugling) bzw. *chiquitillo* oder *chiquitico*. Größer als *grande* (groß) ist *grandote* (riesig). Ein sehr kurzer Moment *(momento)* heißt *momentito, momentillo* oder *momentín*.

Auch sprechen sich Cubaner untereinander gerne mit Verkleinerungs- und Verniedlichungsformen an. *Papito* (wörtlich: Papi), *mamita* (Mami), *mihito* (Söhnchen, von: *mi hijo*) bzw. *mihita* (Töchterchen) hört man im Alltag immer wieder. Beliebte Kosenamen unter Verliebten sind *mami/ mamacita* (kleine Mama), *papi* (kleiner Papa), *pipa* bzw. *pipo* (beides Verballhornungen von „Papi"), *machi* (kleiner Macho), *nené* (eigentlich: Kindchen) und *tata* (Papilein). Länger liierte Paare nennen sich gerne *tesoro/tesorito* (Schatz bzw. Schätzchen), *mi vida* (wörtlich: mein Leben) oder *mi amor* (meine Liebe).

Adjektive können durch Anhängen der Endungen -ísimo/-ísima verstärkt werden. *Baratísimo* (spottbillig) ist also billiger als *barato* (günstig).

Mehr oder weniger **nichtssagende Floskeln** dienen der Auflockerung einer Unterhaltung und verhindern unangenehme Momente der Sprachlosigkeit. Besonders viele inhaltsentleerte Wendungen gibt es, um Staunen auszudrücken bzw. vorzutäuschen. Hier eine kleine Auswahl: „¡No me digas!" (Was Du nicht sagst!) „¿Verdad?" (Ist das wahr?) „Que cosa más rara!" (Das is ja 'n Ding!) „¡Escucha pa' eso!" (Hör Dir das an!)

Die Scharade *(charada)*, ein Zahlen-Glücksspiel, sorgt dafür, dass Cubaner die Zahlen von eins bis 100, etwa bei Preisangaben, gerne durch Symbole ausdrücken. Cubanische Charada-Fans haben so ihre Methoden, um an Glückszahlen zu kommen: Taucht in nächtlichen Träumen beispielsweise ein Schmetterling und eine Taube auf, sollte man umgehend ein Sümmchen auf die 2 und die 24 setzen!

Die geläufigen Bezeichnungen für die Zahlen bis 25 lauten:

1 *Caballo (Pferd)*
2 *Mariposa (Schmetterling)*
3 *Niño Chiquito (kleines Kind)*
4 *Gato (Kater)*
5 *Monja (Nonne)*
6 *Jicotea (Schildkröte)*
7 *Caracol (Schnecke)*
8 *Muerto (Toter)*
9 *Elefante (Elefant)*
10 *Pescado Grande (großer Fisch)*
11 *Gallo (Hahn)*
12 *Mujer Bonita (schöne Frau)*
13 *Chulo (Zuhälter)*
14 *Cementerio (Friedhof)*
15 *Perro (Hund)*
16 *Toro (Stier)*
17 *San Lazaro (Hl. Lazarus)*
18 *Pescado Chico (kleiner Fisch)*
19 *Lombriz (Regenwurm)*
20 *Tibor (Nachttopf)*
21 *Serpiente (Schlange)*
22 *Sapo (Kröte)*
23 *Vapor (Dampf)*
24 *Paloma (Taube)*
25 *Piedra Fina (Schmuckstein)*

Redewendungen und Phrasen

Con todo el alma — Von ganzer Seele (Mit der ganzen Seele)
Dar la cara — Die Stirn bieten (Das Gesicht geben)
Dar muela — Viel labern (Backenzahn geben)
Estar entre dos aguas — Unschlüssig sein (Zwischen zwei Wassern sein)
Es(t)o no me importa nada. — Das interessiert mich überhaupt nicht.

Irse al norte/Irse pa' yuma	*In die USA abhauen*
Me da igual.	*Ist mir einerlei.*
Meter el hombro	*Sich Mühe geben*
	(Die Schulter einsetzen)
¡No me digas!	*Was du nicht sagst.*
	(beliebteste aller Floskeln)
No pasa na(da).	*Kein Problem. (Nichts passiert.)*
No te preocupes.	*Mach dir keine Sorgen.*
¿Qué bóla contigo?	*Was willst du von mir?*
	(Was ist Sache mit dir?)
¡Que cosa más grande!	*Das ist ja 'n Ding!*
	(Was für eine große Sache!)
¡Que mala suerte!	*Was für ein Pech!*
Sacarle el jugo a algo	*Das Beste herausschlagen*
	(Den Saft aus etwas rausholen)
Se me hace la boca agua.	*Das Wasser läuft mir im Munde zusammen.*
	(Der Mund wird mir zu Wasser.)
Ser muy cabezón	*Seinen eigenen Kopf haben (großköpfig sein)*

Sprichwörter („refranes") und großväterliche Weisheiten

Cogelo suave pa' que se te dé.
  „*Um etwas zu bekommen, muss man es gelassen angehen.*"
A candela brava no hay carapacho duro.
  „*Gegen besonders wildes Feuer kommt man nicht an.*"
Agua que no has de beber, dejalo correr.
  „*Wasser, das du nicht trinken kannst, solltest du weiterfließen lassen.*"
Chivo que rompe tambor, con su pellejo paga.
  „*Der Hammel, der die Trommel zerstört, bezahlt mit seiner Haut.*"
De tal palo tal estilla.
  „*Wie das Material so das Ergebnis.*"
El que no llora no mama.
  „*Wer sich nicht zu Wort meldet, kriegt auch nichts.*"
Las necesidades obligan.
  „*Bedürfnisse zwingen.*"
Padre bodeguero, hijo caballero y nieto pordiosero.
  „*Der Vater Wirt, der Sohn ein feiner Herr und der Enkel Bettler.*"
Patada de yegua no mata caballo.
  „*Der Tritt einer Stute bringt einen Hengst nicht um.*"
Quien mucho abarca poco abrieta.
  „*Wer zu viel auf einmal unternimmt, der bringt nichts Rechtes zustande.*"

Dialekte und Sprachebenen

Wie in jedem Land, gibt es natürlich unterschiedliche Dialekte und auch ein ungeübter Reisender wird Unterschiede in der Aussprache, etwa zwischen dem Spanisch der *habaneros* (Bewohner La Habanas) und dem der *orientales* („Ostprovinzler") heraushören. Gebildete Cubaner können sich auf verschiedenen sprachlichen „Niveaus" bewegen. Der Bogen spannt sich dabei vom breiten Dialekt ihrer Herkunftsregion über eine lockere Umgangssprache bis zum akzentuierten Hochspanisch. Letzteres unterscheidet sich dann vom Castellano der iberischen Halbinsel nur noch hinsichtlich der Aussprache und der Verwendung von in Spanien nicht gebräuchlichen Begriffen.

Hippe Jugendliche und andere Bevölkerungsgruppen, die sich von der Masse abgrenzen wollen, bilden und verwenden gerne Slangbegriffe und -ausdrücke. Auch ist das cubanische Spanisch reich an kräftigen Flüchen und vielfältigen Schimpfwörtern, die gerne und häufig verwendet werden. Sucht man auf Cuba einen Ort auf, an dem besonders viele Menschen auf engem Raum zusammenleben, werden einem Tiraden voller *pingas* (Schwänze), *comemierdas* (Scheißefresser), *hijos de puta* (Hurensöhne) und anderer typischer Kraftausdrücke nur so um die Ohren fliegen!

Wer sich mit dieser Materie intensiver befassen möchte, dem empfehle ich einen Blick in den Kauderwelsch-Band „Cuba Slang" zu werfen, ebenfalls bei REISE KNOW-HOW erschienen.

Typische Cubanismen

Cubanisches Spanisch wartet mit einigen Wortschöpfungen auf, die in Spanien überhaupt nicht (mehr) oder mit einer anderen Bedeutung verwendet werden (die in Spanien üblichen Bezeichnungen werden aber meist ebenfalls verstanden).

Hier eine kleine Auswahl gängiger *cubanismos:*

aché	*Glück*
asere	*Kumpel*
bembas	*(wulstige) Lippen*
boleto	*Fahrkarte*
botella	*Autostopp*
cabaña	*Bungalow*
cabezón	*Besserwisser*
caldosa	*dicke Gemüsesuppe mit Fleisch*
camello	*Lastwagenbus*
chévere	*toll*

chivato	Denunziant
chivo	Fahrrad
chulo	Zuhälter/Angeber
compañero/a	Genosse/Genossin
consorte	Freund
descarado	unverschämt
ecobio	sehr guter Freund
embalado	stoned
elevador	Fahrstuhl
escaparate	Kleiderschrank
faldo	Hose
fuetazo	Ohrfeige
fula	Devisen (Banknote)
fulano/a	jedermann
gao	Haus
gringos	nordischer Menschenschlag
guagua	Bus
guajiro/a	Provinzler
guaniquiqui	Geld
gueguón	Faulenzer
jaba	Plastiktüte
jama	Mahlzeit
jeva	Mädchen
jinetero/a	Touristenanmacher(in)
lecho	Bett
Norte	umgangssprachlich für die USA (der Norden)
pepe/pepa	Ausländer(in)
pobrecito/a	armer Tropf
prieto	dunkelhäutig
puro	Vater
pura	Mutter
reparto	Stadtviertel
socio	Kumpel
son cubano	Salsamusik
tabaco	Zigarre
tacos	Schuhe
temba	Frau mittleren Alters
trusa	Badeanzug
venao	Gehörnter
yanki	US-Amerikaner
yuma	umgangssprachlich für Ausländer und Ausland

Das liebe Geld

Finanzfragen sind auf Cuba ein komplexes Feld. Die Regierung greift immer wieder zum eigenen Vorteil in die Währungsströme ein. Im November 2004 etwa wurden die bis dahin frei zirkulierenden US-Dollar-Scheine (*verdes,* wörtlich „Grünen") aus dem Verkehr genommen.

Statt wie früher drei, existieren heute nur noch zwei Zahlungsmittel auf Cuba: Der an den US-Dollar-Wechselkurs gekoppelte Peso Convertible (CUC oder auch *divisa*) und der Peso Cubano (*moneda nacional,* wörtlich „Nationalgeld"). Ein Peso entspricht in beiden Währungen jeweils 100 Centavos. Der Wechselkurs CUC/Peso ist seit Jahren recht stabil und lag im Herbst 2013 bei 1 : 25 (Rücktauschkurs 1 : 24).

Für CUC erhält man so ziemlich alles, was das Herz begehrt: Früher vor allem in Touristenzentren, heute praktisch überall, zur Not *por la izquierda/por detrás'* (linksrum/hintenrum) auf dem florierenden Schwarzmarkt. Cubaner haben stets ein Auge auf Preisrelationen, Sonderangebote und die Tauschwerte aller möglichen und unmöglichen Dinge. Mit Pesos Cubanos bestreiten Cubaner die vom Staat stark subventionierte Basisversorgung in den Bereichen Ernährung, Transport, Kommunikation und Kultur(veranstaltungen) im weitesten Sinne. Touristen sind gehalten, alle Ausgaben in CUC oder Euro zu tätigen. Dennoch haben Ausländer grundsätzlich keine Schwierigkeiten, einige Dinge des täglichen Bedarfs mit einheimischen Pesos zu bezahlen.

Peso-Nacional- und Peso-Convertible-Scheine sind auf den ersten Blick nicht leicht voneinander zu unterscheiden, da beide vorzugsweise charismatische Persönlichkeiten der Unabhängigkeitskämpfe, revolutionäre Symbole oder Szenen aus einem idealen Arbeiter- und Bauernstaat zeigen. Einfacher ist es bei den Münzen: Die meist ziemlich abgegriffenen Geldstücke mit den revolutionären Motiven (*Che Guevara,* fünfzackiger Stern etc.) stellen Pesos Nacionales dar, während die stets silbernen CUC-Münzen vor allem mit „touristischen" Abbildungen (berühmte Sehenswürdigkeiten o. Ä.) versehen sind. Für die kleinsten Münzen werden im Alltag folgende Slang-Bezeichnungen gebraucht:

> 1-Centavo-Münze – *kilo*
> 5-Centavo-Münze – *medio*
> 20-Centavo-Münze – *peseta*

Die 3-Peso-Nacional-Münze ist versehen mit dem berühmten Konterfei *Che Guevaras* und seinem Schlachtruf *„Patria o muerte".* – Fallen Sie nicht auf die Herrschaften herein, die für dieses Souvenir 1 CUC oder mehr verlangen: In jeder cubanischen Bank oder Wechselstube erhält man für diesen Betrag acht solcher Münzen!

Kriminalität und illegale Drogen

Öffentliche Sicherheit und Ordnung

Cuba ist im internationalen Vergleich ein **sehr sicheres Land.** Kapitalverbrechen wie Mord, Raub und Vergewaltigung sind selten, haben in den letzten Jahren aber wieder zugenommen.

Cubaner werden, vor allem auf dem Land, schon aufgrund des für alle mehr oder weniger gleich niedrigen Lebensstandards nur selten Opfer von Eigentumsdelikten. Wenn nichts zu holen ist, gehen Kriminelle auch nur ungern das Risiko der **drakonischen Strafen** ein: Auf Raub stehen mehrjährige Haftstrafen, wobei die Aussetzung zur Bewährung nicht üblich ist.

Wer es dennoch zu etwas materiellem Luxus gebracht hat, investiert oft einiges in **Sicherheitsvorkehrungen,** wie eine massive Eingangstür mit Spezialschloss und vergitterte Fenster.

Die für lateinamerikanische Verhältnisse erstaunlich niedrige Verbrechensrate hat einige weitere Gründe: Wie schon beschrieben, trägt auch Cubas Sozialismus totalitäre Züge. Der Staat ist nicht zuletzt durch die **Präsenz von Polizei und Denunzianten** allgegenwärtig. Kriminelle Aktivitäten werden so zu einem schwierigen Unterfangen. Ferner ist Privatpersonen der Besitz von Schusswaffen generell verboten. Und schließlich gilt die Kriminalpolizei im Vergleich zu anderen Bereichen der öffentlichen Verwaltung Cubas als vergleichsweise effizient und unbestechlich.

Auch wenn Schwerverbrechen kaum vorkommen, sieht es mit der **Kleinkriminalität** schon etwas anders aus. Diese geht vor allem zu Lasten von Ausländern – Betrügereien und Diebstahl nehmen proportional zum Touristenansturm zu.

Als die Regierung 1998 begann, mit neuen Gesetzen gegen Kriminalität und Prostitution vorzugehen, schienen die fetten Jahre der Touristenschlepper erst einmal wieder vorbei zu sein: Die Zahl der finster dreinblickenden, Ausweise kontrollierenden Polizisten nahm beträchtlich zu. Frauen, die mit Ausländern in Privatpensionen gingen, mussten sich beim Besitzer der Unterkunft registrieren lassen. Die Behörden gleichen die Daten nun hin und wieder ab. Sollte sich herausstellen, dass eine Dame in einem relativ kurzen Zeitraum bei verschiedenen Herren übernachtet hat, wird sie vorgeladen und muss Rede und Antwort stehen.

Die schon mehrfach erwähnten *jineteros* bzw. *jineteras* (wörtlich: Reiter bzw. Reiterinnen) gibt es nach wie vor. Sie stellen insbesondere in La Habana und Santiago de Cuba sowie in den meisten Touristengebieten die Geduld der Urlauber auf eine harte Probe. Es ist fast unmöglich, sich der permanenten Anmache und den diversen Offerten zu entziehen. Die

jineteros versuchen den ihrer Ansicht nach von allen Touristen begehrten Dreiklang *cohiba, casa y chica* (Zigarren, Unterkunft, Mädchen) an den Mann bzw. (ohne die Mädchen) auch an die Frau zu bringen.

Die **Zigarren,** die auf der Straße verkauft werden, sind wesentlich billiger als die in den Touristenläden angebotenen. Ein cubanischer Nepper wird freundlich und wortreich erklären, dass er, sein Bruder, die Tante oder sonst wer in der entsprechenden Zigarren-Manufaktur arbeitet und die Cohibas, Montecristos oder Romeo y Juliettas günstiger oder als Akkordprämie umsonst bekommt. Besonders sympathischen Touristen könne er daher dieses verlockende Angebot machen.

Dass der zu zahlende Preis weit unter dem in cubanischen Tabakläden üblichen liegt, sollte eigentlich stutzig machen. Denn in Wahrheit sind die Holzkiste, der offiziell aussehende Stempel *„HECHO EN CUBA – Totalmente a mano"* (in Cuba hergestellt – handgerollt), die Zigarren selbst und sogar die Banderole, also das Stückchen Papier, mit dem jede einzelne „Havanna" versehen wird, gefälscht. Hin und wieder gelingt die Fälschung so gut, dass nicht einmal ein passionierter Kenner den Unterschied merken wird. Manchmal werden aber auch einfach ordinäre Tabakblätter um

⌃ Wer es sich leisten kann, gibt sich seinen Leidenschaften hin

Tabakreste gewickelt oder es wird versucht, Ausschussware der Fabrik gewinnbringend zu verhökern. Wenn man die Möglichkeit hat, den Inhalt einer Kiste vor dem Kauf in Augenschein zu nehmen, sollte darauf geachtet werden, dass alle Zigarren die gleiche Farbe haben, nach dem Zusammendrücken sofort wieder ihre ursprüngliche Form annehmen und nicht knistern.

Vorsicht ist auch bei anderen beliebten Mitbringseln, wie **Rum, Parfum oder Schmuck** geboten. Eine ordentliche Portion Misstrauen kann bei allem, was einem in der Öffentlichkeit angeboten wird, nicht schaden: Der Inhalt einer Rumflasche mit der Aufschrift „Ron Mulata – Añejo 7 Años" muss noch lange nicht wie ein solcher schmecken und dass nicht alles, was glänzt, 333er Gold ist, wie uns die freundliche Straßenbekanntschaft weismachen will, sollte auch klar sein.

Was die Vermittlung von casas particulares (Privatzimmer) und paladares (private Restaurants, wörtlich: Gaumen) angeht, sollte man bedenken, dass das fürs „Abschleppen" des Touristen übliche Entgelt von ca. 5 CUC pro Tag bzw. Mahlzeit auf den Preis aufgeschlagen wird. Besonders dreiste Schlepper erwarten obendrein, zum Essen eingeladen zu werden.

Bringt er einen Touristen mit einem Mädchen zusammen, geht ein Cubaner ein erhebliches Risiko ein: **Offene Zuhälterei** wird mit bis zu 20 Jahren Haft bestraft. Die Kuppler halten sich daher für gewöhnlich im Hintergrund und überlassen ihren Damen die Anmache. Diese machen, angetrieben von dem Wunsch, für sich und ihren „Beschützer" schnelles Geld zu machen, mit Methoden von subtil bis rabiat-rustikal auf sich aufmerksam. In den Touristengegenden und an den Stränden, wo sich Ausländer und Einheimische tummeln, wird gezwinkert, gezischt, gepfiffen, posiert und geturtelt, was das Zeug hält. Ganz Abgebrühte berühren vermeintliche Freier schon mal unzweideutig und manche stört es dabei auch nicht, wenn der Herr bereits in weiblicher Begleitung ist.

Hin und wieder veranstaltet die Polizei Razzien, bei denen einige Mädchen auf Laster verladen werden, um die Nacht auf einer Polizeistation zu verbringen. Wird eine *jinetera* mehrfach aufgegriffen (etwa weil sie „vergessen" hat, den für ihr Gebiet örtlich zuständigen Polizisten angemessen an ihren Einnahmen zu beteiligen), drohen ihr Gefängnis und Arbeitslager.

Unter anderem um der Strandprostitution Herr zu werden, haben Cubaner zu einigen Gebieten, etwa auf den flachen Inselchen Cayo Coco und Cayo Largo grundsätzlich nur dann Zutritt, wenn sie dort arbeiten oder Gäste der örtlichen Hotelanlagen sind. Das Regime versucht damit, vor allem unbedarfte Pauschaltouristen vor den Einheimischen zu „schützen".

Für das Vergehen der „Touristenbelästigung" *(asedio)* drohen bis zu fünf Jahre Haft. Was im konkreten Fall Belästigung ist, entscheidet dabei nicht der Tourist, sondern ein Polizeibeamter. Viele Cubaner wagen es aus Angst vor Unannehmlichkeiten mit der Obrigkeit nicht mehr ohne Weiteres, sich in Begleitung ausländischer Freunde auf der Straße zu zeigen. Dies gilt vor allem für die Metropolen und die Touristengebiete. Die Städte, selbst La Habana, sind auch nachts sicherer als die meisten Metropolen Europas und der USA. Alleine übers Land zu reisen ist, zumindest tagsüber, ungefährlich. Natürlich sollte man auch auf Cuba gesunden

Allein reisende Frauen

Frauen, die auf Cuba allein unterwegs sind, brauchen gute Nerven. Sie müssen wie Cubanerinnen darauf gefasst sein, unverhohlen von Kopf bis Fuß begutachtet zu werden. Nicht zuletzt wegen der drakonischen Haftstrafen, die einem Vergewaltiger blühen, ist es jedoch relativ unwahrscheinlich, Opfer eines Gewaltverbrechens zu werden. So gilt Cuba als sicherstes Reiseziel für allein reisende Frauen in der Karibik.

Nichtsdestotrotz sollte man einem ungebetenen Verehrer lieber früher als später klar machen, dass frau kein Interesse hat. Es gilt den Anfängen zu wehren, denn wenn ein heißblütiger, vielleicht auf Touristinnen „spezialisierter" Cubaner erst einmal in Fahrt ist, wird man ihn nur schwer wieder los. Frauen aus Übersee sind für sie eine doppelte Herausforderung, da die Aufmerksamkeit stets nicht nur der Person, sondern auch dem Portemonnaie gilt. Bei besonders aufdringlichen Gigolos können ein Ehering, das Foto eines (angeblichen) Gatten, der sich ganz in der Nähe aufhält oder auch ein energisches „¡Absolutamente no!" (etwa: „Vergiss es!") helfen.

Für die meisten Europäerinnen dürfte es auch ungewohnt sein, auf der Straße mit Pfiffen, Schmatzgeräuschen, Komplimenten und anderen Kommentaren bedacht zu werden. Was in den meisten Ländern als sexuelle Belästigung gewertet wird, ist in Lateinamerika ein alter, piropo (wörtlich: Kompliment) genannter Brauch, der von der Männerwelt seit Jahrhunderten unreflektiert gepflegt wird.

Ob sich die mit solchen Komplimenten Versehenen geehrt oder belästigt fühlen sollten, darüber lässt sich so trefflich streiten wie über die Frage, ob man Frauen in den lateinamerikanischen Machokulturen nicht generell als Menschen zweiter Klasse behandelt.

Die stolzen Cubanerinnen sind die Sprüche und Laute gewohnt und reagieren für gewöhnlich in der einzig angemessenen Art und Weise, nämlich gar nicht. Ausländerinnen sollten es genauso machen und das Getue einfach ignorieren. Die cubanischen Spielregeln des Umgangs der Geschlechter

Menschenverstand walten lassen und sich an die üblichen **Vorsichtsmaß-nahmen** halten: Das Handschuhfach eines geparkten Wagens sollte offen bleiben; Wertsachen lässt man nicht im Auto; man betrinkt sich nicht mit Unbekannten; verstaut das Portemonnaie nicht in der Gesäßtasche, verteilt seine Zahlungsmittel auf verschiedene Taschen, protzt nicht mit Geld, Schmuck, dem neuen Smartphone oder anderen Luxusgütern und so weiter.

miteinander besagen, dass eine attraktive Frau die permanente Anmache kalt lassen bzw. sie sich insgeheim darüber freuen sollte. Reagiert sie wütend oder lässt sie sich auf einen bissigen Wortwechsel ein, bricht sie diese Regeln und stellt den oft gar nicht so selbstsicheren Verehrer bloß, was je nach Temperament zu unangenehmen oder (selten) sogar zu gefährlichen Situationen führen kann.

Cubanische Frauen lieben den Flirt und dabei fehlt es ihnen nicht an Selbstbewusstsein. Es ist also nicht so, dass immer nur die Männer die Initiatoren wären. Das oft unverblümte Interesse am anderen Geschlecht und die Lust an der Liebe kann auf Reisende faszinierend oder schockierend wirken und dürfte jedenfalls besonders gravierende Kulturschocks auslösen.

Die Sinnlichkeit, das Temperament, der Hang zu übertreiben und nicht zuletzt der Wunsch, Cuba zu verlassen, bringt nicht nur männlichen Urlaubern, sondern auch Touristinnen überraschende Heiratsanträge ein. Frauen, die nach Cuba kommen, um ein sexuelles Abenteuer zu erleben, machen professionellen Gigolos die Kontaktaufnahme leicht. Für ihre Zuwendung erwarten sie Klamotten und großzügige Geldgeschenke. Wer sich mit dem Gedanken trägt, einen Cubaner zu ehelichen, sollte sich den Abschnitt „Die deutsch-cubanische Ehe" zu Gemüte führen.

Immerhin müssen Ausländerinnen, die von einem Cubaner begleitet werden, mit weit weniger Kontrollen und Gängelei durch die Obrigkeit rechnen, als dies in der umgekehrten Konstellation der Fall ist. Dass Männer sich aus den gleichen Gründen „verkaufen" könnten wie Frauen, passt offenbar nicht in das Weltbild cubanischer Machos.

Um Probleme und Missverständnisse zu vermeiden, ist es wie überall auf der Welt ratsam, sich bei der Bekleidung den Sitten des Gastlandes anzupassen. So gut wie allen Cubanerinnen ist modische, die Weiblichkeit betonende Kleidung wichtig. Wer auf Cuba in Schlabberklamotten herumläuft, wird (vielleicht ohne es zu bemerken) von den Einheimischen Hohn und Spott ernten. Wer oben ohne oder gar nackt badet, darf außerhalb der Touristenresorts nicht mit Verständnis rechnen.

Keine Macht den Drogen?

Auf Cuba sind, abgesehen von Alkohol und Tabak, alle Rauschmittel verboten. Entsprechende Vergehen, ganz gleich ob Handel, Besitz oder bloßer Konsum, werden mit drakonischen Strafen geahndet. **Drogensüchtige** werden interniert und unter medizinischer Überwachung auf Entzug gesetzt. Im Wiederholungsfall droht obendrein eine langjährige Haftstrafe.

In den Metropolen, wo die Kontrolle durch die CDRs nicht so lückenlos funktioniert, wird Touristen hin und wieder Marihuana und Kokain angeboten. Ersteres soll überwiegend aus den unzugänglichen Berggegenden im Osten Cubas stammen. Was von dem Gerücht zu halten ist, dass Cuba eine wichtige Drehscheibe des globalen Kokainhandels sei, entzieht sich meiner Kenntnis und stellt möglicherweise regimekritische Propaganda dar. Am 13. Juli 1989 starb in La Habana der Armeegeneral *Arnaldo Ochoa,* ein *Heroe de La Republica de Cuba* (Held der Republik Cuba), zusammen mit drei weiteren Verurteilten vor einem staatlichen Erschießungskommando. Ihnen war Drogenhandel und Hochverrat vorgeworfen worden. Vorausgegangen war ein vierwöchiger Schauprozess, in dessen Verlauf ausgesuchte Teile der Befragungen und Verhandlungen Abend für Abend zur besten Sendezeit vom Staatsfernsehen übertragen wurden.

Behördengänge und andere Begegnungen mit dem Staat

Castros Cuba hat eine verzweigte, fast alle Lebensbereiche erfassende Bürokratie hervorgebracht. Jedoch haben die Cubaner tausenderlei Tricks entwickelt, um das Gesetz zu umgehen. Will man sich dauerhaft vor diversem Ungemach schützen und das persönliche Wohlergehen sichern, ist es entscheidend, die (informellen) Regeln im Umgang mit der Obrigkeit zu kennen und zu beachten!

Wer privatwirtschaftlich Geld verdient, muss sich insbesondere vor der Wirtschaftspolizei in Acht nehmen. Regimekritiker zittern vor der Abteilung **Staatssicherheit** des Innenministeriums. Dabei wird auf verschiedenste, meist subtile Art und Weise staatlicher Druck ausgeübt. Wird jemand etwa von den speziell geschulten, häufig reichlich arrogant auftretenden Agenten des Staates (verbal) in die Mangel genommen, hilft oft nur die Flucht nach vorne, also schiere Selbstverleugnung. Man sieht sich gezwungen, eine besonders „revolutionäre" Gesinnung vorzuschützen, wobei dieses Spielchen nach dem Schema „Ich-weiß-dass-du-weißt-dass-ich-weiß" abläuft. Man sollte also tunlichst ein paar sozialistische Phrasen dreschen, an die zwar niemand glaubt, die jedoch als bester Beweis für soziale Ungefährlichkeit und politische Zuverlässigkeit gelten.

Alle Cubaner beherrschen diese absurden Regeln, deren wichtigste da lautet: „Wasch mir den Pelz, aber mach' mir das Fell nicht nass." Ein Leben lang daran gewöhnt, tut diese Praxis der Selbstachtung des Einzelnen für gewöhnlich keinen Abbruch. Die Heuchelei kann dabei nicht als Feigheit, sondern nur als Akt der Selbsterhaltung bzw. Notwehr gewertet werden. Denn wer sich beharrlich weigert, bei der Farce mitzuspielen, macht sich des geheimen Einverständnisses mit den „konterrevolutionären Feinden" verdächtig und muss als potenzieller Oppositioneller mit Bespitzelung und anderen Nachteilen rechnen, was im Einzelfall sehr gefährlich werden kann.

Auch die Verkehrspolizei (policía del transito) erfreut sich nicht allzu großer Beliebtheit. Am gefürchtetsten sind die komplett dunkelblau gekleideten und mit schweren Stiefeln (botas) beschuhten, caballitos (wörtlich: „Pferdchen"), die reichlich Strafzettel verteilen und saftige Ordnungsgelder verhängen. Ihren Anweisungen ist unbedingt Folge zu leisten.

Mit Cubas jungem Steuerrecht müssen sich vor allem Selbstständige (cuentapropistas), die beispielsweise Pensionen oder Touristen-Restaurants betreiben, herumschlagen. In mittelgroßen Städten, wie etwa Holguín, muss der Betreiber einer mit zwei bis vier Betten versehenen casa particular mit Abgaben (impuestos) von etwa 300 CUC pro Monat rechnen, unabhängig davon, wie viel Gäste er tatsächlich beherbergt.

⌃ Junge Soldaten auf einem Propagandaplakat

Unterwegs auf Cuba

Ohne Devisen (gemeint sind CUC) gestaltet sich das Reisen auf Cuba oft sehr zeitaufwendig. Es gilt: Je mehr Geld im Spiel ist, desto schneller geht es voran! Für Cubaner ist es schwierig und ziemlich kostenintensiv, mit nur einem Fahrzeug von einem Punkt der Insel zu einem anderen zu gelangen. Im Folgenden werden die höchst unterschiedlichen Transportmittel kurz vorgestellt und wer weiß: Vielleicht bekommt der eine oder andere Leser Lust, sich einmal in das Abenteuer „cubanisch reisen" zu stürzen.

Über den Wolken

Am unspektakulärsten und komfortabelsten ist für gewöhnlich ein Inlandsflug mit den nationalen Fluggesellschaften, z. B. „Cubana". Cubaner zahlen im Vergleich zu Ausländern nur einen Bruchteil des Preises, müssen sich jedoch mindestens drei Monate vor Abflug in Wartelisten eintragen. In der jüngeren Vergangenheit soll dieses System des „subventionierten Fliegens für jedermann" allerdings nicht mehr reibungslos funktionieren.

△ Blick von einem Hochhaus am Meer in Richtung Capitolio

Auf der Schiene

Das öffentliche Gleisnetz ist knapp 5000 km lang und verbindet alle Provinzhauptstädte miteinander. Der Hauptschienenstrang geht von der Kleinstadt Guane im äußersten Westen über La Habana nach Santiago de Cuba und weiter bis Caimanera bei Guantánamo.

Auch für Eisenbahntickets zahlen Cubaner wesentlich weniger als ausländische Touristen. Die Züge auf den Hauptverkehrsstrecken verkehren mindestens einmal am Tag. Auf die offiziellen Abfahrtszeiten sollte man sich besser nicht verlassen.

Auch ist die Beförderung alles andere als sauber, modern und sicher. Regelmäßig kommt es zu Pannen und Ausfällen. Die Fahrpläne können daher nur selten eingehalten werden.

„On the road"

Cuba hat knapp 12.000 km **befestigte Straßen** (nach anderen Quellen fast 30.000 km). Sie zu benutzen ist meist kein Vergnügen. Der Asphalt ist holprig, wellig, mit Teerblasen und Schlaglochkratern übersät. Allerdings kann man die Hindernisse meist locker umkurven, da aufgrund des Treibstoffmangels kaum Verkehr herrscht.

Gut ausgebaut sind nur die mehrspurigen **autopistas** (Autobahnen) und die **carretera central** (wörtlich: zentrale Landstraße), die sich vom äußersten Westen Cubas über die ganze Insel bis nach Guantanamo im Südosten zieht.

Wer mit einem Mietwagen über Land fahren möchte, sollte sich auf einiges automobiles Ungemach gefasst machen. Die größten Gefahren gehen von langsamen, nachts obendrein komplett unbeleuchteten Fahrzeugen wie Kutschen, Traktoren oder Fahrrädern aus, ferner von den abgesenkten Stellen, an denen der Schienenverkehr kreuzt. Überlebenswichtiger Hinweis: Es

345cu js

▷ Uralt-Technik

gibt keine Bahnschranken! Dementsprechend vor jedem Schienenstrang anhalten und nach rechts und links schauen!

Benzin *(gasolina)* erhält man gegen CUC an den recht zahlreichen Stationen der Tankstellenketten „Servi-Cupet" und „Oro Negro".

Allemal billiger als Mietwagenmiete (plus Sprit) sind die Tarife der sehr sicheren, sauberen und pünktlichen **Autobus-Gesellschaft** „Víazul".

Tipp: Man sollte unbedingt einen Pulli dabei haben, da die Klimaanlage wie auch auf innercubanischen Flügen stets voll aufgedreht wird.

Die hellblauen, wesentlich kostengünstigeren Busse der Linie Astro, die anders als Víazul nicht nur touristische, sondern auch Ziele Einheimischer ansteuern, sind stets wochenlang im Voraus ausgebucht. Touristen, die kurzfristig auf die Fahrt mit einem Astro-Bus angewiesen sind, bleibt nur der Versuch, mit einem angemessenen Trinkgeld nachzuhelfen.

Autostopp

Ist man auf Cubas Straßen unterwegs, werden einem vor allem in den Sommermonaten Dutzende, wenn nicht Hunderte „Tramper" beiderlei Geschlechts und jedweden Alters auffallen.

In Cuba sind Benzin und öffentliche Verkehrsmittel Mangelware, weswegen sich der Autostopp *(coger/pedir botella)* zu einer der üblichen Methoden entwickelt hat, um von A nach B zu kommen.

◹ Nur mit viel Geduld bekommen Reisende einen Sitzplatz in den preisgünstigen Fernbussen von Astro

An besonders verkehrsintensiven Punkten sind manchmal gelb gekleidete Staatsdiener *(amarillos)* am Werk, die vorbeikommende Fahrzeuge stoppen und ihnen eine Ladung wartender Menschen zuweisen.

Trampen gilt als nicht sonderlich gefährlich. Manche allein reisende Frauen vermeiden es vorsichtshalber dennoch, sich von einem nur mit Männern besetzten Fahrzeug mitnehmen zu lassen. Die Chancen, mitgenommen zu werden, erhöhen sich erheblich, wenn man **mit Geldscheinen winkt!** *Botella* (Flasche) nennt sich das Ganze, da das Zeichen für Autostopp, der nach oben gereckte Daumen der geschlossenen Hand, von der Form her an eine Flasche erinnert. Inzwischen ist jedoch das Winken mit nach unten abgewinkelten Fingern gebräuchlicher.

In der Stadt

Auf La Habanas Straßen kann man so ziemlich jedes denkbare Vehikel, das sich zum Transport eignet, in Aktion sehen: Von über 50 Jahre alten Straßenkreuzern über jede Art von Zweirädern bis zu Fahrzeugen Marke Eigenbau, die niemals durch den deutschen TÜV kämen. Für Touristen besonders faszinierend ist die Mitfahrt in einem Bici(taxi) (Riksscha) oder einem eiförmigen Cocotaxi. Cocotaxis sind gelbe dreirädrige Automobile, die zwei Passagieren luftige, aber überdachte Sitzplätze bieten. Wie auch die Fahrradrikschas werden sie von *cuentapropistas,* selbstständigen Kleinunternehmern, gelenkt. Bei den herkömmlichen Auto-Taxis muss man zwischen offiziellen und nicht ganz offiziellen unterscheiden. Erstere sind an einem entsprechenden Aufdruck (u. a. Panataxi, Habanataxi, Taxi OK) und einem elektronischen Taximeter zu erkennen. Letztere werden von Privatpersonen ohne staatliche Lizenz gesteuert. Sie sind oft kostengünstiger, vor allem dann, wenn man sie mitsamt Chauffeur gleich für mehrere Stunden oder den ganzen Tag mietet.

Die legendären, *camellos* (Kamele) genannten, auf Sattelschleppern aufmontierten Riesenbusse, die von ihrer charakteristischen Form her an das gleichnamige Wüstentier erinnern, sind inzwischen durch modernere Vehikel ersetzt worden.

347cu js

▷ Für Kurzstrecken gibt es Bicitaxis

Medien und Kommunikation

Zeitungen und Zeitschriften

Alle cubanischen Medien stehen unter der Kontrolle der Regierung, der Partei und der Massenorganisationen.

Überregionale Tageszeitungen sind „Juventud Rebelde" (Rebellen-Jugend) und **„Granma",** das Organ der kommunistischen Partei. Auf seinen etwa zwölf Seiten befasst sich dieses Blatt schwerpunktmäßig mit den Themen Solidarität, Kultur und nationale Unabhängigkeit. Die Kulturzeitschrift „Bohemia" bietet vermischte Themen. Cubas Presse richtet sich an linientreue Anhänger der Regierung. Über der Staatsführung nicht genehme Themen, wie die 2010 einsetzenden Proteste und Revolutionen in der arabischen Welt, wird nicht berichtet. **Internationale Presse** ist, wenn überhaupt, nur über die großen Business-Hotels in La Habana zu bekommen.

Cubanisch reisen: Adriana und Orlando auf dem Weg nach La Habana

Als das Ende von Adrianas Sommerferien naht, entscheidet sich Orlando spontan, sie nach La Habana zu begleiten und bei der Gelegenheit auch gleich seine dort lebende Cousine zu besuchen. Flugs beantragt er bei seinem Betrieb fünf Tage Urlaub, die er auch sofort bewilligt bekommt.

An einem Montag Vormittag geht es los. Da ein Inlandsflug für die beiden aus Kostengründen nicht in Frage kommt, haben sie sich am Tag zuvor umgehört, ob ein Bekannter sie mit nach Ciego de Ávila nehmen würde - und hatten tatsächlich Glück: Gegen 10 Uhr liefert sie Orlandos Bruder Manolo am Bahnhof von „Ciego" ab.

Von den Angestellten erfahren Adriana und Orlando, dass es heute mal wieder schlecht aussieht: Der uralte Zug ist wohl irgendwo bei Las Tunas liegen geblieben. Egal, denken sich die beiden, bleibt ja noch der gute, alte Autostopp. Zügig gehen sie mit ihrem wenigen Gepäck zu der riesigen „circunvalación" (Kreisverkehr), an der der überregionale Verkehr vorbeikommt.

Dort warten schon drei Dutzend andere Tramper.

Oh Gott, denkt sich Adriana. Wenn ich meinen Vater nicht im Schlepptau hätte, wäre ich hier in 15 Minuten weg. Alleinreisende junge Frauen werden nun mal bevorzugt mitgenommen. Nach einer Stunde Beine-in-

Post und Telegramme

Briefe von Stadt zu Stadt erreichen ihr Ziel meistens innerhalb einer Woche. Pakete versendet man nur sehr ungern mit der Post *(correo)*, da es regelmäßig zu erheblichem Schwund des Inhaltes kommt, wenn sie nicht sogar ganz „verloren" gehen. Gut für die Fahrer von Überlandbussen, denn diese können sich durch ihre Nebentätigkeit als äußerst zuverlässige (Fracht-)Kuriere einiges dazuverdienen.

Briefsendungen von Cuba nach Deutschland können schon mal wochenlang unterwegs sein. Auch hält sich hartnäckig das Gerücht, dass hin und wieder Briefe von Ausländern nach Cuba (wegen des vermeintlich mitgeschickten Geldes) und Postkarten von Touristen in ihre Heimatländer (wegen der hübschen Motive und des Wertes der aufgeklebten Briefmarke) in die falschen Hände geraten. Tipp: Fixieren sie die Marke mit Klebstoff und etwas durchsichtigem Klebeband!

den-Bauch-stehen und mit der Hand wedeln (dem cubanischen Zeichen für Trampen) hat sie die Nase voll und kramt drei CUC aus ihrem Umhängetäschchen. Zehn Minuten später sitzen sie und Orlando auf der Ladefläche eines Pick-ups, der sie nach Santa Clara bringen wird.

Heil dort angekommen, springen die beiden an einem Verkehrsknotenpunkt auf die staubige Straße. Als sie sich am Getränkestand einige Gläser Guarapo-Saft genehmigen, erfahren sie, dass sie an der falschen Stelle ausgestiegen sind. Die „circunvalación" mit der Abzweigung nach La Habana sei etwa drei Kilometer entfernt.

Genervt brechen unsere beiden Helden dorthin auf. Dabei machen sie wieder einmal die leidige Erfahrung, dass Cubaner, nach dem Weg gefragt, lieber eine falsche als gar keine Antwort geben. Daher ist es sinnvoll, in kurzen Abständen möglichst viele Leute um Auskunft zu bitten. Mit der Drei-CUC-Wedel-Methode schaffen es Adriana und Orlando bis in einen der Vororte La Habanas. Dort fragen sie sich zur Endhaltestelle eines „Metrobusses" durch. Gegen 20 Uhr erreichen die beiden die Wohnung von Orlandos Cousine.

Für die knapp 500 km lange Strecke von Morón in die Hauptstadt haben sie diesmal also zehn Stunden gebraucht - das ist guter Durchschnitt. Etwa 50 CUC hätten sie einem „cuentapropista" (privater „Geschäftsmann") zahlen müssen, um in dessen Fahrzeug nach La Habana mitzufahren. Wäre Adriana allein unterwegs gewesen, hätte sie etwa sechs Stunden gebraucht und keinen einzigen CUC gezahlt.

Jeder größere Ort auf dem Lande hat eine Poststelle, in den Städten gibt es ein Hauptpostamt mit Zweigstellen. Einen Briefkasten *(buzón)* findet man meist auch in kleinen Ortschaften.

Die cubanischen Briefmarken *(sellos)* sind sehr ansprechend gestaltet. Sammlerstücke kann man beispielsweise im Laden der Hauptpost von La Habana, nahe der Plaza de la Revolución erwerben. Nicht weit davon ist auch das Postmuseum untergebracht.

Von manchen Postämtern können auch **Telegramme** versandt werden: Eine praktische und relativ günstige Möglichkeit, Nachrichten in andere Teile der Insel und auch nach Übersee zu übermitteln.

◹ Fidels Reflexionen erscheinen regelmäßig in der Tageszeitung Granma

Extrainfo 16 (s. S. 6): Die Tageszeitung *Granma* vertritt die Haltung der Kommunistischen Partei Cubas. Die Online-Ausgabe gibt es in sechs Sprachen – inkl. Deutsch!

Telefonieren

Cubas marodes Telefonnetz wurde vor einigen Jahren komplett überholt. Ein digitales System hat mit den früher üblichen Fehlverbindungen und Störgeräuschen weitgehend Schluss gemacht. Ferner wurden in vielen Städten Fernsprechzentralen für **Satellitenkommunikation** eingerichtet, die allerdings in CUC abrechnen.

Nach wie vor hat nur ein Teil der Haushalte einen herkömmlichen **Telefonanschluss.** Jahrzehntelang war dieser das Privileg besonders verdienter Bürger und die Bearbeitung der Anträge dauert nach wie vor Jahre.

Die großen Hotels sind auf Faxe und internationale Ferngespräche eingestellt. Letztere können per Telefonkarte *(tarjeta)* auch von den meisten öffentlichen Devisentelefonen aus geführt werden. *Tarjetas telefonicas* gibt es in Hotels und den Filialen der Telefongesellschaft ETECSA *(telepuntos)*. Auslandsgespräche sind sehr teuer. Von öffentlichen Pesotelefonen aus kann man äußerst preisgünstig Inlandsgespräche führen.

Der Ausbau des cubanischen Handynetzes ist mittlerweile sehr weit fortgeschritten und deckt nun fast das ganze Land ab. Inzwischen kann jeder Cubaner für 40 CUC eine Mobilfunkkarte *(línea)* erwerben und braucht nicht mehr Ausländer darum anzubetteln. Die Verbindungsgebühren für Anrufe und Kurznachrichten sind recht happig. Außerdem müssen die nach dem Prepaid-Prinzip funktionierenden Sim-Karten *(tarjetas)* alle zwei Monaten mit mindestens 10 CUC aufgeladen werden. Auch der angerufene Mobilfunknutzer zahlt Verbindungsgebühren!

Die Erlaubnis der Regierung, legal Mobiltelefone zu erwerben und zu nutzen, stellt also kein einsichtiges Entgegenkommen an die Bevölkerung dar, sondern ist eher eine weitere Methode, dieser ihre oft genug sauer verdienten Devisen abzuknöpfen.

348cu js

▷ Öffentlicher Fernsprecher

Internet

Die cubanische Regierung hat ein **gespaltenes Verhältnis** zu diesem faszinierenden Medium: Sie hegt die Befürchtung, dass das World Wide Web die althergebrachten sozialistischen Werte unterwandern hilft, etwa durch den Zugriff auf die Homepages der internationalen Presse.

Natürlich ist den staatlichen Zensoren auch nicht entgangen, dass Castro-feindliche Exilanten, vor allem in Florida, mit einigem Aufwand Internetpräsentationen betreiben, die das cubanische Volk zum Widerstand gegen das Regime aufrufen.

Nichtsdestotrotz gibt es diverse Möglichkeiten, auf Cuba ins Netz zu gehen. Für ihre Gäste haben Touristenhotels Online-Stationen mit Standleitungen eingerichtet. In allen größeren Städten finden sich inzwischen „Internetcafés". Ab 4,50 CUC pro Stunde können sowohl Cubaner als auch Touristen im Web surfen. Cubaner verwenden für ihre elektronische Post vorzugsweise den staatlich betriebenen E-Mail-Service *Correo de Cuba*. Angeblich plant die Regierung auch eine Verlegung von Privatanschlüssen via ADSL im großen Stil. Anfang 2013 wurde eine unterseeische Glasfaserverbindung zu Venezuela in Betrieb genommen.

Angestellte, die an den Hochschulen oder in den Bereichen Gesundheitswesen und Tourismus, etwa bei einer Autovermietung oder INFOTUR (der staatlichen Touristenauskunft), arbeiten, können an ihrem Arbeitsplatz mit Genehmigung ihrer Vorgesetzten ab und zu umsonst ins Internet gehen. Verweigert der Chef seine Einwilligung, dann macht er ja vielleicht irgendwann mal eine Kaffee-Pause ...

Energie- und Wasserversorgung

Nahezu alle Cubaner verfügen über elektrisches Licht. Weiße Flecken der Elektrifizierung finden sich nur noch in sehr ländlichen Gebieten. Kochen mit Gas ist offiziell nur in La Habana erlaubt. Auf dem Land werden die Kochgelegenheiten überwiegend mit Strom und gelegentlich mit Kerosin betrieben. Die berüchtigten und oft unangekündigten *apagones* (Stromausfälle) der 1990er-Jahre waren zwischenzeitlich selten geworden, haben aber seit etwa 2008 wieder zugenommen. In den Touristengegenden, den Stadtzentren und anderen „wichtigen" Gegenden *(zonas priorizadas)* kommen sie jedoch gar nicht vor.

Die meisten Hauhalte haben fließendes Wasser. Warmwasser ist, abgesehen von den auf ausländische Touristen spezialisierten Pensionen, bisher kein Standard und bei meist tropischen Temperaturen ja auch nicht unbedingt nötig. Auch wenn Cubaner gerne mal ein kühles Glas Leitungswasser *(agua del grifo)* trinken: Touristen sollten dies tunlichst vermeiden. Wer sich nicht an diesen Rat hält, wird mit ziemlicher Sicherheit nähere Bekanntschaft mit einem gewissen Montezuma *(diarrea)* machen.

Das Jahr 2006 war mit viel Tamtam zum „Jahr der energetischen Revolution" *(Año de la revolucíon energética)* erklärt worden. Um die Stromversorgung zu verbessern, wurden unter anderem das Leitungsnetz aufgearbeitet und knapp 1000 große Dieselgeneratoren angeschafft, die zusammen einen Großteil des Bedarfs an elektrischer Energie decken können sollen. Die Nichtregierungsorganisation CUBASOLAR setzt sich für den Ausbau der Nutzung erneuerbarer Energien ein.

Religion und Magie: rote Insel – schwarze Götter

◁ Darstellung der „Virgen de la Caridad del Cobre" in einer Kirche (224cu js)

Religion und Magie im Alltag

Die cubanische Verfassung garantiert Religionsfreiheit und die **Trennung von Staat und Kirche.** Nach den aktuellsten statistischen Erhebungen bekennen sich 44 Prozent der Cubaner zum christlichen Glauben. 25 Prozent bezeichnen sich als Spiritisten. 31 Prozent sind Atheisten, hängen also ganz im Sinne des Sozialismus keiner Religion an. Nach einer anderen Studie soll knapp die Hälfte der Cubaner konfessionslos sein.

Nach dem Verständnis vieler Cubaner schließen sich Christentum und spiritistische Glaubensvorstellungen nicht gegenseitig aus, sondern verschmelzen miteinander bzw. können nebeneinander bestehen. Die Grenze zwischen katholischen Bräuchen und afrocubanischen Kulten ist dabei manchmal schwer zu ziehen.

Im cubanischen Alltag stößt man oft auf kultische Handlungen. Dumpfer Trommelwirbel dröhnt aus manchen Häusern. Viele Autofahrer haben eine aufwendig gekleidete, *diablito* (Teufelchen) genannte Puppe an ihrem Rückspiegel hängen. Sie soll nicht nur den Rückspiegel schmücken, sondern stellt auch einen Talisman des Abacuá-Kultes dar (vgl. Abschnitt „Andere afrocubanische Kulte"). Hin und wieder sieht man ganz in Weiß gekleidete Passanten.

Wer eine cubanische Wohnung betritt, trifft möglicherweise auf einen Heiligenaltar, der mit bunten Perlenkettchen und Fläschchen geschmückt ist. Wird eine Flasche Rum geöffnet, verspritzt so mancher Gastgeber ein wenig des Inhaltes auf den Boden, bevor er ihn den Gästen anbietet: *„para los santos"* (für die Heiligen).

Heilige, die harten Alk mögen? – Auf Cuba kein Widerspruch, denn die einheimischen „Santos" haben nicht nur katholische, sondern auch afrikanische Aspekte in sich aufgenommen und die lebensfrohen Götter des Schwarzen Kontinents vertragen schon was. Genauer gesagt, wurden die *orishas* genannten Gottheiten der ursprünglich rein afrikanischen Kulte mit christlichen Heiligen „assoziiert": Öffentlich verehrten die aus ihrer Heimat Verschleppten vordergründig die Jungfrau Maria, die Heilige Barbara oder den Heiligen Lazarus, dachten dabei aber an die vertrauten Götter ihrer Väter.

Wenn Gläubige auf Cuba heute zur Jungfrau von Cobre beten, dann könnten sie tatsächlich „reine" Katholiken sein. Möglich ist aber auch, dass es sich um Anhänger der Liebesgöttin Ochún handelt, denen die

▷ Der Gottheit Obatalá geweihte Kultgegenstände im Haus eines Babalaos sich daraus eigentlich ergebenden dogmatischen Widersprüche herzlich egal sind. Afrikanische Götter sind nicht in einem abstrakten Himmelskosmos zu Hause, sondern leben mitten unter den Gläubigen. Viele Cubaner haben ihrer persönlichen Schutzgottheit einen kleinen Altar errichtet, an dem sie ihr opfern. Sie kann genauso gut von einem glatt polierten Stein (*otá*) wie von der Statue ihres christlichen Pendants verkörpert werden.

Dreh- und Angelpunkt des cubanischen Marienkultes ist die *Virgen de la Caridad del Cobre* (Barmherzige Jungfrau von Cobre), die Nationalheilige Cubas, die in der Santería ausgerechnet mit der sehr sinnlichen Göttin Ochún assoziiert wird. Sehr bewegend sind die im *Virgen-santuario* (Virgen-Heiligtum) bei Cobre gepflegten Bräuche zu Ehren der Jungfrau: Nach der katholischen Messe wird die über dem Altar aufbewahrte, etwa einen Meter große Heiligenfigur um 180 Grad gedreht. Die Gläubigen haben die Möglichkeit, über eine Treppe in einen speziellen Andachtsraum zu gelangen, um ihrem Idol Blumengebinde und Kerzen darzubringen. Diese Gaben sind rund um die Kirche zu erstehen. Anschließend kann man sich mit Fürbitten und Danksagungen in ein Gästebuch eintragen.

Erwirbt man in Cobre eine der handgeschnitzten Jungfrauendarstellungen, sollte man darauf achten, einige der auf ganz Cuba als Glücksbringer geltenden, glitzernden Steinchen gratis dazuzubekommen.

PROTEGE Y BENDICE NUESTRA FAMILIA

Viele Cubaner küren ihre als Madonna dargestellte Heilige zum **persönlichen Schutzengel.** Entsprechend häufig sieht man ihre Abbildung in Privatwohnungen oder als Schmuckstück. Überhaupt ist katholische Symbolik weit verbreitet. Ein Bild von Jesus Christus neben einem Santería-Altar ist für Cubaner kein Widerspruch.

Um aber schon hier einem schiefen Eindruck vorzubeugen: Zahlreiche Cubaner können mit Religiosität im Allgemeinen und den hier dargestellten Kulten wenig oder gar nichts anfangen und meiden das Thema soweit als möglich.

Katholizismus

Obwohl der Katholizismus Staatsreligion war, hatte die römisch-katholische Kirche bereits **vor 1959** keinen allzu guten Ruf im Volk. Sie galt als Bekenntnis der Wohlhabenden und stellte einen bedeutenden Machtfaktor mit großem Landbesitz dar. Viele Priester stammten aus dem ungeliebten Spanien und der Klerus schien sich stets auf die Seite der Reichen und Herrschenden zu stellen. Nur ein Bruchteil der römisch-katholisch Getauften, in der Mehrzahl Frauen, war kirchlich engagiert.

☑ Papst Benedikt XVI. besuchte Cuba im Jahr 2012

Extrainfo 17 (s. S. 6): Das ARD-Mittagsmagazin berichtete Ende März 2012 vom Papstbesuch – und ließ auch einen *Santero* zu Wort kommen

Päpste auf Cuba

Vom 21. bis 25. Januar 1998 besuchte **Papst Johannes Paul II.** *(Juan Pablo II, gesprochen: Juan Pablo Segundo) als erster Papst der Geschichte Cuba. Während seiner Messen in Santa Clara, Camagüey, Santiago de Cuba und La Habana übte der katholische Pontifex Maximus sowohl Kritik an der kommunistischen Herrschaft des Máximo Líder als auch an der Blockade-Politik der USA. Der polnische Papst forderte von beiden Konfliktparteien den Aufbau einer gerechteren und freieren Gesellschaft.*

Se oye, se siente, el Papa está presente (Man hört es, man fühlt es, der Papst ist hier) skandierten die Massen vor dem Abschiedsgottesdienst auf La Habanas Plaza de la Revolución.

Trotz der allgemeinen Begeisterung waren auch kritische und ironische Stimmen zu hören. Mit Blick auf die Versorgungslage Ende der 1990er-Jahre machten z. B. der Satz „der Papst ist gekommen, um zu sehen, wie man von Wundern leben kann" und andere bissige Witze die Runde. Besonders gerne wurden die für die meisten Cubaner absurden Botschaften der Verurteilung von Abtreibung und Empfängnisverhütung sowie die von Johannes Paul II. postulierte Sexualmoral aufs Korn genommen.

Fidel Castro versuchte den Papstbesuch im Rahmen eines medienwirksam inszenierten Spektakels zu instrumentalisieren. In der Hoffnung auf internationalen Prestigegewinn zeigte er sich der Weltöffentlichkeit in einem schwarzen Anzug statt im olivgrünen Rebellendress und hielt sich während des gesamten Rummels relativ diskret im Hintergrund.

Die fünftägige Pastoralreise führte dazu, dass der 25. Dezember (Weihnachten) auf Cuba wieder nationaler Feiertag wurde.

Vom 26. bis 28. März 2012 war dann **Benedikt XVI.** *(Benedicto diez y seis), als „Pilger der Barmherzigkeit" (Pelegrino de la Caridad) auf Cuba unterwegs. Mit Hunderttausenden feierte er Messen in Santiago de Cuba und La Habana, besuchte den Wallfahrtsort El Cobre und traf sich mit beiden Castros - eine Begegnung, bei der beeindruckende 249 Lebensjahre zusammenkamen.*

Der deutsche Papst mahnte Reformen an, nach Meinung der meisten Kommentatoren allerdings weniger nachdrücklich als sein Vorgänger 1998. Der cubanischen Regierung kam er entgegen, indem er die Auswüchse des Kapitalismus anprangerte.

Regimekritiker, die sich von den beiden Papstbesuchen Impulse für nennenswerte Umwälzungen erhofft hatten, wurden enttäuscht. Auch bleibt fraglich, ob es der katholischen Kirche gelingt, auf Cuba wieder an Einfluss zu gewinnen. Die Ausbreitung des Santería-Volksglaubens beobachtet man im Vatikan mit Sorge.

Im Zuge der **Revolution** verlor die Kirche sämtliche Privilegien. Der kirchliche Grundbesitz wurde konfisziert und mehr als die Hälfte der Priester flüchtete ins Exil. 1961 ging das Bildungswesen, das jahrhundertelang ganz überwiegend in den Händen der katholischen Kirche lag, auf den Staat über.

Die seit 1992 in der Verfassung garantierte Freiheit der Religionsausübung schließt eine direkte Benachteiligung praktizierender Katholiken aus. Zuvor hatten sich beispielsweise Parteibuch und Kirchgang nicht vertragen. Gläubigen Christen wurde eine Karriere in der PCC verwehrt. Ganz im Sinne der berühmten Annahme von *Karl Marx,* die Religion sei das Opium des Volkes, wurden lange Zeit nur Atheisten als gute Revolutionäre angesehen. Allerdings waren Gottesdienste, ob katholisch, evangelisch oder andere, auch nach 1959 zu keiner Zeit verboten worden.

Erst der **Besuch von Papst Johannes Paul II.** im Januar 1998 machte den Katholizismus wieder hoffähig und ließ die Zahl der Gottesdienstbesucher etwas ansteigen. Auch pompöse kirchliche Trauungen wurden wieder beliebter. Die meisten Kirchenvertreter üben zwar **Sozialkritik,** bei allzu kritischer „Einmischung" in die Politik müssen jedoch auch sie mit Schikanen rechnen. Obwohl heute ca. 40 Prozent der Cubaner **römisch-katholisch getauft** sind, nimmt nur eine Minderheit von ihnen regelmäßig am Gottesdienst teil.

Protestantismus und religiöse Minderheiten

Protestanten, vor allem Baptisten, Methodisten, Presbyterianer und Anglikaner gibt es aufgrund des starken US-amerikanischen Einflusses seit der vorletzten Jahrhundertwende auf Cuba. Sie machten vor der Revolution etwa drei Prozent der Bevölkerung aus, gegenwärtig ca. vier Prozent.

Der Anstieg ist auch darauf zurückzuführen, dass die meisten Cubaner, die nach 1959 das Land verließen, römisch-katholischen Glaubens waren. Protestanten, die tendenziell den ärmeren Schichten angehörten, profitierten mehrheitlich von den revolutionären Reformen. Protestantische Pastoren waren sozial engagierter als ihre katholischen Kollegen und neigten eher dazu, die **Revolution zu unterstützen.** Da der Protestantismus kaum Privilegien genoss, hatte er auch nicht so viel zu verlieren wie der reich gewordene römisch-katholische Klerus.

Seit die Religionsfreiheit 1992 verfassungsrechtlich garantiert wurde, hat sich die Zahl der auf Cuba vertretenen protestantischen Konfessionen nahezu verdoppelt. Die **Baptisten** stellen nach wie vor die größte der inzwischen zahlreichen Gruppen. Auch die Freimaurer mit ihrer rationalen

Ethik und humanitären Orientierung setzten sich in der Mehrzahl für die Unabhängigkeit Cubas ein. So war beispielsweise *José Martí* Freimaurer.

Die **jüdische Gemeinde** und die Zahl bekennender **Moslems** und **Rastafaris** gilt als ziemlich überschaubar. Hingegen sollen sich die **Zeugen Jehovas** wachsender Anhängerschaft erfreuen und inzwischen ca. 85.000 Mitglieder haben.

Santería

Wie schon angedeutet, sind in der cubanischen Volksreligion synkretistische Vorstellungen seit der Kolonialzeit stets populär gewesen. **Synkretismus** bedeutet, dass verschiedenartige religiöse Lehren und Praktiken kombiniert werden und nebeneinander Bestand haben, obwohl sie sich in vielen Punkten unterscheiden oder gar widersprechen.

Auf Cuba sind die religiösen Vorstellungen der aus Afrika Verschleppten mit katholischer Volksfrömmigkeit zu afrocubanischen Religionen verschmolzen. Denn auch wenn die Gepeinigten die Insel meist nackt erreichten, brachten sie doch ihre Kultur, ihre Götter und ihren Glauben mit. Ethnologen und Linguisten konnten zwei **„Keimzellen" afrocubanischer Religionen** ausmachen: Den bantusprachigen Bereich Zentralafrikas (heute Demokratische Republik Kongo u. a.) und die Yoruba-Kultur im Gebiet des heutigen Nigeria.

Musik, Tänze, Gewohnheiten und Religion entwickelten sich unter dem Einfluss des spanischen Katholizismus zu einem religiösen Erbe, das alle politischen Systeme überdauerte und gerade in letzter Zeit wieder neue Anhänger findet. Die **wichtigsten afrocubanischen Religionen** der Gegenwart heißen Santería, Palo (de) Monte und Abacuá. Die beiden letztgenannten zählen zu den sogenannten Congo-Kulten, d.h. sie haben ihren Ursprung in den Ebenen des zentralafrikanischen Kongobeckens. Man kann mehreren und theoretisch sogar allen afrikanischen Religionen gleichzeitig angehören, da diese Kulte keine starre Dogmatik kennen. Ihr Wiedererstarken in der Bevölkerung steht sicherlich mit der angespannten wirtschaftlichen Lage in Zusammenhang.

Die **charakteristischsten Merkmale** der afrikanischen Religionen sind der Glaube an eine von guten und bösen Geistern bewohnte mythisch-magische Parallelwelt, archaische Totenkulte und Opferhandlungen. Die in ihren Gemeinden hoch geachteten Schamanen wenden Weiße und Schwarze Magie an und setzen bei den rituellen Handlungen Musik sowie bestimmte Übungen und Mittel ein, um Zugang zu einer transzendenten Realität zu erlangen.

Adriana bei einem Santero

Schon seit einigen Tagen klagt Adriana über heftige Bauchschmerzen. Sie kann nicht genau sagen, ob diese eher vom Magen oder vom Unterleib her kommen. Die Ärztin der Gesundheitsstation hat ihr Schmerzmittel verschrieben, doch die sind zurzeit nur für CUC zu bekommen und Adriana ist gerade ziemlich schlecht bei Kasse.

Sie beschließt daher, zu einem für seine alternativen Heilmethoden bekannten Santero, der in einem Vorort von La Habana lebt, zu gehen. Dort angekommen, muss sie eine Weile warten, da sich vor dem Haus des Wunderheilers bereits eine Schlange von Patienten gebildet hat.

Als sie endlich dran ist, bittet sie die Frau des Santeros ins Wohnzimmer. Der Mann sagt ihr nach der kurzen Begrüßung, dass er annehme, sie komme wegen akuter Schmerzen. Verblüfft erzählt ihm Adriana, dass sie tatsächlich seit etwa einer Woche an Bauchschmerzen leide.

Der Santero nickt wortlos und bereitet die Heilungszeremonie vor: Er legt ein speziell für solche Fälle bereit gehaltenes Tuch so zusammen, dass es wie ein kurzes, dickes Seil aussieht. Dann bittet er Adriana, ihren Bauch freizumachen.

Worte murmelnd, die nicht spanisch sind, streicht er ihr mehrmals mit dem gefalteten Tuch über die schmerzende Stelle. Nach dieser kurzen Prozedur nimmt er von Adriana eine Summe Pesos entgegen, die in etwa zwei Euro entspricht, und bittet sie wiederzukommen, wenn am Tag darauf keine Besserung eingetreten sei. Als sie mit dem Bus zurück zum Studentenwohnheim fährt, geht es ihr tatsächlich bereits etwas besser. Vielleicht hat es der Santero tatsächlich fertig gebracht, die Selbstheilungskräfte ihres Körpers zu aktivieren?

Während der Fahrt denkt sie an ihre erste Erfahrung mit der Hexenkunst der Santería. Sie stand damals am Anfang ihres Studiums und ein Nachbar nahm sie eines Nachts mit nach Regla, dem Zentrum der Zauberer auf der anderen Seite der Bucht von La Habana.

Merkmale der Santería

La Regla de Ochá (Ifá), im cubanischen Volksmund schlicht *Santería* genannt (*santo* = Heiliger), ist mit Abstand die bedeutendste Ausprägung afrocubanischer Religiosität und steht dem haitianischen *Voodoo,* dem jamaikanischen *Obeah* (und *Myal*) sowie den brasilianischen Kulten *Candomblé* und *Umbanda* nahe.

Extrainfo 18 (s. S. 6): Website aus Österreich mit vielen Informationen zur Spiritualität der westafrikanischen Yoruba

Dort angekommen, klopften sie an eine Tür in einer belebten Straße und ein alter Farbiger öffnete. Im Patio gingen sie an verschiedenen katholischen Heiligen in Wandnischen und auf improvisierten Altären vorbei.

Die greise Santera, von der viele Nachbarn annahmen, dass sie eine Hexe („bruja") sei, hockte in einem Hinterzimmer auf dem Boden, murmelte Gebete auf Yoruba (Sprache Nigerias) und warf immer wieder eine Handvoll Muscheln auf ein rotes Tuch vor sich, während sie der jungen Studentin viele, teilweise intime Fragen stellte.

Nach einiger Zeit kam sie zu dem Schluss, dass Adriana allzu große Angst vor ihrer beruflichen Zukunft habe und sich obendrein nach einem liebevollen und treuen Partner sehne. Die Santera erklärte ihr, das Opfer eines Hahnes würde die Götter gnädig stimmen. Dieser sei allerdings nicht für weniger als fünf CUC zu haben.

Nachdem Adriana ihr das Geld gegeben hatte, brachte eine Helferin den Vogel herein. Die Santera griff zunächst nach einer Kalebasse, die sie mit Wasser, Parfüm und einer Rose füllte. In einen flachen Metallteller legte sie eine Bernsteinkette, Muscheln, eine Münze und einen feuchten, dunklen Stein.

Mit geübtem Griff packte sie den Hahn an Beinen und Flügeln, schwenkte ihn in Richtung verschiedener Altäre und rieb Adrianas Körper mit dem Tier. All das unter lautem Anrufen diverser Heiliger. Plötzlich verfiel die Santera in eine starre Pose und lauschte angestrengt, um dann unvermittelt in rasende Ekstase zu geraten, in deren Verlauf sie dem Hahn erst einige Federn ausriss und ihm anschließend den Hals umdrehte.

Das Blut des toten Tiers vergoss sie über die Gegenstände auf dem Metallteller, seinen abgetrennten Kopf legte sie daneben.

Adriana ist überzeugt, dass sie dank dieses komplizierten Ritus erfolgreich in ihr Studium startete und schon nach kurzer Zeit einen Mann kennen lernte, der sie für einige Zeit sehr glücklich machte.

Im Mittelpunkt stehen Heiligenanbetung, Initiationen, rituelle Trance und die Befragung von Orakeln. Die Santería entstand aus der Verbindung von Katholizismus, Spiritismus und westafrikanischen **Yoruba-Kulten.** Die Spanier hatten zwar versucht, die aus dem Südwesten des heutigen Nigerias stammenden Yoruba gleich nach ihrer Ankunft auf Cuba zu christianisieren, doch legten diese den alten Götterglauben nicht ab, sondern „versteckten" ihn hinter der katholischen Heiligenverehrung.

Die Anzahl der Orishas ist auf Cuba im Vergleich zu den afrikanischen Ursprungsregionen stark reduziert: Im yorubischen Pantheon gibt es **Hunderte von** Gottheiten *(orishas),* während in der Santería lediglich etwa zwei Dutzend von ihnen verehrt werden, von denen wiederum nur zwölf als besonders wichtig gelten. Die meisten von ihnen werden in mehrere Aspekte/Ausprägungen *(caminos,* wörtlich: Pfade) aufgeteilt, innerhalb derer sie unterschiedliche Charakterzüge aufweisen und in denen sie entsprechend ihres Verhaltens und ihrer äußeren Merkmale mit katholischen Heiligen gleichgesetzt werden.

Diese Synkretisierung genannte Eigenart der afroamerikanischen Religionen ist keine Errungenschaft der Neuzeit, sondern findet sich in vielen Perioden der Menschheitsgeschichte, so etwa beim Aufeinandertreffen der antiken Kelten und Römer, als druidische Vorstellungen und die römische Götterwelt ein Stück weit miteinander verschmolzen.

Ein Beispiel für die Aufspaltung der Santería-Gottheiten in (sehr) viele Ausprägungen gibt der Orisha Elegúa: Bezüglich des beliebten und für viele Kulthandlungen immens wichtigen **Orishas Elegúa (Eshu)** sind 21 Manifestationen allgemein anerkannt. Viele Santeros billigen ihm jedoch über 70 weitere zu – jede davon mit eigenem Aufgabengebiet, speziellen Eigenschaften und individueller Bezeichnung von Elegúa Abaile bis Eshu Yeku Yelede.

An der Spitze der Götterhierarchie steht die allmächtige Wesenheit Olodumare, die sich in drei Aspekte aufspaltet: *Olodumare, Olorun* und *Olofi.* Die Orishas dienen den Gläubigen bei der Kommunikation mit Olodumare als „Boten".

Religionswissenschaftler streiten seit jeher über die Frage, ob die Yoruba-Kulte und ihre überseeischen Ableger als polytheistische oder aber als im Grunde monotheistische Religionen zu klassifizieren sind, wo die Orishas keine Götter darstellen, sondern eher Überbringer von Fürbitten sind. Selbst unter den *babalaos* (Hohepriester der Santería) gehen die Meinungen hinsichtlich den Olodumare und seinen Orishas zugesprochenen Eigenschaften und Attributen weit auseinander. Einige vertreten Auffassungen, die das glatte Gegenteil der Ansichten ihrer Kollegen darstellen. Es besteht also reichlich Stoff für hitzige Diskussionen.

▷ Orishas mit Opfergaben auf einer Kommode

Götterpantheon der Santería – die wichtigsten „Orishas"

Die auf Cuba hauptsächlich verehrten Orishas des Santería-Götterpantheons, die *Siete Potencias Africanas* (sieben afrikanische Mächte), sollen hier kurz vorgestellt werden. Der jeweils korrespondierende katholische Heilige und eine Auswahl von in funktionaler Hinsicht etwa entsprechenden Göttern des griechischen, römischen, nordischen bzw. ägyptischen Altertums werden ebenfalls genannt. Die Parallelen sind wohl kein Zufall. Die gegenseitige Beeinflussung mediterraner und schwarzafrikanischer Göttersysteme gilt als sicher. Nach einer Ansicht soll der Ursprung des Yoruba-Kultes auf das antike Ägypten zurückgeführt werden können.

Jedem Gott sind verschiedene Eigenschaften, Rhythmen, Tiere, Gegenstände, Vorlieben für Speisen und Getränke sowie bestimmte Zahlen und Farben zugeordnet. Letztere spiegeln sich z. B. in den *Ilekes* genannten Glasperlenketten wieder, die Santería-Anhänger tragen, um sich den dauernden Schutz ihrer Lieblingsgottheit zu sichern.

Im Gegensatz zu ihren katholischen Doubles wird den Yoruba-Göttern weder ein tadelloser Lebenswandel noch Unfehlbarkeit nachgesagt. Die Orishas haben sehr menschliche Schwächen, geben sich ihren Launen hin und machen reichlich Fehler. Sie sind untereinander verwandt, befreundet und verfeindet. So ist beispielsweise Ochún die Ex-Gattin von Orula, dem mit dem Heiligen Franz von Assisi gleichgesetzten Sehergott. Shangó und Ogún sind Brüder, während Ochún und Yemayá Schwestern sind. Oyá ist mit Yemayá verfeindet, da sie bei dieser in grauer Vorzeit ihre Meere gegen die Herrschaft über die Friedhöfe eintauschte und inzwischen die Unvorteilhaftigkeit dieses Geschäftes erkannt hat. Eingefleischte Santería-Anhänger können sich stundenlange hitzige Debatten über diese *patakís* genannten Sagen und ihre Interpretation liefern.

Die Orishas sind untereinander **keiner Hierarchie unterworfen,** sondern stellen eine Ausprägung von Olofi dar, dem die Schöpfung repräsentierenden höchsten Wesen (siehe Abschnitt „Merkmale der Santería").

Dass die **Geschlechterzuordnung** bei der Synkretisierung mit den christlichen Heiligen oft nicht stimmig ist, stört niemanden. Die Legenden über ihre Abenteuer erinnern häufig an Mythen aus anderen archaischen und antiken Kulturkreisen. Unter Altertumsforschern wird daher die spannende Hypothese eines alten Bereichs relativer kultureller Einheit, der (West-)Europa und (West-)Afrika umfasst haben soll und dessen Spuren in beiden Gebieten noch heute zu finden sind, diskutiert. Allerdings gibt es auch Stimmen, die ein genuines, also eigenständiges Entstehen der Orisha-Kulte in Westafrika für möglich halten und Fremdeinflüsse weitgehend ausschließen. Eine ausgezeichnete wissenschaftliche Abhandlung über die Geschichte und Vorstellungswelt der afrocubanischen Religionen liegt mit dem Werk „Das Exil der Götter" des deutschen Ethnologen *Stephan Palmié* vor.

Eleguá (Elegguá, Elegba, Eshu)

Alle Zeremonien beginnen mit der Anrufung des Schelmengottes *Eleguá,* Herr über die Wege des Lebens. Er ist der Mittler zwischen den Orishas und den Menschen. Ohne ihn ist keine Kommunikation zwischen den Gläubigen und ihren Göttern möglich. Er wird gern mit dem Heiligen Antonius von Padua gleichgesetzt.

Eleguá wird durch einen Stein mit drei Kaurimuscheln als Augen und Mund (Abb. Seite 238 u. Seite 245) dargestellt, der hinter der Haustür platziert wird, wo er sich als Hüter der Schwellen und Übergänge besonders wohl fühlt. Zur Anrufung Eleguás ist es erforderlich, dass Zigarrenrauch auf die ihn darstellende Skulptur geblasen wird und man ihm durch die Zähne versprühten Rum opfert. Ferner mag er es, mit rotem Palmenöl eingerieben zu werden. Eine weitere typische Opfergabe ist getrockneter Fisch. Die ihm zugeordneten Farben sind Rot und Schwarz bzw. Weiß und Schwarz. Eleguás Zahlen sind die 3 und die 21. Sein Wochentag ist der Montag und der 3. Juni sein großer Festtag. Von den ihm zugesprochenen Eigenschaften und Aufgaben her ist er am ehesten mit den antiken Göttern Hermes, Loki, Kitsune, Merkur und Set vergleichbar. Die im haitianischen Voodoo korrespondierende Gottheit heißt *Papa Legba*.

Extrainfo 19 (s. S. 6)**:** Ausführliche Behandlung des afrocubanischen Santería-Kultes, inklusive Forum zum Meinungsaustausch und Links auf Videos mit authentischen Tanz-Performances

Ochún (Oshún, Ochún-Kolé)

Ochún ist in der Mythologie der Yoruba die Göttin der Sinnlichkeit, der Mutterschaft, des Süßwassers und des Goldes. Ihre christliche Entsprechung findet diese Herrin über alle süßen und schönen Dinge in der Virgen de la Caridad de Cobre (Barmherzige Jungfrau von Cobre), der Nationalheiligen Cubas.

Sie herrscht nicht nur über die Ströme der Erde, sondern auch über das Blut als Fluss im Inneren des Körpers. Ihr Symbol ist der Spiegel, typische Opfergaben sind Kürbisse und Honig. Ihre Zahl ist die 5, ihre Farbe ist Gold bzw. Gelb. Ihr Wochentag ist der Donnerstag und ihr Feiertag der 12. September. Ochúns Wesen erinnert an Aphrodite und Venus.

Shangó (Changó)

Shangó (auch: *Chango*) ist der wohl populärste Orisha. Er beherrscht unter anderem das Gewitter, liebt den Krieg, die Musik, den Tanz und sexuelle Ausschweifungen. Es muss also unbedingt laut und zünftig zugehen. Er steht für Athletik, Mut und Eitelkeit. Die Spielsucht ist seine größte Schwäche. Als Herzensbrecher und Frauenheld schlawinert er sich durchs Leben. Nach der am meisten verbreiteten Ansicht ist Shangó mit Oyá verheiratet, Oshún ist eine seiner Lieblingskonkubinen.

Eines seiner Symbole ist die Doppelaxt, Rot und Weiß sind seine Farben und ausgerechnet die Heilige Barbara wurde Shangós katholisches Pendant. Sein Festtag fällt auf den 4. Dezember. Er ähnelt unter anderem dem griechischen Apollo.

Ogún (Oggún)

Ogún ist der Gott des Eisens, der Mineralien, Schlüssel, Gefängnisse und Werkzeuge. Seiner Vorliebe für Metall entsprechend ist er die Schutzgottheit der Autofahrer und Soldaten.

Er wird dargestellt durch einen schwarzen Stein, der zusammen mit verschiedenen Gegenständen aus Metall (Messer, Macheten, Kettchen, Amboss, Soldatenfiguren u. Ä.) in einem eisernen, dreibeinigen Kessel aufbewahrt wird. Sein christliches Double ist mit dem Heiligen Petrus der Gebieter über den (metallenen) Schlüssel zum Himmelstor. Manche setzen Ogún auch mit Johannes dem Täufer oder dem Erzengel Michael gleich.

Seine bevorzugten Opfergaben Rum, Honig, Palmöl, Hähne und Räucherfisch werden, wegen seiner Affinität zu metallenen Gegenständen, gerne neben Eisenbahnschienen abgelegt.

Ogúns Farben sind Grün und Schwarz (gelegentlich auch dunkles Lila), sein Feiertag ist der 29. Juni. Er kann mit dem römischen Mars und dem keltischen Medru verglichen werden.

Yemayá

Die afrikanische Entsprechung der Schwarzen Madonna von Regla (*Virgen de Regla*) ist die blau gewandete *Yemayá,* Mutter aller Orishas und der gesamten Menschheit, Göttin des Ozeans und obendrein Schutzpatronin La Habanas.

Enten und Wassermelonen sind ihre Lieblingsspeisen. Die für sie bestimmten Opfergaben werden ins Meer geworfen.

Ihre Zahl ist die 7, ihre Farben Blau und Silber bzw. Blau und Weiß. Der ihr zugeordnete Wochentag ist der Samstag und ihr Fest findet am 8. September statt. Yemayás Wesen erinnert an einige Attribute der ägyptischen Göttin Isis.

Obatalá

Obatalá (Foto Seite 221) nimmt den höchsten Rang unter den Orishas ein und wird gerne mit der Jungfrau Maria oder aber gleich mit Jesus Christus assoziiert. Er steht für eine hohe ethische Gesinnung und symbolisiert als in einen weißen Mantel gehüllte, androgyne Gottheit Frieden, Gerechtigkeit, Intelligenz, Kreativität, Harmonie, Moral und Ausgleich.

Der ihm zugeordneten Farbe Weiß entsprechend bevorzugt er Opfergaben wie das Innere von Kokosnüssen, helle Tauben und geheiligten Kalkstein. Der Sonntag ist sein Wochentag und sein Feiertag wird am 24. September begangen. Obatalá erinnert teilweise an den römischen Gott Jupiter.

Oyá (Yansa)

Oyá ist die Göttin der Winde und der Veränderung. Sie herrscht über Friedhöfe und Marktplätze und hat die Macht, aus ausweglosen Situationen zu befreien. Sie entspricht der Virgen de La Candelaria bzw. der Heiligen Theresa und wird als starke Amazone dargestellt.

Ihre Farbe ist Weinrot und ihr Ehrentag der 9. Februar. Sie erinnert mit ihrem Treiben an die Titanentochter Hekate, eine Gestalt der griechischen Mythologie.

Weitere Orishas

Die Namen einiger weiterer bedeutsamer Orishas lauten *Babalú-Ayé, Dadá, Ibeji, Obbá, Olokún, Ori, Orula (Ifá, Orunmila), Ochosi (Oshosi)* und *Yewá.* Wie an den in Klammern genannten Alternativbezeichnungen zu sehen, werden nicht nur unterschiedliche Schreibweisen, sondern auch verschiedene Namen verwendet. Von den eben genannten Gottheiten erfreut sich insbesondere **Babalú-Ayé,** der Schutzheilige der Kranken, Mühseligen und Beladenen bei den Cubanern großer Beliebtheit. Er wird meist

Zwei Yoruba-Mythen und ein Gebet

Schöpfungsmythos (eine von mehreren Versionen)

Am Anfang war nur das Wasser: Olokun, das göttliche Meer. Der allmächtige Gott Olodumare schickte Oduduwa als einen der ersten Untergötter mit seinen 16 Gehilfen auf die Erde. Mit einer Kette aus Gold ließ dieser sich vom Himmel herab. Oduduwa hatte ein Schneckenhaus voll Erde und eine große fünfzehige Henne bei sich. Die Erde schüttete er auf das Wasser und der Vogel scharrte in der Erde. So entstanden Berge und Täler. Im Zentrum des Landes lag Ilé-Ifè, die heilige Stadt der Yoruba. Dort herrschte Oduduwa. Der Erdkreis aber wurde unter den Göttern aufgeteilt.

Wie Oyá ihren Gemahl Shangó vor seinen Feinden rettete

Shangó war auf der Flucht vor feindlichen Verfolgern tief in den Urwald hineingeraten. Seine gefürchtete Waffe, das Feuer der Blitze, hatte ihm gegen die übermächtige Horde nicht weitergeholfen. Müde und erschöpft merkte er mitten im Dschungel, dass ihm die Männer immer noch dicht auf den Fersen waren. Daher war er froh, als er Oyás Hütte erreichte. Oyá war eine seiner Frauen und als Shangó ihre Behausung betrat, merkte sie sofort, dass er Hilfe brauchte.

Oyá hatte eine glänzende Idee. Sie hüllte Shangó in ihre Kleider, sodass er im Dunkeln leicht mit ihr verwechselt werden konnte. Shangó war skeptisch und fürchtete, die Feinde würden nicht auf den Trick hereinfallen. Da schnitt sich Oyá ihre langen Haare ab und flocht sie in Shangós Haare. Nun sah er tatsächlich aus wie sie. Nachdem er sich etwas gestärkt hatte, konnte er auf diese Weise unbehelligt aus dem Urwald entkommen.

Morgengebet

„Jetzt, da ich aufgewacht bin, erweise ich dem Reich der Ahnen Respekt. Bitte lass mir Gutes widerfahren. Gib mir Leben, o innerer Geist und ich werde unsterblich. Bitte lass mir Gutes widerfahren. Die Geister des Lichts gehören zu Amakisi im Osten. So sei es."

Auf Yoruba klingt diese Fürbitte so:

„Emi ma ji loni o. Mo foribale f'Olorun. Ire gbogbo ma waba me. Ori mi da'mi da'iye. Ngo ku mo. Ire gbogbo mni temi. Imole ni ti Amakisi. Ase."

als kranker, von Hunden begleiteter Mann mit Krücken dargestellt und mit dem Heiligen Lazarus gleichgesetzt. Seine Farben sind Weiß und Blau, sein besonderer Festtag ist der 17. Dezember.

Auch **Ochosi** soll kurz vorgestellt werden: Als Gott der Jagd beschützt er alle Waidmänner und sichert ihr Jagdglück. Weiterhin soll er ein großer Magier sein und Macht über neue Häuser und Städte haben. Er versteht viel von administrativen Dingen. Gerät jemand mit dem Gesetz in Konflikt, wird vor allem Ochosi um Beistand gebeten. Synkretisiert wird er mit dem Heiligen Norbert von Xanten. Seine Farben sind Blau und Grün (manchmal auch Schwarz und dunkles Lila) und er ähnelt den alten europäischen Göttern Orion, Herne, Frey und Wotan sowie allen Jagdgöttern schamanischer Kulturen.

Initiationen

Strenggläubige Anhänger der Santería betrachten ihr Leben als einen spirituellen Aufstieg, dessen grober Rahmen durch vier aufeinander aufbauende Initiationsrituale abgesteckt wird. Diese Einweihungsstufen nennen sich *elekes* (Schmuckketten), *guerreros* (Krieger), *santeros* (Priester) und *babalaos* (besonders qualifizierte Priester).

Gemeinsam ist allen Initiationen, dass man sie (zumindest nach dogmatischem Ansatz) nicht kaufen kann, sondern sie sich durch persönliche Bewährung in der Gemeinde verdienen muss. Für jedes Initiationsritual benötigt der Aspirant einen in Glaubensfragen bewanderten Paten *(padrino)* oder eine Patin *(madrina)*. Die Paten kümmern sich um die Vorbereitungen der Zeremonien, wofür sie entsprechend entlohnt werden. Die jeweils nächste Einweihungsstufe wird nicht automatisch erreicht, sondern nur bei entsprechender Eignung und Qualifikation. Zwischen zwei Stufen können daher durchaus viele Jahre oder Jahrzehnte liegen, wobei die meisten Gläubigen ohnehin nicht über die erste oder zweite Stufe hinauskommen.

Für die Initiationen muss gezahlt werden. Der Service für die Einweihung in *elekes* und *guerreros* ist vergleichsweise günstig zu haben, aber insbesondere für die Babalao-Initiation kann er ziemlich kostspielig werden. Die Rituale zur Erlangung der Initiationsstufe *santero* schlagen auf dem Land mit etwa 50 CUC zu Buche, in den großen Städten ab 100 CUC. Ausländer zahlen stets wesentlich mehr.

Die Aussicht auf den schnellen CUC reizt natürlich auch Scharlatane. Das Reggaetón-Trio *Kola Loka* aus Santiago de Cuba macht sich in seinem beinahe allen Cubanern bekannten Hit „La estafa del babalao" („Der betrügerische Babalao") wortgewaltig über die Abzockmethoden lustig.

Elekes

Mittelpunkt der Elekes-Initiation ist die Übergabe von fünf den Orishas Elegúa, Obatalá, Ochún, Shangó und Yemayá geweihten Glasperlenketten. Die am Körper zu tragenden Ketten sollen den Gläubigen den besonderen Schutz dieser Gottheiten sichern. In der Zeit vor der eigentlichen Zeremonie muss der Aspirant Regeln einhalten, beispielsweise bestimmte Nahrungsmittel und Vergnügungen meiden. Im Rahmen des eigentlichen Initiationsrituals wird er dann mit einer speziellen Kräutermischung (*omiero*) gereinigt und in weiße Kleidung gehüllt. Ergibt die Befragung des Kokosnussorakels (siehe den Abschnitt „Orakelsysteme"), dass alles zur Zufriedenheit der beteiligten Orishas verlaufen ist, werden dem Initiierten die fünf Glasperlenketten feierlich angelegt.

Guerreros

Bei der **Guerrero-Initiation** empfängt der Gläubige die Orishas Eleguá, Ogún, Ochosi und Osún in Gestalt eines Zementklotzes (Eleguá), eines metallenen Werkzeuges (Ogún), einer Miniatur-Armbrust (Ochosi) und eines Hahnes auf einem mit Glöckchen verzierten kleinen Gefäß (Osún). Er widmet diesen vier kriegerischen Gottheiten nun einen besonderen Platz in seiner Wohnung. Wird ihnen genügend Beachtung in Form von Gebeten und Opfergaben geschenkt, stehen sie ihm bei der Bewältigung seiner Probleme bei. Mögliche Opfergaben sind bestimmte Gegenstände (z. B. Kerzen, Münzen, Blumen), Nahrungs- und Genussmittel (Honig, Eier, Zigarren, Rum) oder Tiere (v. a. Hühner, Tauben und Ziegen).

Santeros

Der Initiation zum Santero geht eine einjährige Phase als Novize (*aleyo*) voraus. Zu deren Beginn hat sich der Aspirant dem dreitägigen *asiento* zu unterziehen.

Er wird dabei unter anderem kahl geschoren und stirbt einen symbolischen Tod, um als zukünftiger Santero neu geboren zu werden. In dem Jahr zwischen der Asiento-Zeremonie und der eigentlichen Santero-Initiation muss eine Vielzahl von Geboten und Verboten befolgt werden, beispielsweise sind alle Arten von Rauschmitteln streng zu meiden und es ist stets weiße Kleidung sowie eine weiße Kopfbedeckung zu tragen. Angehende Santeros und Santeras sind daher in der Öffentlichkeit leicht zu erkennen. „Falsche" angehende Santeros erkennt man unter anderem daran, dass sie sich bei Touristen anbiedern und auch gerne mal ein Bierchen trinken.

Für richtige Santeros gelten manche Tabus nur während ihres Novizenjahrs, andere müssen lebenslang eingehalten werden. Nach Ablauf der einjährigen Frist kann die Santero-Initiation durchgeführt werden, in deren Verlauf ein oder mehrere Orishas von dem neuen Santero bzw. der frischgebackenen Santera geistig Besitz ergreifen. Es wird solange geopfert, getrommelt und getanzt, bis der oder die Patengottheit den Aspiranten erst in Trance und dann in Ekstase versetzt („ihn reitet").

Babalaos

Babalaos stehen in der Santería-Hierarchie sehr weit oben. Nur wenige spirituelle Führer, die man respektvoll **Obá** nennt, verfügen über eine noch höhere geistige Autorität als die Babalaos. Die **Babalao-Initiation** ist allein heterosexuellen Männern vorbehalten und findet unter größter Geheimhaltung statt. Da der ein oder andere aber doch nicht den Mund halten konnte, weiß man inzwischen, dass der Initiant isoliert wird und nur zu einigen Babalaos Kontakt hat, die ihn eine Woche lang in seine neue Rolle einweisen. Schlafentzug, Zufügung von Schmerzen, psychoaktive Substanzen und andere Torturen sollen eine wichtige Rolle spielen. Während der Initiation wird ausschließlich in der westafrikanischen Sprache Yoruba kommuniziert.

Babalaos sind für die Gläubigen eine Mischung aus Seelenklempnern, Naturheilern und besonders qualifizierten Wahrsagern, die in schwierigen Lebenssituationen und vor wichtigen Entscheidungen konsultiert werden. Ihre Assistenten heißen *babaloshas,* Assistentinnen *iyaloshas.* Patron aller Babalaos ist der Orisha Orunmila.

Orakelsysteme

Die Santería kennt drei Orakelsysteme: *Ifá, Diloggún* und *Obi.* Das Ifá-Orakel, bei dem Samen oder Nüsse und eine kreisrunde Holztafel *(tablero)* benutzt werden, ist das anspruchsvollste und kann nur von Babalaos durchgeführt und interpretiert werden. Diloggún, ein System mit Kaurimuscheln, wird nur von Santeros befragt. Obi, ein verhältnismäßig simples, auf dem Werfen von Kokosnussschalen basierendes Orakel, wird sowohl von Babalaos als auch von Santeros am häufigsten angewandt.

2005 wurde das nigerianische Ifá-Orakel von der UNESCO zum „Meisterwerk der Menschheit" erklärt.

Tablero de Ifá

Nur Babalaos können das Orakel *Tablero de Ifá* (wörtlich: Tafel von Ifá) befragen, denn ausschließlich sie haben die entsprechende Ausbildung und Erfahrung sowie die erforderliche besondere Beziehung zum Sehergott Orula, der auf Cuba auch Ifá genannt wird.

Die Anhänger der Santería glauben an ein von Gott vorherbestimmtes Schicksal, das jedoch durch bestimmte Handlungen beeinflusst werden kann. Dabei ist nun Orula behilflich, der als Vermittler zwischen den Göttern und den Menschen durch das *Tablero de Ifá* spricht. Obendrein kennt er die Vorlieben der einzelnen Orishas und kann daher Ratschläge geben, wie sich der Hilfesuchende ihnen gegenüber am besten verhalten sollte. Seine Tätigkeit macht die Kommunikation mit den anderen Orishas überhaupt erst möglich. Er übt seine Macht mittels eines magischen Colliers (*ékuele*) aus. Seine Entsprechung im Katholizismus ist der Heilige Franz von Assisi, seine Farben sind Gelb und Grün.

Die Legende von Obi

Die Obi-Sage ist ein schönes Beispiel für ein ebenso lehrreiches wie unterhaltsames Santería-Pataki, also eine afrocubanische Götterlegende. Sie warnt die Gläubigen anschaulich vor den Fallstricken des Hochmuts und erklärt nebenbei, warum Kokosnüsse (obi) innen weiß und außen braun sind. Hier die Zusammenfassung der im Original detailreich ausgeschmückten Story:

Obatala, der Orisha der Weisheit, hatte einen Sohn namens Obi. Der junge Mann residierte in einer prächtigen Behausung hoch oben in den Palmen. Seine Anhänger kamen regelmäßig, um ihm zu huldigen. Im Laufe der Zeit packte ihn jedoch der Hochmut. Er empfing nicht mehr jeden Untertan, sondern nur noch diejenigen, denen es an nichts mangelte und die ihn daher fürstlich beschenken konnten. Ärmere Leute waren ihm gleichgültig geworden.

Der Orisha Elegúa sah das mit großer Sorge und verpetzte Obi bei dessen Vater. Obatala beschloss, sich ein eigenes Bild zu machen und kreuzte als Bettler verkleidet vor der Wohnung seines verzogenen Sohnes auf. Dieser wurde schrecklich zornig, dass es ein Habenichts wagte, ihm seine Aufwartung zu machen. Er befahl daher, den in Lumpen gehüllten Kerl einzusperren und zu bestrafen. Da wurde es Obatala zu bunt. Er gab sich zu erkennen und brüllte dem zu Tode erschrockenen Obi die für ihn vorgesehene Strafe entgegen: „Für alle Zeiten, Söhnchen, wirst nun Du selbst in Lumpen von brauner Farbe gehüllt sein. Dein Inneres aber wird so weiß sein wie meine Farbe als Orisha. Alle werden Dich ab sofort von den Palmen pflücken und als kostenlose Nahrungsquelle nutzen können. Und noch etwas: Die Menschen werden Dich in Stücke schneiden und als das simpelste aller Orakel benutzen!"

Der Erwerb der Kunst, dieses Orakel zu lesen, ist ein langjähriger Prozess, in dem zahlreiche Legenden auswendig gelernt werden müssen. Zum Ablauf des Orakels: Der Babalao lässt 16 Nüsse oder Samenkerne von der einen in die andere Hand gleiten. Je nachdem, wie viele Nüsse bzw. Samen in der Hand zurückbleiben, notiert er einen Strich oder eine Null. Nach acht Wiederholungen dieses Prozesses ergibt sich eines von insgesamt 256 sogenannten Orakelzeichen, die auf die *letras* (Texte) oder *oddus* (Prophezeiungen) und somit auf einen bestimmten Abschnitt der Yoruba-Mythen hinweisen.

Auf Cuba besitzen manche Babalaos ein Buch, in dem die zur Analyse notwendige Mythologie verzeichnet ist. Mithilfe des Orakelergebnisses kann ein Abschnitt zugeordnet und gemeinsam mit dem Gläubigen eine am Einzelfall ausgerichtete Interpretation zur individuellen Lebensbewältigung erarbeitet werden. Die abschließenden Ratschläge des Babalaos können sowohl abstrakt, als auch sehr konkret sein, etwa: Handle so und so oder lass uns dies oder jenes opfern.

Diloggún

Das Diloggún-System ist wesentlich einfacher als der Tablero de Ifá, denn es wird mit lediglich 16 Oddus gearbeitet, die durch den Wurf von Kaurimuscheln *(cauris)* festgelegt werden. Entscheidend ist, auf welche Seite diese fallen (Öffnung nach oben oder nach unten). *Diloggún* ist der Yoruba-Begriff für die Zahl 16.

Obi

Das Obi-Orakel wird in nahezu allen Ritualen und Zeremonien, aber auch im Alltag befragt, um rasch die jeweilige Meinung der Orishas einzuholen. In Afrika verwendet man hierfür vier Kolanüsse *(obi)*. Auf Cuba greift man mangels *obi* auf getrocknete Kokosnussstücke zurück. Es werden Fragen gestellt, die nur mit ja oder nein beantwortet werden können.

Auf diese Weise will man von den Orishas z. B. erfahren, ob sie mit den jeweils dargebrachten Opfergaben zufrieden sind. Um eine Antwort zu erhalten, lässt man die Stücke auf den Boden fallen. Die Interpretation des Wurfes hängt davon ab, wie viele der Stücke mit der weißen bzw. dunklen Seite nach oben liegen bleiben. Logischerweise gibt es fünf denkbare Konstellationen. Hier die jeweilige Bedeutung:

- 0 x Weiß: nachdrückliches NEIN, außerdem großes Unglück: *Babalao* aufsuchen!
- 1 x Weiß: NEIN, Angelegenheit näher untersuchen: noch mal werfen!
- 2 x Weiß: nachdrückliches JA!
- 3 x Weiß: VIELLEICHT, noch mal werfen, abermals 2 x Weiß bedeutet dann JA!
- 4 x Weiß: JA!

Es gibt eine schöne Legende, die erklärt, weshalb Kokosnüsse außen braun und innen weiß sind und daher zum Orakellesen benutzt werden können (siehe Exkurs „Die Legende von Obi" auf Seite 237).

Opfergaben

Opfergaben schaffen einen Bund mit den Orishas. Die Opferung selbst wird *eboo* genannt. Mit seinem Opfer dankt der Gläubige den Orishas oder versucht, sie gnädig zu stimmen.

Dabei sollte vor allem die persönliche (Schutz-)Gottheit permanent „bei Laune" gehalten werden.

Die Art des Opfers und dessen Durchführung hängen zunächst einmal vom jeweiligen Orisha und seinen speziellen Vorlieben ab. Zusätzlich wird immer das Orakel befragt, was genau die Gottheit von ihren Anhängern in der konkreten Situation, z. B. im Fall einer speziellen Bitte, fordert.

Kerzen sind die für den Gläubigen kostengünstigsten Opfergaben. In der Opfergaben-Hierarchie weiter oben stehen unter anderem Rum und bestimmte Pflanzen, auch Blumen. **Tiere** stellen die wertvollsten Opfer dar, wobei vierfüßige Tiere (z. B. Ziegen) über zweifüßigen (z. B. Tauben

◁ Opfergabe für die Orishas, Shangó (auf dem Tischchen) und Elegúa (am Boden)

und Hähne) stehen. Manche Santería-Anhänger klagen unverhohlen über die Kosten, die die Opferwünsche „ihres" Orishas verursachen. Es gibt verschiedenste Anlässe für ein Opfer, z. B.:

- Dank für den Schutz durch die Orishas
- Erflehen generellen Schutzes
- Einsatz für das in Gefahr schwebende Leben eines Menschen
- Initiationszeremonien

Bei Initiationszeremonien wäscht das Blut der Opfertiere den Neuling nach Vorstellung der Gläubigen von seinen bisherigen Verfehlungen frei und spendet ihm spirituelle Kraft (ashé).

Bei manchen Ritualen verzehrt die anwesende Santería-Gemeinde das geopferte Tier bzw. die geopferten Speisen. In anderen Fällen werden die Opfergaben an bestimmten Stellen abgelegt, z. B. an Wegkreuzungen oder in der Nähe eines Friedhofs.

⌃ Den Geistern der Ahnen wird regelmäßig geopfert

Ahnenkult und Spiritismus

Die Kontaktaufnahme mit verstorbenen Vorfahren hat für Santería-Anhänger große Bedeutung. Dabei geht es nicht nur um leibliche Vorfahren, sondern auch um verstorbene Mitglieder der „spirituellen" Familie.

Ziel entsprechender Rituale ist es, mittels eines Mediums *(egungún)* mit den Geistern *(espiritos)* der verblichenen Angehörigen zu kommunizieren.

Viele Gläubige richten sich für die Ahnenverehrung in ihren Wohnungen **spezielle Altäre** ein. Auf diesen *bovedas* stehen Wasserkelche, oft auch Rum, Zigarren, Kruzifixe, Bonbons, Blumen und manchmal sogar sorgfältig arrangierte Mahlzeiten für die Geister. Dass letztere in Cubas subtropischem Klima Unmengen von Fliegen und anderen Insekten anziehen, wird stoisch hingenommen. Der Höhepunkt des Ahnenkultes fällt auf das Datum des katholischen Feiertags Allerseelen, also den 2. November.

Musik und Trance

Der eindrucksvollste Weg, Kontakt mit Orishas und Geistern aufzunehmen, ist die **Trance.** Kritiker bezeichnen den angestrebten Zustand auch als **Besessenheit.** Ziel entsprechender Seancen ist, dass ein Orisha von mindestens einem der anwesenden Gläubigen unmittelbar Besitz ergreift.

Dabei spielen die heiligen *batá*-Trommeln eine wichtige Rolle. Sie bestehen aus einem Holzrumpf in Kegelform mit unterschiedlich großen Trommelflächen. Diese sind mit Ledermembranen bespannt. Ein Ensemble aus drei unterschiedlich großen *Batás* bildet das Herzstück jeder authentischen Zeremonie: *Iyá,* die größte und leitende der Trommeln, sowie die kleineren *itótele* und *okónkolo.*

Das Event wird als *bembé* bezeichnet. Ausländer, die daran teilnehmen möchten, müssen damit rechnen, dass ein saftiges Opfer finanzieller Art erwartet wird. Jeder *Batá*-Rhythmus hat eine bestimmte Bedeutung und **jede Gottheit hat ihren „Lieblingssound".** Die Orishas können daher durch bestimmte Beats „angelockt" werden. Eine Trommel-Session zu Ehren des „Trommelgottes" *Shangó* dauert manchmal mehrere Tage.

Sofern ein Orisha in einen der tanzenden Anwesenden fährt, spricht man davon, dass dieser „geritten" wird. Dies zeigt sich darin, dass sich die betroffene Person plötzlich ganz anders verhält als noch kurz zuvor, noch wilder tanzt oder um sich schlägt und Dinge sagt, die von den anderen Anwesenden als Botschaften oder Vorhersagen interpretiert werden. An der Art des jeweiligen Verhaltens können Kenner ablesen, welcher Orisha auf den Besessenen „herabgestiegen" ist. Wieder aus der Trance erwacht, erinnern sich die Betroffenen nicht an ihren Ausbruch.

Skeptischen Europäern jagen die ungestümen Vorgänge während eines *Bembé* Angst und Schrecken ein: Der von einer Santería-Gottheit Kontrollierte führt einen wahren Veitstanz auf, **spricht in fremden Sprachen** und konsumiert zudem Unmengen von Rum und Zigarren, manchmal auch Asche, Staub, Kakerlaken, Spinnen o. Ä.

Der im Christentum höchst negativ gewertete Zustand der „Besessenheit" wird in der Santería gezielt angestrebt und als positiv und heilig angesehen. Sofern die Trance dem unterdrückten „Ich" erlaubt, sich auszuleben, ist sie wohl auch nach moderner psychopathologischer Interpretation eine wirkungsvolle therapeutische Maßnahme.

Magische Vorstellungen in der Santería

Magie und Hexerei spielen bei allen afroamerikanischen Religionen eine wichtige Rolle, auch und gerade in der Santería. Ihre Anhänger sind davon überzeugt, dass sie durch Manipulation der Orishas und der Geister Verstorbener gute oder böse Wirkungen erzielen können. **Beschwörungen** und feste Zuversicht sollen bewirken, dass übernatürliche Kräfte freigesetzt und nutzbar werden.

Für alles gibt es eine Zauberformel: für die Liebe, das Glück, die Gesundheit und den Gelderwerb – aber auch, um jemandem zu schaden.

Extrainfo 20 (s. S. 6): Interview mit einem spirituellen Führer aus Matanzas und Aufnahmen von einem authentischen *bembé*

Die Orishas teilen per Orakel bzw. über ein Medium mit, welche Zauberformeln bzw. magischen Handlungen angewandt werden müssen, um die jeweilige Angelegenheit zu bearbeiten. Der Santero, der die Zauberei durchführt, muss mit den verschiedenen *amarres* (Zauberformeln) und ihren Möglichkeiten sehr vertraut sein, damit die gewünschte Wirkung nicht verfehlt wird und sich der Spuk nicht gegen seinen Initiator wendet.

Bei den Zauberhandlungen spielen oft **Lebensmittel** eine Rolle, beispielsweise Milch, Honig, Eier, Kürbisse, Pfeffer, Gewürze und alle möglichen Teile von Tieren, insbesondere Knochen, aber auch Asche, *Eau de Toilette* und Kerzen.

Für manche Liebes- und Schadenszauber wird außerdem ein Foto oder etwas Persönliches der Zielperson benötigt, beispielsweise Haare, getragene Kleidung oder irgendein von ihr angefasster Gegenstand.

Herzstück der Zauberhandlung ist dann meistens, dass die jeweiligen Gegenstände in einer bestimmten Art und Weise an einem bestimmten Ort arrangiert werden und dort vor sich hin faulen.

Es gibt auch Amulette mit Zauberkräften und eine bunte Palette von allerlei magischen Pülverchen. Das wirkungsvollste nennt sich *precipitado rojo* (rotes Extrakt): Den besten Effekt erzielt der Gläubige, wenn er damit heimlich Kleidungsstücke der Angebeteten bzw. des Feindes einreibt.

Manche Santeros und Babalaos bieten auch skeptischen Ausländern und anderen Nichtinitiierten einfache Zauberdienstleistungen an. Wer einmal an der Vertreibung des Bösen aus seinem Körper mittels eines rohen Eies oder an der „Besprechung" und magischen Aufladung eines Kieselsteins teilgenommen hat, wird von der Ernsthaftigkeit der Handlungen entweder fasziniert oder schockiert sein. Bitte nicht erschrecken, wenn das rohe Ei am Ende der kurzen Zeremonie mit großem Tamtam auf dem Kopf des Schutzsuchenden aufgeschlagen wird.

Wirkmächtige Pflanzen

Für Rituale und Hexereien vorgesehene Kräuter und andere Pflanzen müssen in der Wildnis gesammelt werden. Mit ihrer Hilfe vertreiben Santeros beispielsweise **böse Geister** aus dem Leib eines Gläubigen. Der Körper wird dazu mit den Pflanzen eingerieben oder gepeitscht bzw. in einem aus ihnen gewonnenen Sud gebadet.

Afrocubanische Folklore in La Habana

Die mit Abstand wichtigste Kräutermischung nennt sich *omiero*. Sie ist beispielsweise bei den Initiationszeremonien unentbehrlich (siehe Abschnitt „Initiationen"). *Omiero* besteht aus über 20 verschiedenen Pflanzen, die in Wasser eingelegt und dann zerstampft werden. Die Mixtur wird unter anderem auch als Mittel gegen körperliche Beschwerden und zur Weihung von Glasperlenketten (Schutz) und Kaurimuscheln (Orakel) verwendet.

Viele Pflanzen sind einem oder mehreren Orishas zugeordnet. Auf die Pflanzenwelt besonders spezialisiert ist der Orisha **Osain.** Dargestellt wird er als einäugiger Versehrter mit nur einem Bein und einem Arm. Seine Anhänger legen die speziell für ihn bestimmten Opfergaben an Waldrändern ab. Cubanische Pflanzenheilkundler lassen sich in Anlehnung an ihre Schutzgottheit gerne *osainistas* nennen. Sie verstehen es vorzüglich, mit magischen Pflanzen gefüllte Beutelchen herzustellen, die dann in den Häusern der Gläubigen an die Decke gehängt werden.

Abschließende Bemerkung zur Santería

Die Santería als Synkretismus, also Verbindung oder Vermischung, zu bezeichnen ist nicht ganz richtig, denn der Yoruba-Kult ist in seiner cubanischen Variante ziemlich rein erhalten geblieben und dominiert bei allen religiösen Handlungen der Santería über die christlichen Elemente. Orthodoxe Anhänger der Santería glauben, dass das **Christentum eine Unterabteilung** ihres Kultes darstellt. Die christliche Ethik mit ihren Konzepten des Dualismus von Gut/Böse und des menschlichen Gewissens wurde nicht übernommen. Zentrale christliche Glaubenssätze wie etwa Sünde, Erlösung und Nächstenliebe spielen in den reinen Yoruba-Kulten keine Rolle.

Cubaner, die der Santería und den anderen afroamerikanischen Religionen kritisch gegenüberstehen, beklagen, dass deren Anhänger zu archaisch und egoistisch dächten und es allen Beteiligten nur um materielle Vorteile, Machtgewinnung und -erhalt gehe. Die meisten Zeremonien dienen der Heilung körperlicher und psychischer Probleme. Bei schulpsychologischer Betrachtung bedienen sich die Santeros und Babalaos dabei gerne **Selbstheilungskräften,** also Placebo-Effekten und operanten Konditionierungen: Der Gläubige stellt dabei bewusst eine Verbindung zwischen Ritual und gewünschtem Ziel her. Im Idealfall tritt nun ein rückwirkender Effekt ein. Oder prosaischer: Der Glaube versetzt Berge.

> Santeras aus Cienfuegos bei der Arbeit

225cujs

Im sozialistischen Cuba war die Santería wie jede andere Form der Religiosität zwar verpönt, aber nicht verboten. Dennoch praktizierten die meisten Anhänger ihre Kulte heimlich, denn als bekennender Santero geoutet zu werden, bedeutete häufig, auf Aufstiegschancen im Beruf zu verzichten. Seit sich Ende der 1980er-Jahre die materiellen Lebensbedingungen auf der Insel wesentlich verschlechtert haben, erlebt die Santería großen Zulauf. Während der *período especial* schließlich veränderte sich die offizielle Haltung gegenüber den Gläubigen: Das „Opium fürs Volk" wurde dringend gebraucht, um die Massen ruhig zu halten. Gleichzeitig versuchte der Staat das undurchschaubare Netzwerk der afrocubanischen Kulte unter Kontrolle zu bekommen, etwa indem Tempelhäuser gebaut wurden. *Fidel Castro* wird eine starke Affinität zur Santería nachgesagt. Hartnäckig halten sich Gerüchte, wonach er manchmal Babalaos aufsuchen und um Rat fragen soll. Manche behaupten sogar, *Castros* Macht gründe sich im Wesentlichen auf einen Pakt mit den Orishas. Dabei soll er unter dem ganz besonderen Schutz des dominanten Shangó stehen. Fakt ist, dass *Fidel Castro* wie die meisten Cubaner recht abergläubisch ist und z. B. die Zahl „26" für ihn eine große Bedeutung hat. So wurde er 1926 geboren, den Sturm auf die Moncada-Kaserne legte er auf den 26. Juli usw.

Die Anhängerschaft der Santería wächst auch außerhalb Cubas. In den meisten US-amerikanischen Metropolen gibt es bereits Fachgeschäfte, deren Warenangebot von Orisha-Figuren, über Ileke-Ketten bis zu exotischen Kräutern den Bedarf der Gläubigen abdeckt. Die Eigentümer der auf Heilkräuter spezialisierten Läden *(botánicas)* importieren die Pflanzen meist aus Puerto Rico und der Dominikanischen Republik. Inzwischen haben sich auch einige Europäer zu Santeros weihen lassen.

Die meisten Cubaner machen aus ihrer Religiosität kein Geheimnis. Im Gegenteil, man zeigt sich sehr erfreut, wenn Fremde sich für die Details ihres Glaubens interessieren.

Andere afrocubanische Kulte

Palo Monte

Charakteristisch für diesen auch *Regla Conga, (Regla de) Palo Monte* oder kurz *Palo* genannten, mit dem haitianischen Voodoo verwandten Kult ist der alles durchdringende Animismus, d. h. alle Erscheinungsformen der Natur gelten als beseelt. Anders als in der Santería werden dementsprechend nicht nur Götter, sondern auch Naturgeister und bestimmte Gegenstände aus dem Reich der Tiere, Pflanzen und Mineralien verehrt. Diese Objekte verkörpern die in der Welt wirkenden Kräfte und man spricht ihnen bestimmte magische Kräfte zu.

Der *mpungu* genannte Priester kann mithilfe der kosmischen Kräfte weissagen, heilen sowie weiße (christliche) und schwarze Magie vollziehen. Zentrale Bedeutung kommt dabei einem *nganga* genannten Kessel zu, der unter anderem mit Friedhofserde, Knochen von menschlichen Skeletten *(nfumbe)* und Pflanzenteilen gefüllt wird. Da diesem Gefäß obendrein regelmäßig Rum und Blut geopfert wird, riecht es ziemlich streng. Man spricht vom „Duft des Palo Monte". Der Kessel muss in düsteren Ritualen mit wirkmächtigen Opfergaben „gefüttert" und wie eine Batterie „aufgeladen" werden, um seine magische Potenz entfalten zu können. Er ist die Grundlage des geistlichen Lebens im Palo Monte. Der deutsche Autor *Matthias Politycki* hat sehr viele Details des Kultes in seinem 2005 erschienenen, sehr lesenswerten Roman „Herr der Hörner" beschrieben.

Die Götter des Palo Monte entsprechen von ihrem Wesen und ihren Eigenschaften her in etwa den Orishas der Santeriá. Hier einige Beispiele für äquivalente Gottheiten: *Eleguá – Endoquí malo, Ochún – Madre Chola, Shangó – Siete Rayos, Ogún – Sarabanda, Yemayá – Madre de Agua* bzw. *Siete Sayas, Oshosi – Lufo Kuyo, Babalú-Ayé – Tata Pansua.*

Früher waren die *paleros,* also die Anhänger des Palo de Monte, in *cabildos* genannten Geheimgesellschaften mit teils strenger Hierarchie organisiert, die traditionell sonntags, dem freien Tag der verschleppten Afrikaner, ihre Zeremonien abhielten. Heute residieren die verschiedenen kultischen Gruppen in Tempelhäusern. Reine Paleros sind der festen Überzeugung, dass ihre Religion den mächtigsten afrocubanischen Kult darstellt und insbesondere der Santería weit überlegen ist.

Abacuá

Abacuá gleicht eher einer Geheimsekte als einer Religionsgemeinschaft. Die ausschließlich männlichen Mitglieder dieses Blutbundes nennen sich *ñañigos* bzw. *ecobios* (Eingeweihte). Sie sind lebenslang an ihre jeweilige Gruppe, genannt *tierra* (Erde), gebunden und verpflichtet, sich gegenseitig beizustehen. Der Organisation wird vor allem in Westcuba nach wie vor mit großem Respekt begegnet. Angeblich mussten neue Mitglieder noch zu Beginn des 20. Jahrhunderts als Zeichen ihrer Ergebenheit einen Menschen töten. Das Ziel der Abacuá ist die Pflege männlicher Ideale wie Tapferkeit, Kampfesmut und Willensstärke. In der Gegend von La Habana und Matanzas soll es noch eine große Zahl von Anhängern des Kultes geben. An die maskierten Kulttänzer der Abacuá erinnern die auch *diablitos* (Teufelchen) genannten farbenfrohen Püppchen, die eigentlich tote Vorfahren und übernatürliche Wesen repräsentieren und gerne zur Dekoration von Autos verwendet werden.

Extrainfo 21 (s. S. 6): Infos zu den Hintergründen von *Matthias Polityckis* im Milieu der afrocubanischen Kulte spielendem Roman. Inklusive Videobeiträgen, Audiodateien, Landkarten uvm.

Bildende Kunst, Literatur und Film

◁ Lebendige Motive dominieren die bildende Kunst Cubas (368cu om)

Malerei und Kunsthandwerk

„Stille" Kunst, einschließlich Malerei und Bildhauerei, kommt dem cubanischen Temperament nicht gerade entgegen und bis zum beginnenden 19. Jahrhundert tat sich in diesem Bereich, abgesehen von den beiden Altmeistern **José Nicolás de la Escalera** (1734–1804) und **Vicente Escobar** (1792–1834), tatsächlich recht wenig.

Cubanische Malerei vor der Revolution

Dann wurden die ersten Kunstschulen gegründet. Zur angesehensten avancierte die *Academía de San Alejandro* in La Habana, deren erster Direktor der renommierte französische Historienmaler *Jean-Baptiste Vermay* im Jahre 1818 wurde.

Zunächst wurden repräsentative und mythologische Themen entdeckt und später die Natur zum bevorzugten Sujet gemacht. Die Landschaften stellte man zunächst detailgetreu, später romantisch verklärt dar. Die bekanntesten Romantiker waren **Esteban Chartrand** (1840–1883) und **José Joaquín Tejada** (1867–1943).

Eine realistische Gegenströmung entwickelte sich mit Valentín Sanz Carta (1849–1898) und Guillermo Collazo (1850–1896), die unter Adaption der spanischen Costumbrista-Bewegung (von *costumbre* – Gewohnheit bzw. Brauch) den Alltag der einfachen Leute einzufangen suchte.

Zu Beginn des 20. Jahrhunderts reisten viele cubanische Künstler durch Europa, um vor allem in Paris neue Techniken kennen zu lernen und sich mit Expressionismus, Kubismus und Surrealismus auseinander zu setzen.

Maler wie Eduardo Abela (1889–1965) und Marcelo Pogolotti (1902–1988) lehnten sich an ihre Vorbilder *Braque, Gauguin* und *Picasso* an und malten in einer neuen Formensprache.

Unter Anleitung des letzteren reifte **Wilfredo Lam** (1902–1982) zum bis heute berühmtesten Maler Cubas heran. Die beherrschenden Themen seines Werkes waren die Suche nach der eigenen Identität und größtmöglicher Ausdruckskraft. Er verband zunächst Elemente der cubanischen Volkskunst mit archetypischen Mythen der Afrocubaner, betonte später das Unterbewusste und löste in seinen Arbeiten zunehmend die einheitliche Perspektive zugunsten einer abstrakteren Darstellung auf.

▷ Viele Cubaner legen Wert auf eine reichhaltige Innenausstattung

Dabei schuf *Wilfredo Lam* eine cubanische Variante des sogenannten magisch-fantastischen Realismus. Seine Werke befassen sich meist mit dem Alltagsleben seiner Landsleute. In seinen abenteuerlichen Skulpturen spielen häufig Yoruba-Mythen eine Rolle. Ferner etablierte er von afrikanischen Religionen inspirierte Tanzperformances auf Cuba.

Seinen künstlerischen Weg setzten **Mariano Rodríguez** (1912–1990), **Manuel Mendive** (geboren 1944) und **Elio Vilva Trujillo** (geboren 1957), die wohl bedeutensten cubanischen Maler der Gegenwart, mit noch stärkerer Betonung der afrikanischen Wurzeln fort.

Nach 1959

Nach dem Sieg der Revolution erhielt die cubanische Kunstproduktion von der *Escuela Nacional de Arte* (Nationale Kunstschule), dem *Taller Experimental de Gráfica de La Habana* (Experimentelles Grafikatelier von La Habana) und den *Talleres populares de arte* (Volksateliers) neue Impulse.

Unter **arte popular** verstand man dabei eine volksnahe Kunst mit pädagogischem Auftrag. Unterstützt vom Filmgenre entstanden Poster und Filmplakate mit einer Konzentration auf wesentliche Aussagen, die sich gerne unmittelbar an das Volk wandten. Die staatliche Kunstförderung

forcierte unter anderem Bildnisse von heroischen Kämpfern sowie tüchtigen Arbeitern und Bauern.

Der mexikanische großformatige Muralismo mit seinem Anspruch, politisches und künstlerisches Bewusstsein in allen Bevölkerungsschichten zu verankern, wurde schon früh von cubanischen Kulturfunktionären vereinnahmt. Die Avantgarde-Malerin **Amelia Peláez** (1896–1968) schmückte öffentliche Gebäude in La Habana mit bunten Keramik-Murales und der Designer **Raúl Martínez** (1927–1995) kreierte Poster mit historischen und politischen Inhalten. Viele der plakativen Parolen, die sich so zahlreich in Cubas Ortschaften und entlang der Hauptstraßen finden, haben neben ihren politischen Botschaften auch einen ästhetischen Wert.

Praktisch alle großen internationalen Kunstströmungen beeinflussten auch die cubanische bildende Kunst.

Was die Weiterentwicklung der cubanischen Malerei angeht, werden wohl vor allem abstrakte Werke, die anhaltende Auseinandersetzung mit den afrikanischen Wurzeln und Graffiti eine bedeutende Rolle spielen. Wie sagte *Fidel Castro* doch so schön: „Unsere Feinde sind Kapitalismus und Imperialismus, nicht abstrakte Malerei".

Bemerkenswert sind auch die farbenprächtigen Fassadenmalereien von **Salvador Gonzáles Escalona** (geboren 1948), die meist Szenen aus der Welt der Santería darstellen. Besonders bekannt geworden sind seine Werke in dem inzwischen weltberühmten Gässchen Callejón de Hamel, das seit den 1990er-Jahren als (kommerzieller) Brennpunkt afrocubanischer Kunst und Kultur in Centro Habana gilt.

Wenn man heute durch die Altstadt von La Habana spaziert, fallen zahlreiche kleine Galerien auf, die deutlich machen, dass viele Cubaner die Kunstproduktion als Einnahmequelle entdeckt haben. Bei ausländischen Touristen besonders beliebt sind kitschige Mulattinnen-Porträts, heroische *Castros* mit und ohne Zigarre sowie der unvermeidliche *Che* in tausend Variationen.

Cubanisches Kunsthandwerk

Früher fertigten die cubanischen **Holzschnitzer** aus einheimischem Material vorwiegend afrocubanische Gottheiten. Nach der Revolution wurden vermehrt profane Skulpturen geschaffen.

Die am häufigsten verwendeten Materialien sind Ebenholz, Mahagoni und ein sehr aromatisch riechendes Holz namens *guayacán*.

Möchte man (größere) Kunstwerke ausführen, benötigt man eine *certificado de exportación* genannte Genehmigung des *Registro Nacional de Bienes Culturales* (Nationale Registrierstelle für Kulturgüter).

Cubanische Literaturgeschichte – schreiben unter Palmen

Die cubanische Literatur ist eine Entdeckungsreise in die karibische Mentalität, die sich auch in deutscher Sprache unternehmen lässt, da die bekanntesten Autoren übersetzt sind. Auf den Seiten 287 bis 289 findet sich eine kleine Auswahl belletristischer Literatur aus und über Cuba.

Den ersten renommierten cubanischen Roman schrieb **Cirilo Villaverde** (1812–1894). Seine tragische Liebesgeschichte „Cecilia Valdés" erschien 1892. Das Werk gilt als flammender Protest gegen die Rassentrennung und gleichzeitig eine brillante Sittenstudie der spätkolonialen cubanischen Gesellschaft.

Cubas bekanntester Literat ist der Freiheitsheld José Martí (1853–1895), Eckstein der cubanischen Identität und Symbolfigur der Befreiung von der spanischen Kolonialherrschaft. Sein (relativ kleines) lyrisches, überwiegend im Ausland entstandenes Gesamtwerk machte den Dichter und Revolutionär zum Vorläufer des lateinamerikanischen Modernismus. Die Leitmotive von Martís Lyrik sind *sinceridad* (Aufrichtigkeit) und *sencillez* (Schlichtheit). Neben literarischen und sozialpolitischen Essays verfasste er Theaterstücke wie „Amor con amor se paga" (Liebe wird mit Liebe bezahlt), Romane wie „Amistad funesta" (Verhängnisvolle Freundschaft), den 1882 entstandenen und seinem Sohn Ismael gewidmeten Gedicht-

⌃ Folklore und Spiritualität: Schnitzereien mit religiösen Motiven

band „Ismaelito" sowie das Meisterwerk „Versos Sencillos" (Schlichte Verse) von 1891, mit dem er zum volkstümlichsten Poeten Cubas, wenn nicht ganz Lateinamerikas wurde.

In den 1920er-Jahren besann sich die Karibik auf ihre afrikanischen Ursprünge. Zur gleichen Zeit wurde „schwarze Kunst" auch in Europa populär. Der cubanische Anthropologe **Fernando Ortiz** (1881–1969) machte sich dabei mit zahlreichen ethnologischen und historischen Standardwerken besonders verdient.

Lydia Cabrera (1900–1991) trug mit ihren Schriften viel zum Verständnis afrocubanischer Riten und Mythen bei.

Nicolás Guillén (1902–1989) verstand es, die spanische Gedichtmetrik mit der cubanischen Alltagssprache in Einklang zu bringen. *Guillén,* lebenslang überzeugter Verfechter der revolutionären Ideale, verhalf Négritude und *poesía negra* mit der ihm eigenen rhythmischen Sprache seiner

⌃ Natürlich kennen La Habanas Buchhändler den Geschmack der Touristen

Romane zu internationaler Anerkennung. 1961 wirkte *Guillén* entscheidend bei der Gründung des cubanischen Schriftstellerverbandes *Unión Nacional de Escritores y Artistas Cubanos* (Nationale Union der cubanischen Schriftsteller und Künstler, kurz UNEAC) mit.

Bald nach der Revolution begann für die cubanische Literatur eine Zeit der Euphorie und Experimente. Innerhalb der kulturellen Produktion nahm die Literatur für die Herausbildung des „Neuen Menschen" eine besondere Stellung ein.

Schriftsteller wie *Guillén* wurden als Kulturfunktionäre in den Prozess der gesellschaftlichen Veränderungen integriert. Erst später wurde das von *Fidel Castro* 1961 aufgestellte Postulat „Innerhalb der Revolution alles, außerhalb der Revolution nichts" als kulturpolitisches Dogma verstanden, das viele talentierte Freigeister ins Exil treiben sollte.

Alejo Carpentier (1904–1980) ist der wohl bekannteste cubanische Romancier und Essayist des 20. Jahrhunderts. Mit der Entwicklung des sogenannten *real-maravilloso,* also des wunderbar Wirklichen, hat er den Boden für den „Magischen Realismus" des kolumbianischen Nobelpreisträgers *Gabriel García Márquez* bereitet.

Zwischen Amerika und Europa hin- und hergerissen, suchte der Intellektuelle *Carpentier* seine Wurzeln ganz bewusst in der magischen Realität Lateinamerikas. Gegen die Geschichte und Teleologie stellte er die unmittelbare Wahrnehmung und das Augenblicksbewusstsein intensiven Erlebens in den Mittelpunkt seiner Betrachtungen.

Zusammen mit *José Martí* und *Nicolás Guillén* bildet *Carpentier,* dem viele den Literaturnobelpreis gegönnt hätten, das klassische Dreigestirn der cubanischen Belletristik.

Die 1966 erschienene monumentale Familiensaga „Paradiso" von **José Lezama Lima** (1910–1976) ist mit ihrer verschachtelten Konstruktion und vielen Metaphern eines der weniger bekannten Meisterstücke cubanischer Literatur des 20. Jahrhunderts.

1968 kam es zu einem Eklat, als die im selben Jahr erschienene Gedichtsammlung „Außerhalb des Spiels" von Heberto Padilla (1932–2000) zunächst staatlich prämiert, dann aber wegen der Infragestellung einiger Revolutionsmythen als staatsabträglich diffamiert wurde. Man zwang den Autor zu demütigender Selbstkritik. Nach dieser Episode wandten sich viele ausländische Intellektuelle endgültig von *Castros* Cuba ab. Ab 1980 verließen zahlreiche ideologische „Abweichler" der cubanischen Literatur das Land auf der Flucht vor Schikanen und Unterdrückung, um im Ausland mit Feder und Tinte (bzw. Laptop) den Kampf gegen das Regime aufzunehmen. Enfant terrible Reinaldo Arenas (1943–1990) rechnete nicht nur in seiner Autobiografie „Bevor es Nacht wird" mit *Castro* & Co. ab.

Guillermo Cabrera Infante (1929–2005), einer der ersten Exilanten, ließ mit „Drei traurige Tiger" das sündige La Habana der 1950er-Jahre wiederauferstehen.

Jesús Díaz (1941–2002) geht, z. B. in „Die verlorenen Worte", mit den nachrevolutionären Verhältnissen auf Cuba hart ins Gericht. Fundamentale Kritik prägt auch seinen exzellenten Roman „Die Haut und die Maske".

Eine der erbittertsten Gegnerinnen des Regimes ist **Zoé Valdés** (geboren 1959), deren wortgewaltiger Roman „Das tägliche Nichts" (*La nada cotidiana*) das Elend der „Sonderperiode" der 1990er-Jahre thematisiert und nicht zuletzt wegen seiner erotischen Stellen zu Bestsellerehren kam.

Abilio Estévez (geboren 1954) veröffentlichte 1996 den Roman „Dein ist das Reich", der ebenfalls in vorrevolutionäre Zeiten zurückführt.

Die 1998 erschienene „Trilogía sucia de La Habana" (Schmutzige Havanna-Trilogie) von **Pedro Juan Gutiérrez** (geboren 1950) ist die international bekannteste Veröffentlichung eines auf Cuba lebenden Autors. Wie in seinen späteren Werken „Der König von Havanna", „Der unersättliche Spinnenmann", „Hundefleisch", „Kein bisschen Liebe" und „Animal Tropical" spielen Sex und Suff eine zentrale Rolle.

In der jüngeren Vergangenheit hat die kulturelle Eiszeit auf Cuba mehrere Tauwetterphasen erlebt. So haben cubanische Autoren inzwischen das Recht, ihre Werke auch ausländischen Verlagen anzubieten. Eine offenere Kulturpolitik mit der Möglichkeit begrenzter Kritik soll eine Alternative zum offenen Bruch mit dem System sein.

Ergebnis dieses Einlenkens sind junge, vielversprechende Autoren ohne kompromittierende Verbindungen zur Macht, wie etwa **Luis Manuel García Méndez** (geboren 1954) oder **Leonardo Padura** (geboren 1955) mit seinem „Havanna-Quartett" rund um die Fälle des eigensinnigen Kommissars Mario Conde, dem Bestseller „La neblina del ayer" (Der Nebel von gestern) und dem 700-Seiten-Schmöker „Der Mann, der Hunde liebte".

Für Furore sorgte das 2010 auch auf deutsch aufgelegte Erstlingswerk von Cubas inzwischen weltberühmter **Bloggerin Yoani Sánchez:** Wer auf Cuba nur einen entspannten Badeurlaub verbringen oder eingefleischter Fidel-Fan bleiben möchte, sollte „Cuba Libre – Von der Kunst, Fidel Castro zu überleben" besser nicht zur Hand nehmen. Die blogartig verfassten Kapitel haben unter anderem folgende Überschriften: Die verordnete Utopie, Die zwei Seelen Kubas, Schwarzmarkt.

Die meisten auf Cuba lebenden Autoren nehmen heutzutage soweit als möglich Abstand von politischer Parteinahme und dem eigentümlichen Dogma des „sozialistischen Helden" und widmen sich stattdessen den Härten des täglichen Lebens. Eine wichtige Rolle spielen lange tabuisierte Themen wie Homosexualität und Prostitution.

Zensur und Selbstzensur bestehen, wenn auch abgeschwächt, fort. Die Staatsmacht und ihre Vertreter sollten getreu dem Sprichwort „man darf wohl mit der Kette spielen, nicht aber mit dem Affen" nach wie vor nicht allzu offen angegriffen werden. Profane, aber ebenso schwer-wiegende Probleme der zeitgenössischen Literaturproduktion sind der **Mangel an Papier** und das Verschwinden von Zeitschriften und Verlagen im Zuge der Wirtschaftskrise. Große Publikumserfolge der jüngeren Vergangenheit waren die Produktionen „Los dioses rotos" (2008) von *Ernesto Daranas* und „Juan de los Muertos" (2011), Cubas erster Zombiefilm, unter der Regie des gebürtigen Argentiniers *Alejandro Brugués*.

Eine sympathische Besonderheit auf Cuba sind die zahlreichen, häufig in Kulturhäusern und Schulen untergebrachten **„talleres literarios"** (wörtlich: Literarische Ateliers). Allwöchentlich treffen sich hier Autoren und Literaturbegeisterte, um ihre Werke vorzulesen und zu diskutieren.

„Nuevo Cine Cubano" – tropische Cineastik

„Der Film ist die wichtigste der Künste" und „Ein Film ist ein Instrument der Meinungsbildung und zur Herausbildung des individuellen und kollektiven Bewusstseins" hieß es im Kulturgesetz aus dem Jahre 1959, welches das cubanische Filminstitut ICAIC (Instituto Cubano del Arte e Industria Cinematográfico) und den ideologischen Anspruch des Neuen Cubanischen Films (Nuevo Cine Cubano) begründete.

Vor der Revolution gab es praktisch keine einheimische Filmproduktion und in den Kinos liefen fast ausschließlich Streifen aus Hollywood.

Was die Filmindustrie angeht, ist Cuba heute alles andere als ein Entwicklungsland. Die cubanischen Filmemacher verarbeiteten Elemente des italienischen Neorealismus, der französischen Nouvelle Vague, des unabhängigen US-Kinos und sowjetischer Klassiker und fanden dennoch zu ästhetischer Eigenständigkeit. Eine Spezialität der Regisseure sind in schwarzweiß gedrehte Dokumentarfilme. Der bedeutendste Vertreter dieses Genres war der große **Santiago Álvarez** (1919–1998), dessen Dokumentarstreifen „Hanoi, Martes 13" (1967), „Hasta la victoria siempre" (1967), „79 Primaveras" (1969) und „Mi hermano Fidel" (1977) auf Cuba Kultstatus haben.

Ende der 1980er-Jahre begann für den cubanischen Film eine Phase des Aufschwungs, in der eine Reihe bemerkenswerter Produktionen entstand. Derzeit werden jährlich ca. drei bis fünf Spielfilme gedreht.

Der Regisseur Tomás Gutiérrez Alea (1928–1996) brachte 1993 mit „Fresa y chocolate" (Erdbeer und Schokolade) den inzwischen bekanntesten cubanischen Streifen auf die Leinwand. Er erzählt die Geschichte der Beziehung zwischen einem homophoben kommunistischen Macho und einem homosexuellen Feingeist, der in der revolutionären Gesellschaft keinen Platz findet.

Zuvor war *Tomás Gutiérrez Alea* bereits für seine Werke „Tod eines Bürokraten" (1966), „Memoiren aus der Unterentwicklung" (1968) und „Das letzte Abendmahl" (1988) ausgezeichnet worden. 1995 schuf er mit dem Road-Movie „Guantanamera" eine schöne Studie des cubanischen Alltags im ausgehenden 20. Jahrhundert.

Wie „Erdbeer und Schokolade" thematisiert auch die 1991 von **Gerardo Chijona** gedrehte Komödie „Adorables Mentiras" die von Selbsttäuschung, materiellen Nöten und subtilen Formen der Korruption bestimmte cubanische Gesellschaft der späten 1980er-Jahre.

Der ICAIC lässt inzwischen also auch gesellschaftskritische Produktionen zu, wie etwa den vielfach ausgezeichneten Spielfilm „La vida es silbar" (Das Leben, ein Pfeifen) von **Fernando Pérez** oder den Dokumentarfilm „Si me comprendieras" (wörtlich: „Wenn du mich verstehen würdest") von **Rolando Díaz** (beide 1998).

1999 drehte der deutsche Filmemacher Wim Wenders in La Habana den Streifen „Buena Vista Social Club", ein Denkmal für Musiklegenden des cubanischen Son wie *Compay Segundo* (1907–2003), *Rubén González* (1919–2003), *Ibrahim Ferrer* (1927–2005), *Omara Portuondo* (1930 geboren) und *Eliades Ochoa* (1946 geboren).

Im selben Jahr wurde der ebenfalls international erfolgreiche Spielfilm „La lista de espera" (Cubanisch reisen) von **Juan Carlos Tablo** abgedreht: Eine Gruppe unterschiedlichster Menschen strandet an einem namenlosen Busbahnhof. Die Zeit des Wartens beginnt und dann wird es eben echt cubanisch ...

Die derzeit bekanntesten cubanischen Schauspieler sind *Yaquelin Arenal, Ruben Breña, Natacha Diaz, Luisa María Jimenez, Jorge Martinez, Aurora Píta, Alberto Puyol, Jorge Perugorria, Isabel Santos, Daisi Granados* und *Enrique Molina.*

Eine cubanische Spezialität sind die sogenannten **„Kinomobile"** *(cine movil)*: Jahrzehntelang brachten mit Projektoren und sonstigem Equipment beladene Lastwagen, Traktoren und Motorboote die neuesten Filme und Filmklassiker selbst in die entlegensten Gegenden. Aufgrund der anhaltenden Versorgungskrise musste dieser Service, wie so vieles andere auch, inzwischen leider drastisch eingeschränkt werden.

Obwohl sich die **Anzahl der Kinos** auf Cuba seit 1959 vervierfacht hat und inzwischen auch viele Kleinstädte über ansprechende Kinosäle verfügen, ist die Atmosphäre in einem der gediegenen Filmpaläste La Habanas wie etwa dem altehrwürdigen *PAYRET* (schräg gegenüber dem Kapitol) am faszinierendsten. Diese bieten meist ein Nonstop-Programm von Mittag bis Mitternacht. Manche Zuschauer bleiben nach der Vorstellung einfach sitzen und genießen den Film (gratis) ein weiteres Mal.

In kleineren Orten haben sich mitunter **„Heimkinos"** etabliert, d. h., jemand, der über einen Fernseher und einen DVD-Player verfügt, räumt seine Garage oder einen anderen Raum frei und besorgt mexikanische (Raub-)Kopien von aktuellen Hollywoodproduktionen. Auf diese Weise kann man in einem kleinen cubanischen Nest unter Umständen für ein paar Pesos Filme genießen, die erst Monate später auf europäischen Leinwänden zu sehen sind.

Cubaner schätzen ferner mexikanische, brasilianische und französische Filme. Chinesische Produktionen, vor allem die Kung-Fu-Streifen von *Bruce Lee* und *Jackie Chan,* sowie amerikanische Horrorfilme *(peliculas de terror),* die in Europa nur Splatter-Fans kennen, erfreuen sich ebenfalls großer Beliebtheit.

Das Publikum in den ländlichen Regionen steigt auf Spielfilme ganz anders ein, als wir dies in unseren Breiten gewohnt sind: Es wird applaudiert, kommentiert und dazwischengerufen. Ist man mit der Handlung oder dem Verhalten der Darsteller nicht einverstanden, fliegt auch schon mal etwas an die Leinwand.

Alljährlich im Dezember findet in La Habana das **Festival Internacional del Nuevo Cine Latinoamericano,** also das Internationale Festival des Neuen Lateinamerikanischen Kinos statt. Diese renommierte zweiwöchige Veranstaltung ist nach wie vor das bedeutendste kinematografische Ereignis der Region. Dafür sorgen schon allein die internationale Beteiligung, ethnische Schwerpunktthemen mit Sonderveranstaltungen und die hohe Qualität der gezeigten Filme. Hin und wieder lassen sich auch Hollywoodgrößen blicken. Neben Spielfilmen konkurrieren Dokumentar-, Fernseh- und Videofilme um *corales* (Korallen) – das lateinamerikanische Pendant zum US-amerikanischen Oscar.

Fidel Castro, von dem es heißt, er sei ein begeisterter Cineast, initiierte 1986 gemeinsam mit dem kolumbianischen Literaturnobelpreisträger *Gabriel García Márquez („Gabito")* die Einrichtung der **Escuela Internacional de Cine, Televisión y Video** (Internationale Schule für Film, Fernsehen und Video) in San Antonio de los Baños, einem von La Habanas südlichen Vororten. Die Fachschule bietet Nachwuchstalenten aus Drittweltländern eine die eigene Identität fördernde Ausbildung ohne Bevormundung durch die westliche Filmindustrie.

Begegnungen – Cubaner und Ausländer

◁ Motorisierte Strandpolizei (015cu pr)

Cubaner und Touristen – Gastfreundschaft und Ressentiments

Einheimische wie ausländische Reisende können sich für gewöhnlich auf die cubanische Gastfreundschaft verlassen. Noch immer werden Durchreisende in abgelegenen Orten nach einem kurzen Plausch zu einer kostenlosen Übernachtung oder einem kreolischen Abendessen eingeladen.

Sehr hilfreich, um nicht zu sagen dringend erforderlich, sind brauchbare **Spanischkenntnisse,** da gerade in der Provinz oft nur die Landessprache verstanden wird.

Als interessierter Reisender stößt man überall auf kontaktfreudige Cubaner. Ein ausländischer Gast oder Gesprächspartner wird sehr schnell zum *amigo* erklärt. Echte und dauerhafte Freundschaften kommen aber schon wegen der leidigen Sprachbarriere nicht allzu oft zustande. Ferner lässt sich der Wunsch, am (vermeintlichen) Reichtum des Fremden ein bisschen zu partizipieren, nur schwer ausblenden.

Ohne Gegenleistung **zum Essen eingeladen** zu werden, ist einer der deutlichsten Sympathiebeweise. Man freut sich natürlich trotzdem, wenn der ausländische Gast anbietet, die teureren Zutaten der Mahlzeit, wie etwa Fleisch oder Langusten, zu sponsern.

Als Aufmerksamkeiten für cubanische Bekannte haben sich **kleine Mitbringsel** bewährt, die dort nur schwer zu beschaffen oder verhältnismäßig teuer sind:

Kinder freuen sich über Buntstifte, Malblöcke und Spielsachen. Erwachsene kann man mit Drogerieartikeln, Schmuck und elektrischen Geräten beschenken. Auch mit einer Flasche guten Rums liegt man eigentlich immer richtig.

Deutsch-cubanische Paare

Partner aus verschiedenen Kulturkreisen sehen sich in ihrer Beziehung einigen besonderen Herausforderungen ausgesetzt. Insbesondere schlägt der unterschiedliche soziale bzw. gesellschaftliche Background auf die jeweiligen Erwartungen an Zusammenleben und Partnerschaft durch.

Politisch korrekte Vorbemerkung

Vorab möchte ich die deutschsprechenden Bewohner der Schweiz, Österreichs, Luxemburgs, Liechtensteins und von anderswo bitten, mir zu

Adrianas Reflexionen zum Tourismus

„Nach meinem Eindruck kommen die meisten Touristen wegen unserer Strände, während eine Minderheit erotische Abenteuer sucht. Und dann gibt es da noch die immer kleiner werdende Gruppe linker ‚Sozialromantiker‘ sowie die armen Teufel, die sich auf die für sie äußerst kostspieligen, religiösen Zauberkulte eingelassen haben.

In den Ferienmonaten gehe ich mit meinen Freunden manchmal an die Playas del Este, nicht weit von La Habana. Wir machen uns dann gerne über die Touristen lustig. Oft kann man schon aus der Ferne erraten, wo jemand herkommt.

Die Kanadier sind die Bleichsten. Jedenfalls zu Beginn ihres Aufenthaltes. Nach kurzer Zeit werden sie dann rot wie Krebse. Mein Gott, haben die denn gar keine Sonne in ihrem Kanada? Viele Cubanerempfinden sie als geizig (‚tacaño‘) und grobschlächtig (‚bruto‘). Das gilt mehr oder weniger auch für die Deutschen. Mir ist aufgefallen, dass diese besonders gerne Familienurlaub auf Cuba machen. Deutsche gelten ferner als ziemlich reich (‚rico‘), bienenfleißig (‚trabajador‘), gefühlskalt (‚frio‘) und miserabel angezogen (‚mal vestido‘).

An dieser Stelle möchte ich übrigens klarstellen, dass ich Vorurteile (‚prejuicios‘) für gefährlichen Blödsinn halte, aber so reden meine Landsleute nun mal über euch. Sorry.

Die Italiener erkennt man an ihrer guten Laune und Ausgelassenheit, vor allem wenn sie in größeren Gruppen unterwegs sind. Sie sind laut, dynamisch und lachen gerne. Manche sollen ganz schön durchtrieben sein. Von allen Europäern ähneln sie uns wohl am meisten.

Viele Italienerinnen und Französinnen kommen angeblich vor allem wegen der cubanischen Strand-Gigolos auf unsere Insel.

Französische Männer haben sehr gute Umgangsformen, reiche Engländer sind sehr stilvoll, während die englische Arbeiterklasse Unmengen von Bier konsumiert.

Russische Touristen kommen, was ihren Ruf bei uns angeht, besonders schlecht weg. Sie gelten vielen meiner Landsleute als taktlose und ungepflegte Geizhälse.

Japaner und Chinesen reisen fast immer in größeren Gruppen, schießen pausenlos Fotos und wollen keinen näheren Kontakt zu uns Einheimischen.

Reiche Mexikaner und in den USA lebende Exilcubaner, die nicht zum Verwandtenbesuch, sondern zu ihrem „Vergnügen“ nach Cuba kommen, haben den Ruf, sich ziemlich arrogant aufzuführen und die ihnen wohlbekannte materielle Not der Bevölkerung schamlos auszunutzen.“

verzeihen, dass im Folgenden der Lesbarkeit halber von deutsch-cubanischen Paaren und Ehen die Rede ist.

Deutsche(r) soll hier wie „MitteleuropäerIn, der/die im weitesten Sinne dem deutschen Sprach- und Kulturkreis angehört", verstanden werden.

In einer spanisch-cubanischen oder italienisch-cubanischen Beziehung steckt nach meiner Erfahrung eine entschieden andere Dynamik als bei einem deutsch-cubanischen Paar. Das liegt zum einen an der niedrigeren Sprachbarriere (Cubaner lernen mühelos Italienisch). Zum anderen fällt der Kulturschock im Allgemeinen moderater aus. So finden sich etwa Süditaliener oft sehr schnell auf einer gemeinsamen Linie mit den ebenso lebenslustigen und spontanen Cubanern. Beziehungen scheitern in solchen Fällen schon einmal nicht am gegensätzlichen Temperament. Ist einer der Partner SpanierIn, können historisch bedingte Überlegenheitsdünkel die Beziehung belasten.

Von allen denkbaren interkulturellen Beziehungsformen sollen im Folgenden lediglich die drei häufigsten beleuchtet werden, die da wären:

- Deutscher Mann besucht cubanische Freundin regelmäßig im Urlaub.
- Deutscher Mann verliebt sich in diese Freundin und bringt sie nach Deutschland.
- Cubanische Frau und deutscher Mann leben gemeinsam auf Cuba (selten).

⌃ Beachlife in Varadero

Für den gar nicht so ungewöhnlichen Fall, dass eine deutsche Frau ihren cubanischen Freund gelegentlich besucht bzw. ihn nach Deutschland holt oder gar zu ihm nach Cuba zieht (was dann doch wieder recht selten vorkommt), lassen sich die Ausführungen größtenteils analog übertragen. Gleiches gilt für homosexuelle Paare.

Auch dürfte klar sein, dass im Folgenden eine an sich unzulässige Verallgemeinerung betrieben wird. Die Schilderung der Beziehungs-Prototypen beruht dabei auf Beobachtungen während meiner Cuba-Reisen und zahlreichen Gesprächen mit gemischten (Ex-)Paaren.

Die Fernbeziehung

Bei einer deutsch-cubanischen Fernbeziehung verbringt er seinen Urlaub auf Cuba, so oft es das Budget zulässt. Dabei verbindet er das Angenehme mit dem noch Angenehmeren, denn er hat beim ersten oder zweiten Ferienaufenthalt eine äußerst nette Bekanntschaft gemacht. Im günstigeren Fall wohnt sie in der Nähe eines der großen Urlaubsorte, z. B. Playas del Este oder Varadero, oder machte gerade selbst Ferien am Meer. Es ist aber auch möglich, dass ihm die Dame von einem sympathischen cubanischen Bekannten mit dem augenzwinkernden Hinweis vorgestellt wurde, dass seine Schwester/Cousine/Bekannte ihn, den Touristen, für einen netten Kerl halte und nun unbedingt näher kennen lernen wolle.

In jedem Fall ist der Urlauber nach dem ersten gemeinsamen Abend sehr angetan. Trotz der vielleicht noch bestehenden Kommunikationsprobleme hat er so viel erfrischende Koketterie und gute Laune, ja beinah schon kindliche Naivität, bei seinen deutschen Freundinnen noch nicht erlebt. Möglicherweise ist man sogar schon in der ersten Nacht im Bett bzw. am Strand gelandet, wo ihm so einiges geboten wurde. Da sie zudem auch noch gut aussieht, erinnert er sich möglicherweise schmunzelnd an den Scherz eines anderen Touristen: „Die Mulattin ist die beste Erfindung der Spanier".

Fortan verbringt man möglichst viel Zeit miteinander, geht gemeinsam essen, spazieren und tanzen. Sollte in solchen Momenten gelegentlich der Bruder/Cousin/Bekannte auftauchen, müsste unser Tourist eigentlich stutzig werden, denn er hat es dann höchstwahrscheinlich mit einem gewieften Kuppler zu tun, der durchaus auch der Freund oder Ehemann des Mädchens sein kann. Auf die Idee, eine *jinetera* (Gelegenheitsprostituierte, wörtlich: Reiterin) vor sich zu haben, kommt er nicht. Schließlich verlangt sie ja kein Geld. Dass er sie zu allen gemeinsamen Unternehmungen einlädt und ihr ab und zu etwas für das Taxi zusteckt, gehört sich ja wohl so und ist für ihn Ehrensache.

Extrainfo 22 (s. S. 6): Augenzwinkernde bis zynische „Cuba-Tipps für Insider", Erfahrungsberichte und ein bissig-ironisches „Cuba-Lexikon"

Zitate von Cubareisenden aus drei Jahrhunderten

Samuel Hazard schwelgte 1871 in „Cuba with pen and pencil": „Königin der Antillen, Deine smaragdfarbenen Gewässer glitzern in der tropischen Sonne. Du wäschst Deine felsigen Füße in zorniger Gischt. Wo Du Deine goldenen Strände ausbreitest, umspülen sanfte Wellen Deine Küsten, leise murmelnd, aber mit südlicher Schwärmerei."

Walter Goodman in „The Pearl of the Antilles", London 1873: „Wenn ich einen Cubaner frage, wo er wohne, antwortet er sofort: ‚In deinem Haus' und immer wenn ein Cubaner mir einen Brief schreibt, heißt es im Gruß: ‚Von Deinem Zuhause'. Es ist schon fast eine Beleidigung, eine angebotene Zigarre abzulehnen."

Richard Davey in „Cuba - Past and Present", London 1898: „Die Cubaner sind flexibler und aktiver als die Bewohner der anderen Karibikinseln. Sie sind in ihren Ideen progressiver und mehr darauf bedacht, ihren Kindern die beste Erziehung zu geben als ihre spanischen Verwandten. Sie sind von Natur aus häuslich und herzlich und sehr zufrieden in ihren Familien. Die Männer sind für gewöhnlich ausgezeichnete Familienväter und sehr liebevoll zu ihren Kindern. Die Cubanerinnen, selbst der unteren Schichten, sehen im Allgemeinen viel besser aus als ihre Männer. Wenn der Cubaner sagt: ‚Komm und iss mit mir', meint er das auch und mögen seine Verhältnisse noch so bescheiden sein. Er ist verletzt, wenn man ablehnt."

Alpheus Hyatt Verril in „Cuba of Today", New York 1931: „Die Männer der besseren Klassen sind gut erzogen und sogar die Bauern sind so umgänglich und höflich, dass einigen unserer groben Landsleute die Schamröte ins Gesicht steigen sollte. Die Cubaner sind unterhaltsam, reizend, gastfreundlich und nehmen einen so wie man ist. Ein großer Fehler der Cubaner ist ihre Vorliebe für große Gesten, also ihr Verlangen, Eindruck zu schinden."

Erna Ferguson in „Cuba", New York 1946: „Für das Verb ‚cubanear' akzeptiert der Gelehrte Ortiz folgende Definition: Probleme die Schärfe nehmen, indem man sie nicht voll austrägt, sondern kontroverse Dinge oft in überschwänglicher und leichtsinniger Herzlichkeit auflöst ... Ich fühlte in Santiago wie auch in La Habana, dass Cubas Frauen nach vorne schauen und viel motivierende Energie für den sozialen Fortschritt bereithalten. Es ist erfrischend und typisch cubanisch, wenn man vom Allgemeinen zu den speziellen persönlichen Interessen kommt: Nicht ein träumerischer Ton mehr, sondern schnelles Anpacken."

Ernest Hemingway in „Islands in the stream", New York 1970: „Die Leute vom Lande waren zurückhaltend und schüchtern, wenn sie nicht gerade tranken."

Nancy und Otto Marquardt in „Report aus Havanna", Leipzig 1971: „Die Santiagueros sind anders als die Leute in La Habana. Santiago ist stolzer, schwärzer, bunter. Sein rebellischer Geist, sein Hang zur Poesie – das ist Santiago. Es ist die komplette Fusion Afrikas mit dem iberischen Europa.

In Cuba ist man zwar meist nicht sonderlich pünktlich, aber im Laufe der Zeit gewöhnt man sich daran, Interviews und Rendezvous für 20 Uhr anzusetzen, wenn man den Partner um 21 Uhr treffen möchte. "

Miguel Barnet in „Alle träumten von Cuba", Frankfurt 1981: „Der Cubaner ist aufrührerisch, sich gegen Missstände auflehnen tut er gern. (....) Man kann ihm nichts abschlagen. Er ist ansteckend und beschwatzt dich wie kein zweiter. Der Cubaner verscheißert dich, aber er weiß, was du in Wirklichkeit bist. Dafür hat er Luchsaugen. Der Cubaner ist spottlustig, aber nobel. In Cuba lebt man vom Witz. Sie spotten über alles und jeden. "

Inge Viett in „Cuba libre bittersüß", Hamburg 1999: „Wir fühlen uns verwöhnt von der Señora, sie ist familiär und herzlich, irgendwie nicht wie eine „Wirtin". Sie richtet unser Essen mit so großer Sorgfalt und Freundlichkeit an, dass ich nicht auf die Idee komme, sie täte es für die Dollars. Natürlich ist es auch so, aber ihr Interesse geht darüber hinaus, umfasst uns als Personen, als Gäste, was in Cuba immer auch heißt, als Freunde. Ihr liegt etwas daran, von uns auch als Person wahrgenommen zu werden, sie gibt uns Einblick in ihre familiären Verhältnisse, fühlt sich geehrt, wenn ihre Gastgeberrolle uns angenehm ist, wir schauen zusammen fern, unsere Gespräche sind vertraut bis intim. "

Johnnie Mieth in „Havanna auf allen Vieren", Berlin 2005, über eine 20-jährige jinetera: „Sie hat einen festen Liebhaber in Italien und außerdem noch einen Kanadier. Beide füllen regelmäßig ihr Dollar-Sparbuch. Hinzu kommt gelegentlich noch ein Freier für netto um die 20 Dollar. Allein im letzten Monat hat sie mehr als 1000 Dollar verbraten für Fiestas, Disco und Markenklamotten sowie für ihren kubanischen Liebhaber, den sie auch noch mit durchzieht. "

Hans-Jürgen Frieß in seiner Arbeit „Castro und kein Ende", Potsdam 2009, die politische Stabilität auf Cuba betreffend: „Raúl hat bislang einer politischen ebenso wie einer wirtschaftlichen Öffnung eine deutliche Absage erteilt. Seine Autorität wird nicht angezweifelt. Von politischer Unordnung ist auch 50 Jahre nach der Revolution nichts zu bemerken. ... Die Jugend identifiziert den vom Regime propagierten Kommunismus nicht mehr mit nationaler Befreiung und Gleichheit, sondern mit der Doppelmoral, die in der cubanischen Gesellschaft heute um sich greift, mit Engpässen bei der Versorgung und mit mangelnden Zukunftsperspektiven. "

In erotischer Hinsicht geht für unseren verliebten Prinzen so mancher Traum in Erfüllung, denn seine Eroberung kennt offenbar weit weniger Tabus als die meisten seiner deutschen Bekanntschaften, bei denen er erst wochenlang „Zucker husten" muss, bevor überhaupt etwas läuft. Sie scheint ihn also echt zu mögen.

Auch freut ihn sehr, dass Cubanern seit April 2008 der Zugang zu Hotels nicht mehr verwehrt wird, er seine Eroberung also mit aufs Zimmer nehmen kann. Früher soll das ja nur gegen etwas Cash für den Nachtportier möglich gewesen sein ...

Womit er nicht so klarkommt, sind ihre Überreaktionen. Als er einmal 15 Minuten zu spät zum Rendezvous erscheint, findet er sie völlig aufgelöst und in der festen Überzeugung, er sei bei einer anderen Frau gewesen. Um ein Haar hätte sie ihn sogar geohrfeigt. Naja – karibisches Temperament halt.

Nach zwei oder drei Wochen ist der Sommerurlaub um und unter Tränen verspricht man sich, zu telefonieren, Briefe bzw. E-mails zu schreiben und sich, sobald die Umstände es erlauben, wiederzusehen. Wegen ihrer Andeutungen, dass es einige Probleme mit der Finanzierung des Kühlschrankes gebe, hat er sich auch nicht lumpen lassen und als Abschiedsgeschenk ein paar Hundert Euro überreicht.

Einige Monate später fällt man sich dann wieder in die Arme, als wären gerade mal ein paar Tage vergangen und er beginnt sich zu fragen, ob es nicht das beste wäre, dieses liebe exotische Wesen einfach nach Deutschland mitzunehmen.

Für die Cubanerin stellt sich die Beziehung natürlich etwas anders dar. Falls sie tatsächlich von einem Kuppler vermittelt wurde, ist die Wahrscheinlichkeit groß, dass unser Beispieltourist nicht der erste „Klient" in dieser Saison ist. Im äußersten Fall wechseln ihre Lover im Zweiwochentakt der Chartermaschinen.

Falls sie auf eigene Faust an ihn geraten ist, wäre es doch etwas ungerecht, gleich von Prostitution zu sprechen. Sie selbst würde eine derartige Bemerkung jedenfalls als glatte Beleidigung auffassen und je nach Stimmung mit wüsten Beschimpfungen oder einer saftigen Ohrfeige antworten. Denn sie war gerne mit dem Kerl zusammen. War halt einer der Netteren. Und wenn man sich versteht und eine gute Zeit miteinander hat, dann ist es doch nur natürlich, auch Liebe zu machen, oder? Außerdem ist das bekanntlich die beste Möglichkeit, einen Mann davon abzuhalten, anderen Mädels nachzusteigen.

▷ Wer über CUC verfügt, ist in jedem cubanischen Café ein gern gesehener Gast

Jedenfalls hat er sie zwei Wochen lang freigehalten und sie freut sich wirklich darauf, ihn eines Tages wiederzusehen. 400 Euro hat er ihr auch dagelassen. Die Familie, darunter ihre kleine Tochter, von der sie ihm möglicherweise noch nichts erzählt hat, werden sich darüber freuen, dass jetzt endlich ein besserer Kühlschrank angeschafft werden kann. Wahrscheinlich bleiben sogar ein paar Scheine für trendige Klamotten und neue Stilettos übrig.

Ob er sie wohl tatsächlich anruft oder wenigstens eine SMS schreibt? Ein paar Wörter Spanisch, darunter die wichtigsten Schmeicheleien und lustigsten Schimpfwörter, hat sie ihm ja beibringen können.

Seine seltsamen Andeutungen von wegen sexueller Treue haben sie aber doch ein bisschen irritiert. Hat er denn wirklich keine Freundin in seiner Heimat? Sie wird selbstverständlich nicht wie „Penélope" (ein beliebter cubanischer Schlager über die außergewöhnlich züchtige Frau des Odysseus) monatelang keusch leben. Guter Sex gehört für sie genauso zu einem erfüllten Leben wie Tanzen und leckeres Essen.

Natürlich kann sie sich auch vorstellen, ihm eines Tages nach Europa zu folgen, wo man ja offensichtlich keine materielle Not kennt. Falls sie ihn, so wie ihre anderen Sommerbekanntschaften (amor de verano), nicht wiedersieht, wird sie sich wenigstens noch lange Zeit über den Kühlschrank freuen können.

Die deutsch-cubanische Ehe

Im Laufe seiner zweiten oder dritten Cubareise reift in unserem Paar der Wunsch, gemeinsam in Deutschland zu leben. Er hofft, die ausgelassene Urlaubsstimmung und ihre herzerfrischende Spontanität, ja quasi ein Stück vom Paradies mit in die Heimat hinüberretten zu können. Ganz abgesehen davon, dass es mit den deutschen Damen nach wie vor nicht so richtig klappen will. Er ist jetzt eben auch Besseres gewöhnt!

Im Vergleich zu seiner exotischen Prinzessin wirken die europäischen Mädels unnahbar, kalt und nassforsch. Und ach, wie würden die Kollegen auf der Arbeit vor Neid erblassen, wenn er mit dieser lieblichen Grazie aufkreuzen würde!

Die Prinzessin selbst denkt sich: „Klar, könnte mir schon vorstellen, mit ihm in einer Ehe zu leben. Habe ja schon zwei hinter mir. Die Zukunft ist offen. Zu verlieren habe ich nichts, jedenfalls dann nicht, wenn wir so bald wie möglich mein Töchterchen nachholen. In jedem Fall bin ich mal raus aus diesem Käfig Cuba. Und wer weiß, vielleicht wird es ja wirklich was Dauerhaftes. Europäische Familienidylle, so wie im Fernsehen."

Gesagt – getan. Nach dem zeit- und kostenintensiven Beschaffen aller Papiere (Reisepass, Heiratsvisum, Krankenversicherung, Einladungsschreiben, Sprachtest und Ausreisegenehmigung) sitzen die beiden einige Monate später gemeinsam in einem Flugzeug nach Europa. Für sie wird es der erste Flug überhaupt sein und noch ahnt sie nicht, wie sehr sie in einigen Tagen ihre Umgebung, ihre Freunde, ihre Familie und vor allem die Kleine vermissen wird.

In seiner Wohnung angekommen, beginnt für die beiden die faszinierende Phase des Eingewöhnens. Sie ist zunächst begeistert von ihrem neuen Leben. Alles ist so aufregend anders. Die Landschaft, die Menschen, die Gebäude und natürlich das Klima! Vielleicht sieht sie zum ersten Mal in ihrem Leben Schnee und zugefrorene Seen.

Ihm geht es auch blendend. Noch nie kam er sich so klug und wichtig vor. Geduldig erklärt er seinem Schatz, wie die Dinge hier laufen, was sie beachten muss und wie man sich so verhält in der „Zivilisation". Stolz stellt er sie seinen Verwandten und Bekannten vor, schickt sie in den „Deutsch für Ausländer"-Kurs der Volkshochschule und tut überhaupt alles, um ihr die Eingewöhnung so angenehm wie möglich zu machen.

Einige Dinge machen ihr aber doch sehr zu schaffen. Dieses bleiche nordische Volk hat ganz offensichtlich echte Probleme, was die soziale Kommunikation angeht. Auf Cuba kann sie jederzeit mit jedermann ein Gespräch über alles mögliche beginnen. Als sie einige Male ihren Mut zusammen genommen und das hier probiert hat, haben die Leute zwar schon geantwortet, sich aber doch sehr reserviert gezeigt. Ja, „reserviert" ist das richtige Wort für diese Deutschen. Auch erscheint ihr das Leben, vor allem in den größeren Städten, sehr hektisch zu sein. Kaum jemand nimmt sich Zeit für ein Gespräch oder auch nur ein Lächeln. Wie dem auch sei, wenn die Kleine erst mal nachgekommen ist, wird es schon aufwärts gehen.

Inzwischen nerven auch ihn ein paar Sachen ganz gewaltig. Die erfrischende Lebenslust und Koketterie, die ihn im Urlaub so faszinierte, kommt ihm hier in der kühlen Heimat wie Beliebigkeit vor. Mehrmals schon hat sie irgendwelche Leute auf der Straße angelabert. Was sollen die denn denken? Dass er mit einer Straßenschwalbe unterwegs ist? Mag ja sein, dass man auf Cuba mit allen über alles ein Gespräch vom Zaun brechen kann. Ist ja auch ein armes Land. Ohne einen großen Bekanntenkreis und konsequentes Networking ist man dort wohl aufgeschmissen. Warum sieht sie nicht ein, dass es hier anders läuft?

Ihre Lust auszugehen, strapaziert seine Nerven und seinen Geldbeutel mehr und mehr. Viele der Leute, die ihr sympathisch sind, kommen ihm irgendwie zwielichtig vor. Entweder nimmt sie den sozialen Status einer Person nicht wahr oder er ist ihr überhaupt nicht wichtig. Muss irgendwas mit dieser sozialistischen Gleichmacherei zu tun haben. Zum Glück legt sie keinen großen Wert auf sündhaft teure Einkaufstouren. Ein paar ältere „Cubaexperten" im Ferienflieger hatten ihm diese prophezeit. Für erhebliche Spannungen sorgen allerdings die enormen Kosten ihrer häufigen Telefonate in der Heimat. Skypen ist leider schwierig, da das Internet in Cuba teuer und langsam ist.

Er glaubt jedenfalls, dass sich die Sache mit dem Ausgeh- und Geselligkeitswahn entspannt, wenn erst mal ihr Töchterchen nach Deutschland nachgekommen ist. Der Nachzug der Kleinen ist formalbürokratisch kein Problem, da die deutschen Ausländerbehörden gegen den Zuzug von minderjährigen Angehörigen grundsätzlich nichts einzuwenden haben. Ärgerlich ist nur, dass man für die Erledigung des Papierkrams auf Cuba mehrere Wochen einkalkulieren muss. Um dem leiblichen Vater des Kindes die Einwilligung zur Ausreise schmackhaft zu machen, schickt unser frisch gebackener Ehemann seiner Gattin sicherheitshalber noch einige Hundert Euro extra mit nach Cuba.

Sind die drei nach erfolgreichem Nachzug der Kleinen endlich glücklich vereint, hängt das weitere Schicksal der jungen Ehe entscheidend davon ab, ob es Mutter und Tochter nach der ersten Aufregung gelingt, sich in diesem fremden Land wirklich wohl zu fühlen.

Es soll jedoch nicht verschwiegen werden, dass die Scheidungsrate in solchen Mischehen sehr hoch ist und der deutsche Partner nur äußerst selten abermals einen Cubaner bzw. eine Cubanerin ehelicht. Schon so mancher Cuba-Fan musste die schmerzliche Erfahrung machen, dass der Traum von einer aus der (kulturell geprägten und damit kaum zu überwindenden) Gegensätzlichkeit erwachsenden Partnerschaft bereits nach kurzer Zeit platzt.

Deutsche Aussteiger auf Cuba

Mir sind bisher nur wenige Fälle bekannt, in denen sich cubanisch-deutsche Paare für ein gemeinsames Leben auf Cuba entschieden haben. Meist handelt es sich um (Früh-)Rentner *(jubilados)* und Pensionäre, die noch einmal eine Familie gründen, um ihren Lebensabend sinn- und ge-

Auf Cuba investieren?

Die meisten Cubaner und viele ausländische Kenner des Landes sind der Meinung, dass Cuba, gesamtwirtschaftlich betrachtet, goldenen Zeiten entgegensieht. Das Potenzial an Rohstoffen, Agrarproduktion, technischem Know-how sowie Ehrgeiz und Geschäftstüchtigkeit sucht in der ganzen Region seinesgleichen. Ob eine unternehmerisch günstigere Periode aber schon in absehbarer Zeit oder erst in vielen Jahren anbricht, vermag niemand vorherzusagen.

Immobilien erwerben

Als Privatmann auf Cuba in die Zukunft der Karibik zu investieren ist nach wie vor schwierig bis unmöglich und nicht zu empfehlen. Wer nach einem Cubaurlaub etwa über die Möglichkeit nachdenkt, eine Immobilie zu erwerben, sollte wissen, dass es für investitionswillige Ausländer derzeit keine Möglichkeit gibt, ein Haus, eine Eigentumswohnung oder dergleichen käuflich zu erwerben.

Nach dem Willen der Regierung soll unter keinen Umständen auch nur ein Quadratmeter cubanischen Bodens in die Hand von Investoren gelangen. Die Objekte dürfen lediglich angemietet werden. Auf diese Weise soll insbesondere der Bodenspekulation vorgebeugt werden.

Ich habe auf Cuba hin und wieder Europäer und Kanadier getroffen, denen man weis machte, sich für einige Tausend CUC über einen als „Strohmann" auftretenden cubanischen Freund eine herrschaftliche Villa mit Anwesen und so weiter kaufen zu können. Im Idealfall verschaffte sich der „Freund" dann tatsächlich die Immobilie, um dort mit seiner Familie zu

Extrainfo 23 (s. S. 6): Die Website von „Germany Trade & Invest (GTAI)" legte im Herbst 2013 einen Schwerpunkt auf das Thema Geschäftsbeziehungen mit Cuba.

nussreich auf dieser klimatisch begünstigten Insel zu verbringen. Studium und Arbeit sind weitere legale Möglichkeiten, für längere Zeit auf Cuba zu leben. Einige deutsche Hochschulen haben Kooperationsabkommen und Studentenaustauschprogramme mit cubanischen Universitäten geschlossen, so z. B. die Uni Magdeburg mit der Universidad Central Marta Abreu de Las Villas in Santa Clara. Ärzte und Ingenieure haben wohl die geringsten Schwierigkeiten, für einige Zeit einen Job auf Cuba zu bekommen. Ob aber als Rentner, Student oder Berufstätiger, in jedem Fall muss den cubanischen Behörden nachgewiesen werden, dass man über ausreichende finanzielle Mittel und Auslandskrankenschutz verfügt. Schließlich lebt auf Cuba noch eine kleine Gruppe von Ausländern, die in Geschäfte mit dem Staat direkt oder über internationale Joint Ventures involviert ist.

leben und zwei Mal im Jahr den ausländischen „Gutsherren" zu empfangen und zu bewirten, natürlich auf dessen eigene Kosten …

Kredite für Cubaner

Vorsicht ist ferner geboten, wenn Cubaner Ausländer um Kredite, etwa als Anschubfinanzierung für ein Restaurant oder Ähnliches, bitten. Schein und Sein liegen auch in der cubanischen Geschäftswelt oft recht weit auseinander. In diesem Zusammenhang „verliehenes" Geld sollte man in 99 Prozent der Fälle schon in dem Moment, in dem es aus der Hand gegeben wird, als persönliche Entwicklungshilfemaßnahme abschreiben.

Beteiligung an cubanischen Gesellschaften

Am 5. September 1995 beschloss die Nationalversammlung Cubas einstimmig (wie es sich für einen Ein-Parteien-Staat gehört) das „Rahmengesetz bezüglich ausländischer Investitionen". Ausländer dürfen seitdem zu 49 Prozent an cubanischen Gesellschaften beteiligt sein.

Ferner eröffnete eben genanntes Gesetz dem Ministerrat die Möglichkeit, Exportfreizonen einzurichten und inzwischen sind auch einige entstanden. Seit 1995 können Ausländer, mit Ausnahme des Bildungs-, Gesundheits- und Militärwesens, unter staatlicher Aufsicht grundsätzlich in alle Wirtschaftsbereiche investieren. Allerdings sind Engagements ohne gründliche Vorbereitung, Insiderwissen und sehr gute Kontakte zu den richtigen Stellen und Entscheidungsträgern nach wie vor nicht zu empfehlen. Seit den 1990er-Jahren sind Joint Ventures zwischen staatlichen Stellen und ausländischen Investoren die beliebteste Form der Zusammenarbeit. In jüngster Zeit kommen Kooperationen per sog. management contract hinzu.

In manchen strandnahen Orten leben deutsche „Aussteiger", die sich vor ihren Unterhaltsverpflichtungen oder Gläubigern in die Karibik abgesetzt haben. Da die staatliche Überwachung auf Cuba nach wie vor sehr gut funktioniert, müssten diese Dauergäste früher oder später mit erheblichen Problemen wegen **abgelaufener Visa** rechnen, wenn es da nicht für wenige Hundert CUC Arrangements gäbe, die den Ausländer via Kurzstreckenflug für einen Tag außer Landes bringen und ihn bei der Rückkehr wieder mit einem frischen und zwei Mal verlängerbaren Visum ausstatten. Alle drei Monate ist also Zwangsausreise angesagt, von Westcuba vorzugsweise nach Mexiko, vom Osten in die Dominikanische Republik oder nach Jamaika.

△ Cubaner sind neugierig und kontaktfreudig

▷ Uneigennützige Freundschaften mit Ausländern sind selten

Kulturschock – einmal anders herum

Cubaner, denen die ersehnte Ausreise nach Europa gelingt, haben gerade in Deutschland anfangs Schwierigkeiten, sich in die Gesellschaft einzufügen. Die Vorkenntnisse über unser Land sind oft nur rudimentär und erschöpfen sich in den gängigen Klischees. Zusammen mit cubanischen Bekannten, die bereits längere Zeit in Deutschland verbracht haben, konnte ich zehn (augenzwinkernde) goldene Regeln aufstellen, die ihre Landsleute auf den „Kulturschock Deutschland" vorbereiten und ihnen die Eingewöhnung und das Leben bei uns erleichtern sollen:

1. Klima

Winter: Wenn du schon zu Hause eine Vorstellung vom europäischen Winter bekommen möchtest, besuchst du am besten jemanden, der einen modernen Kühlschrank hat. Stecke deinen Kopf so lange wie möglich ins Eisfach. Ohne Schal, Strickmütze und mehrere Jacken übereinander wirst du dir im Winter in Deutschland garantiert eine Lungenentzündung holen.

352cujs

Sommer: Bei sommerlichen Temperaturen, die dir ganz vernünftig vorkommen, leiden Nordeuropäer Höllenqualen. Solltest du während einer der seltenen Hitzewellen nach Deutschland kommen, so vergiss deinen Ventilator nicht. Die sparsamen Deutsche machen nämlich grundsätzlich keine Anschaffungen, die sie höchstens zehn Tage im Jahr gebrauchen können. Sofern Du an einem deutschen Meeres- oder Seestrand baden möchtest, solltest du immer einen großen Tauchsieder bei dir haben. Und Obacht: Skurrilerweise existieren hier Badeabschnitte, wo Groß und Klein, Alt und Jung, Männlein wie Weiblein splitternackt umherlaufen. Man nennt das Freikörperkultur.

2. Geselligkeit

Ausgelassenheit und lautes Lachen ist nur sehr kleinen Kindern, Volltrunkenen und zu besonderen, lange vorher angekündigten Anlässen erlaubt. Bei beharrlicher Zuwiderhandlung, musst du vor allem in der Provinz damit rechnen, schief angesehen zu werden. Seltsamerweise verbringen auch Deutsche, die sich einsam fühlen, sehr viel Zeit alleine.

Cubaner im Ausland vermissen auch die schönen Strände ihrer Heimat

3. Unterhaltung

Sprich so leise und unauffällig wie möglich. Wichtig: Keine kommunikativen Rituale! Bevor du also einem Deutschen auf die Frage antwortest, ob er dich zum Essen einladen dürfe, überlege dir genau, was du willst. Sag dann einfach nur ja oder nein. Nordeuropäische Wohngebiete wirken auch tagsüber oft wie ausgestorben.

4. Mimik und Gestik

Um so finster dreinschauen zu können wie der Durchschnittsdeutsche auf der Straße, stellst du dir am besten vor, dass dich starke Zahnschmerzen plagen. Wenn du deine Glieder heftiger bewegst als unbedingt erforderlich, wird man dich für einen unverbesserlichen Kindskopf halten.

5. Zeitgefühl

Merke: Es gilt als schick, keine Zeit zu haben. Man unterhält sich ohne besonderen Anlass nur ungern mit seinen Mitmenschen. Tut man es dennoch, muss man mit der Unterstellung rechnen, ein Tagedieb zu sein. Nichts zu tun, gilt vielen als verdächtig.

363cu js

Kurzinterview mit Orlando zum Thema Ausländer

Jens Sobisch: Orlando, was bekommst du von dem Tourismus-Boom auf Cuba mit und was hältst du davon?
Orlando: Ich habe damit kein Problem. In Morón ist das ja auch kein Massenphänomen. In unsere Straße verirrt sich nur selten mal ein Tourist. Im Sommer fährt allenfalls zwei oder drei Mal am Tag ein Bus an die Traumstrände von Cayo Coco durch. Ich persönlich kenne keinen einzigen Cubaner, der es sich leisten könnte, dort Ferien zu machen.
Jens Sobisch: Gibt es Cubaner, die das stört?
Orlando: Ja, manche bezeichnen internationalen Massentourismus als Ausverkauf unseres Landes. Viele ältere Genossen fühlen sich an die 1950er-Jahre erinnert, als es in Cuba eine elitäre Klasse ausländischer Müßiggänger gab und die breite Masse gleichzeitig in heute kaum mehr vorstellbarem Elend lebte.
Jens Sobisch: Und wie stehst du zum Tourismus?
Orlando: Ich bemühe mich, die Sache differenziert zu betrachten. Mit den Urlaubern kommen Devisen und ausländische Waren nach Cuba. Zigtausende haben eine Anstellung in Hotels und Restaurants gefunden. Auf der anderen Seite ist die Trennung, die der Tourismus zwischen Einheimischen und Besuchern gezogen hat, unübersehbar: Die „Apartheid" zwischen

6. Mahlzeiten

Wenn ein Mahl ohne schwarze Bohnen kein richtiges Essen für dich ist, solltest du dir aus Cuba einen größeren Vorrat mitbringen.

7. Finanzen

Auch arme Deutsche verfügen über wesentlich mehr Geld als ein Durchschnittscubaner. Allerdings ist ihre Lebenshaltung auch wesentlich teurer. Sei also nicht bestürzt, wenn du während deines Aufenthalts in Europa an einem Tag so viel ausgibst, wie auf Cuba in einem Monat.

8. Versicherungen

Von Wetterkapriolen bis zur Zahnfäule versichern sich Deutsche gerne bei darauf spezialisierten Firmen gegen so gut wie alles. Kurioserweise gibt es sogar eine „Lebensversicherung". Nur gegen schlechte Laune haben diese Firmen noch nichts im Angebot.

denen, die in harten Devisen bezahlen und jenen, die nur Pesos besitzen, spricht den sozialistischen Idealen Hohn und trennt die Menschen hier de facto nicht weniger als einst die Berliner Mauer in eurem Land.

Jens Sobisch: *Was wissen Cubaner sonst noch über Deutschland und die Deutschen?*

Orlando: *Euer Land und eure Leute sind bei uns recht beliebt. Wenn wir mit Deutschen ins Gespräch kommen, sind oft deutsche Autos oder Prominente wie Franz Beckenbauer und Dirk Nowitzki ein tauglicher Anknüpfungspunkt. Viele junge Leute würden gerne in Deutschland leben.*

Jens Sobisch: *Und was hält man von Österreichern und Schweizern? Was wissen Cubaner über die Bewohner der beiden Alpenländer?*

Orlando: *Leute, die sich für Geografie interessieren, wissen, dass die Schweiz und Österreich zwischen Deutschland und Italien liegen. Die Schweiz ist außerdem für ihre vielen Banken und hochwertigen Armbanduhren berühmt. Lebensstandard und -stil in diesen beiden Ländern sind wohl so ähnlich wie in Deutschland.*

Jens Sobisch: *Orlando, danke für das Interview. „Cuídate, dale un besito a Adriana y muchos saludos a toda la familia!" (Pass auf dich auf, gib Adriana ein Küsschen und grüß uns die ganze Familie!)*

9. Behörden

Du bist ja von cubanischen Beamten schon so einiges gewohnt. Doch sind die Deutschen auch in der Perfektionierung der Bürokratie ganz weit vorne. Bei deiner Ankunft in Deutschland solltest du dir daher unbedingt ein besonderes Behältnis anschaffen, um all der Bescheinigungen und Formulare Herr werden zu können. Es gibt wohl kaum ein Land, in dem auch nur annähernd so viele Gesetze, Verordnungen, Satzungen usw. existieren.

10. Zu guter Letzt eine Bitte

Sei besonnen, tolerant und offen für neue Erfahrungen, so seltsam sie dir auch vorkommen mögen! Versuche nicht, den Völkern, die du besuchst, deinen Lebensstil aufzuzwingen, nur weil du ihn für besser hältst! Akzeptiere die Andersartigkeit deiner Gastgeber! Versuche die Konventionen einer fremden Kultur nicht von vornherein zu bewerten! Genieße deinen Aufenthalt!

Anhang

◁ Entspannt am Strand: Wo bleibt die Kundschaft? (355cu js)

Staatsaufbau Cubas

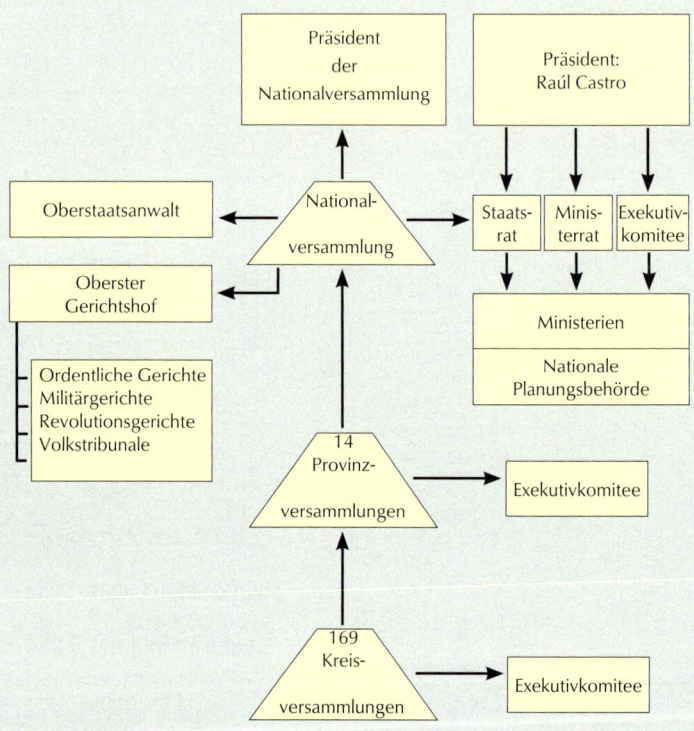

Rechtsprechung
(Judikative)

**National-
versammlung**
(Legislative)

Ausführende Organe
(Exekutive)

Oberkommando Verteidigungsminister	Generalsekretariat, 1. Sekretär: Raúl Castro
	Politbüro
Fuerzas Armadas Revolucionarias (FAR): Armee	Zentralkomitee

Milizen

Kommunistische Partei Cubas (PCC)

Frauenverband (FMC)

Jugendorganisation (UJC)

Gewerkschaften (CTC)

Kleinbauernverband (ANAP)

Verteidigungskomitees (CDR)

Militär

Partei

Wichtige Massenorganisationen

Cuba im Internet

Einige cubanische Websites

- **www.cuba.cu:** Das cubanische Portal bietet unter anderem eine umfassende Link-Liste und den Wortlaut der „Reflexionen" *Fidel Castros* seit 2007 (in acht Sprachen).
- **www.cubagob.cu:** Offizielle Website der cubanischen Regierung auf Spanisch und Englisch
- **www.cubanacan.cu:** Homepage des staatlichen Tourismus-Dienstleisters Cubanacán
- **www.cubarte.cult.cu:** Portal für cubanische Kunst und Kultur.
- **www.cubasi.cu:** Online-Magazin aus Cuba

Weitere interessante Internetseiten

- **www.afrocubaweb.com:** Listet unter anderem speziell mit afrocubanischer Kultur verbundene Termine auf.
- **www.amerika-auf-einen-blick.de/kuba:** Statistiken und sorgfältig recherchierte allgemeine Informationen
- **www.cia.gov/library/publications/the-world-factbook/geos/cu.html:** Das *CIA World Factbook* liefert statistische Angaben und eine enzyklopädische Darstellung der wesentlichen Grunddaten Cubas.
- **www.cubainfo.de:** Die Website des cubanischen Fremdenverkehrsamtes hält auch Hinweise auf kulturelle Veranstaltungen bereit.
- **www.cubaliteraria.com:** Sehr ausführliches Literatur-Portal
- **www.cubanculture.net:** Bietet detaillierte Infos zu cubanischen Leistungen in den Bereichen Musik, Tanz, Malerei, Literatur, Film, Fotografie, Architektur, Oldtimer u. v. m.
- **www.cubanet.org:** Wird von Exilcubanern betrieben. Links führen zu weiteren regimekritischen Websites.
- **www.cubaworld.de:** Privates Cuba-Portal mit vielen touristisch relevanten Infos, tollen Fotos, Forum und nützlichen Links
- **www.desdecuba.com/generationy:** Preisgekrönter Blog „Generación Y" der umtriebigen Regimekritikerin *Yoani Sánchez* aus La Habana
- **www.fgbrdcuba.de:** Website der Freundschaftsgesellschaft BRD–Cuba
- **www.historyofcuba.com:** Infos zur cubanischen Geschichte in englischer Sprache
- **www.kuba-info.org:** Detaillierte Cuba-Infos einer privaten Non-Profit-Organisation

- **www.soycubano.com:** Kunst, Musik, Literatur usw.
- **www.weblatino.de:** Bietet allgemeine Infos und nützliche Links.

Lesetipps

Historisches

- **Fidel Castro,** My early years, Ocean Press Australia, 1998. *Castro* selbst reflektiert über seine Jugendzeit.
- **Alexander von Humboldt,** Die Wiederentdeckung der Neuen Welt, Verlag der Nation, 1998
- **Christoph Kolumbus,** Schiffstagebuch, Reclam, 2001.
- **Michael Zeuske,** Kleine Geschichte Kubas, Beck 2007. Darstellung der Geschichte Kubas im 20. Jahrhundert.

Sachbücher

- **Jon Lee Anderson,** Che – Die Biographie, Econ, 2001. Sehr sorgfältig recherchierte Lebensgeschichte des Revolutionärs *Che Guevara*.
- **Miguel Barnet,** Afrocubanische Kulte, Suhrkamp, 2000. Darstellung der Regla de Ochá (Santería) und Regla de Palo Monte unter besonderer Würdigung der Parallelen zu den afrikanischen Mutterreligionen.
- **Hans-Jürgen Burchardt,** Im Herbst des Patriarchen, Schmetterling, 1999. Gesellschaftliche Auswirkungen der Wirtschaftskrise und Vorschläge für eine „sozialistische Demokratisierung".
- **Hans-Jürgen Burchardt,** Zeitenwende – Politik nach dem Neoliberalismus, Schmetterling, 2003. Lösungsvorschläge für die globalen Probleme des 21. Jahrhunderts unter häufiger Bezugnahme auf Cuba.
- Hernando Calvo Ospina, Im Zeichen der Fledermaus, Papyrossa, 2002. Die Rolle der Bacardi-Dynastie im Kampf gegen *Castros* Cuba.
- **Hernando Calvo Ospina,** Salsa. Havana Heat – Bronx Beat, Schmetterling, 1997. Kulturgeschichte der Salsa mit zweisprachigen Liedtexten.
- **Fernando Diego Garcia (Hrsg.),** Che. Der Traum des Rebellen, Rütten & Loening, 2003. Texte und Fotos zum Leben *Che Guevaras*.
- **Gerhard Drekonja-Kornat** (Hrsg.), Havanna: Vergangenheit–Gegenwart–Zukunft, LIT, 2007. Zehn Autoren beleuchten Cubas Hauptstadt aus unterschiedlichsten Sichtweisen.
- **Ottmar Ette, Martin Franzbach (Hrsg.),** Kuba heute, Vervuert Verlagsges., 2001. Leicht verständliche wissenschaftliche Beiträge zu Cubas Politik, Wirtschaft und Kultur um die Jahrtausendwende.

- **Martin Franzbach,** Kuba. Die neue Welt der Literatur in der Karibik, Pahl-Rugenstein, 1984. Wissenswertes über cubanische Schriftsteller.
- **Ellen Gordeew,** Literarische Strategien der Subversion im kubanischen Roman seit 1960: Am Beispiel von „Tres tristes tigres" von Guillermo Cabrera Infante, „Antes que anochezca" von Reinaldo Arenas, „Café Nostalgia" von Zoé Valdés, Grin Verlag 2011. Examensarbeit aus dem Fachbereich Romanistik zum Verhältnis von Literatur und Politik auf Cuba.
- **Susanne Gratius,** Fidel Castro, Heinrich Hugendubel Verlag, 2005. Flott zu lesende Biografie im Westentaschenformat.
- **Vahe Gérard,** Zigarren: Zigarren und Lebensart, Delius Klasing Verlag, 2010. Standardwerk über cubanische Zigarrensorten und -formate.
- **Albrecht Hagemann,** Fidel Castro, dtv, 2002. Sorgfältig recherchierte Biografie.
- **Frank-Peter Herbst,** Cuba, REISE KNOW-HOW Verlag, 2012. Der praktische Reiseführer für alle, die Cuba individuell entdecken möchten.
- **Varuna Holzapfel,** Santería – Der Voodoo der Kubaner, Smaragd Verlag, 2002. Einführung in die Santería mit Glossar und Hinweisen auf weiterführende Literatur.
- **Peter Jakobs,** Anekdoten über Fidel, Eulenspiegel Verlag, 2006. Launige Episoden aus dem vielseitigen Leben von Cubas Maxímo Líder.
- **Daniel James,** Che Guevara. Leben und Sterben eines Revolutionärs, Heyne Verlag, 1992. Eine der besten Che-Biografien.
- **Rolf Lachner,** Inseln der Karibik – Landschaft und Tiere, Landbuch-Verlag, 1987. Gelungener Naturreiseführer.
- **Stephan Palmié,** Das Exil der Götter. Geschichte und Vorstellungswelt einer afrokubanischen Religion, Peter Lang Verlag, 1991. Detailreiche Betrachtung der cubanischen Santería.
- **Ignacio Ramonet,** Fidel Castro – Mein Leben, Rotbuch, 2008. Im Dialog mit *Castro* entlockt derAutor diesem zahlreiche wenig bekannte Details. Autorisierte Biografie, komplett im Frage-und-Antwort-Stil.
- **José Manuel Prieto,** Die kubanische Revolution und wie erkläre ich sie meinem Taxifahrer, Suhrkamp, 2008. Regimekritische Reflexionen eines Exilcubaners.
- **Astrid Reuter,** Voodoo und andere afroamerikanische Religionen, C.H. Beck, 2003. Ursprünge und Wesen von Voodoo, Santería, Candomblé und Umbanda.
- **Jens G. Rohwer,** Pflanzen der Tropen, BLV Verlag, 2000. Reich bebilderte Darstellung der wichtigsten Tropenpflanzen.
- **Horst Schäfer,** Im Fadenkreuz: Kuba, Kai Homilius Verlag, 2005. Überblick über die konfliktreichen Beziehungen Cubas mit den USA.

- **Volker Skierka:** Fidel Castro – Eine Biographie, Rowohlt, 2002. Fesselnde Analyse der jüngeren Geschichte Cubas.
- **Jens Sobisch,** CityTrip Havanna, REISE KNOW-HOW Verlag, 2013. Stadtführer mit vielen praktischen Tipps und Hintergrundinformationen zum individuellen Entdecken der Hauptstadt Cubas.
- **Jens Sobisch,** Cuba Slang, Reihe Kauderwelsch, REISE KNOW-HOW Verlag, 2012. Zahlreiche Wortlisten und mehr als 1000 Begriffe der Straßen- und Milieusprache, wie man sie ständig auf Cuba hört, aber kaum im Wörterbuch findet und schon gar nicht in der Schule oder im Sprachkurs gelernt hat.
- **Amir Valle,** Habana Babilonia, Edition Köln, 2008. Akribische Recherchen zur Geschichte der Prostitution auf Cuba einschließlich aktueller Statements der Beteiligten.
- **José de Villa, Jürgen Neubauer,** Máximo Líder, Econ, 2006. Differenziertes Porträt *Fidel Castros* vor dem Hintergrund der Beziehungen Cubas zu den USA.
- **Hans Weiss,** Märchen von Kuba. Insel zwischen Lüge und Wahrheit, Nomen, 2005. Weit verbreitete Irrtümer und humorvolle Wahrheiten über Cuba.
- **Bernd Wulffen,** Eiszeit in den Tropen, Links Verlag, 2006. Der Autor war viereinhalb Jahre lang deutscher Botschafter in La Habana.

Belletristik – Avantgarde und Klassik

- **Marco Alcántara,** Cuentos hispanoamericanos: Cuba – Erzählungen aus Cuba, dtv, 2003. Dreizehn Erzählungen (1946–1997) von zeitgenössischen cubanischen Autoren. Zweisprachig.
- **Reinaldo Arenas,** Bevor es Nacht wird, dtv, 2002. Die mit Johnny Depp in einer Nebenrolle verfilmte Autobiografie ist eine Abrechnung mit dem Regime.
- **Miguel Barnet,** Der Cimarrón, Suhrkamp, 1999. Der greise Afrocubaner *Esteban Montejo* erzählt von seinem Leben und gewährt so einen Einblick in die cubanische Geschichte des 20. Jahrhunderts.
- **Lydia Cabrera,** Die Geburt des Mondes, Suhrkamp, 1999. Sammlung cubanischer Märchen und Legenden.
- **Guillermo Cabrera Infante,** Ansicht der Tropen im Morgengrauen, Suhrkamp, 1995. Streifzug durch die cubanische Geschichte.
- **Guillermo Cabrera Infante,** Drei traurige Tiger, Suhrkamp, 2003 (1967). Exzentrische Hommage an das La Habana der 1950er-Jahre.
- **Lorenzo Lunar Cardedo,** Ein Bolero für den Kommissar, Haymon Verlag, 2006. Ein Mordfall in Santa Clara und gleichzeitig die authentische

Beschreibung der harten Wirklichkeit des cubanischen Alltags zu Beginn des 21. Jahrhunderts.

- **Alejo Carpentier,** Mein Havanna, Amman Verlag, 2000. Nostalgischer Essay über Cubas Kapitale.
- **Alejo Carpentier,** Die verlorenen Spuren, Suhrkamp, 2001. In seinem 1953 erschienenen Roman schildert Alejo Carpentier eindringlich den Zwiespalt eines lateinamerikanischen Intellektuellen zwischen westlicher Kultur und indianischer Herkunft.
- **Daniel Chavarria,** Das Rot im Federkleid des Papageien, Edition Köln, 2004. Der teilweise im Milieu von La Habanna spielende Kriminalroman vermittelt Hintergrundwissen über die Jahre nach der Jahrtausendwende.
- **Daniel Chavarria,** Die Radfahrerin, Heyne, 2000. Krimi und gelungene Milieustudie.
- **Daniel Chavarria,** Macho pikant, Europa, 2002. Bestsellerautor Chavarria erzählt von fünf Freunden, die als Kinder stets zusammenhalten und deren Wege später völlig unterschiedliche Richtungen nehmen.
- **Jesús Díaz,** Die Haut und die Maske, Piper, 1999. Díaz schildert die Entwurzelung und Zerrissenheit des cubanischen Volkes und vermittelt beiläufig authentische Einblicke ins Film- und Schauspielermilieu.
- **Jesús Díaz,** Die Initialen der Erde, Piper, 1993. Die Lebensgeschichte des Protagonisten Carlos ist reich an Höhen und Tiefen. Solidarische und zugleich kritische Auseinandersetzung mit der Revolution von 1959.
- **Jesús Díaz,** Erzähl mir von Kuba, Piper, 2003. Wehmütig lässt der Cuba-Flüchtling Stalin Martínez sein Leben auf der Insel Revue passieren.
- **Flor Fernandez Barrios,** Die Stimme des Donners, Ullstein, 2000. Eine Kindheit im Schatten der Revolution.
- **Cristina García,** Träumen auf kubanisch, Fischer, 2000. Drei Generationen einer cubanischen Familie kommunizieren ihre unterschiedlichen Ansichten zum Sozialismus.
- **Graham Greene,** Unser Mann in Havanna, dtv, 1998. Ein Staubsaugervertreter liefert dem britischen Geheimdienst erfundene Spionageberichte aus La Habana.
- **Pedro Juan Gutiérrez,** Schmutzige Havanna Trilogie, Hofmann & Campe, 2002. Zynische Abrechnung mit der cubanischen Gesellschaft der Umbruchzeit und deftiges Porträt von La Habanas finsteren Ecken.
- **Ernest Hemingway,** Der alte Mann und das Meer, Rowohlt Taschenbuch, 1999. Für die bewegende Geschichte vom Kampf eines alten Cubaners mit einem Riesenfisch erhielt Hemingway 1953 den Pulitzerpreis.

- **Oscar Hijuelos,** Die Mambo Kings spielen Songs der Liebe, Fischer, 1992. Ein alter cubanischer Musiker zieht die Bilanz seines Lebens.
- **Miguel Mejides, Juan Carlos Rodríguez** u. a., Narben in der Erinnerung, Atlantik, 2005. Achtzehn illustrierte Erzählungen über vier Jahrzehnte anticubanischer Aggressionen.
- **Johnnie Mieth,** Havanna auf allen vieren oder der Traum vom Leben auf Kuba, Pro Business Verlag, 2005. Ein vom „Cubavirus" befallener Deutscher berichtet ultrasubjektiv und stellenweise höchst amüsant über seinen sechsmonatigen Versuch, sich auf Cuba niederzulassen.
- **Leonardo Padura,** Das Havanna-Quartett, Unionsverlag, 2008. Romanzyklus über die Abenteuer des sympathischen Kommissars Mario Conde um die Jahrtausendwende.
- **Leonardo Padura,** Der Nebel von gestern, Unionsverlag, 2008. Kommissar Conde taucht gleichzeitig in das La Habana der 1950er-Jahre und das der Gegenwart ein.
- **Matthias Politycki,** Herr der Hörner, Hoffmann & Campe, 2005. Ein deutscher Banker wandelt sich auf der Suche nach einer betörenden Cubanerin vom Skeptiker zum Teufelsanbeter.
- **Antonio José Ponte,** Der Ruinenwächter von Havanna, Kunstmann, 2008. Regimekritisch und bissig.
- **Michi Strausfeld (Hrsg.),** Cubanisimo! Junge Erzähler aus Kuba, 2000. 25 junge Schriftsteller vermitteln ein lebendiges Bild von der komplexen cubanischen Realität um die Jahrtausendwende.
- **Cintio Vietier,** Eine Straße in Alt-Havanna, Pahl-Rugenstein, 1990. Panorama der cubanischen Gesellschaft von 1895 bis 1970.

Fremdsprachige Literatur

- **Rolando Álvarez Estévez, Marta Guzmán Pascual,** Alemanes en Cuba (Siglos XVII al XIX), Editorial de Ciencias Sociales, La Habana 2004. Deutsche Personen und deutsche Einflüsse im Cuba des 17. bis 19. Jahrhunderts.
- **Arisel Arce Burguera, Armando Ferrer Castro,** El mundo de los Orishas, Ediciones Unión, La Habana 1999. Die Sagenwelt der Orishas wird anhand der populärsten Santería-Legenden dargestellt.
- **Lea Aschkenas,** Es Cuba: Life and Love on an Illegal Island, Seal Press, 2006. Eine US-Amerikanerin verbringt im Jahr 2000 zehn turbulente Monate auf Cuba.
- **Raul Canizares,** Cuban Santería – Walking with the night, Destiny Books, Rochester (Vermont) 1999. Eine besonders umfassende Darstellung des Santería-Kultes.

- **Alejo Carpentier,** La ciudad de las columnas (Stadt der Säulen), La Habana, 1982. Essay über die cubanische Barockarchitektur.
- **Juana Ponce de León/Esteban Río Rivera,** Dream with no name: Contemporary Fiction from Cuba, Seven Stories Press, 1999. Bietet einen umfassenden Überblick über die zeitgenössische cubanische Literatur. In englischer Sprache.
- **Hugh Thomas,** Cuba, Pan Macmillan Australia, 2002. Monumentale Darstellung der Geschichte Cubas von 1762 bis 1962. In englischer Sprache.

Weiterer Titel für die Region von REISE KNOW-HOW

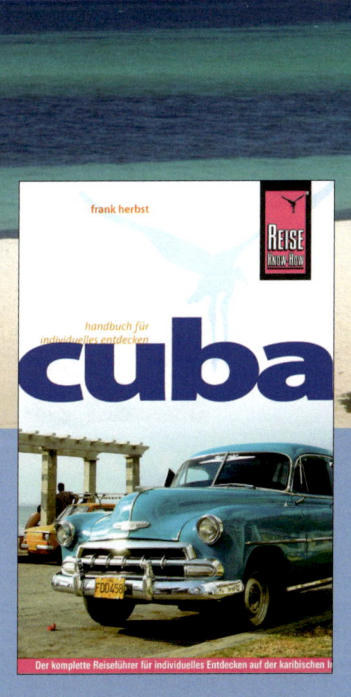

Cuba
Frank Herbst

978-3-8317-2223-5
480 Seiten
31 detaillierte Ortspläne und Karten

19,50 Euro [D]

Reisepraktische Informationen von A bis Z | Sorgfältige Beschreibung aller sehenswerten Orte und Landschaften | Tipps für Aktivitäten | Ortspläne und Karten | Unterkunftsempfehlungen für jeden Geldbeutel | Hinweise zu allen Transportmöglichkeiten | Kulinarische Tipps
Ausführliche Kapitel zu Geschichte, Gesellschaft, Kultur & Natur
Kleine Sprachhilfe Deutsch – Spanisch | Viele ansprechende Fotos

www.reise-know-how.de

Weitere Titel für die Region von REISE KNOW-HOW

über Smartphone
**AUSSPRACHE-
BEISPIELE**
zum Anhören

**Cuba Slang –
das andere Spanisch**

Jens Sobisch
978-3-89416-353-2
112 Seiten │ Band 175

Wörter, Sätze und Ausdrücke des Alltags.
Über 1000 Stichworte zum täglichen
Gebrauch erklärt und praxisnah geordnet.

7,90 Euro [D]

**AusspracheTrainer
Cuba Slang**

Jens Sobisch
978-3-8317-6097-8
Ca. 60 Min. Laufzeit

Die wichtigsten spanischen Vokabeln und
Floskeln aus dem Reisealltag
Muttersprachler sprechen vor, mit Nach-
sprechpausen und Kontrollwiederholungen.

7,90 Euro [D]

Die wahre Vielfalt einer Sprache liegt in einem lebendigen Gemisch von Hochsprache, Umgangssprache und
Slang. In diesem bunten Mix spiegeln sich Lebensart, Lebensgefühl und Lebensphilosopie der Menschen vor Ort
wider. Daher begegnen einem auf Reisen oftmals Slangbegriffe, die in keinem offiziellen Wörterbuch zu finden
sind oder nur von bestimmten Gruppen innerhalb eines Landes gesprochen werden. Damit Sie auch in diesem
Bereich verstehen und mitreden und vor allem „die nötige Würze" in ein Gespräch bringen können, werden Wörter,
Sätze und Ausdrücke der „Szene" erklärt.

www.reise-know-how.de

Register

Bildnachweis

Die Kürzel an den Abbildungen stehen für folgende Fotografen.
Wir bedanken uns für ihre freundliche Abdruckgenehmigung.

fo	*www.fotolia.com © Meddy Popcorn (S. 2)*
js	*der Autor*
om	*Oliver Meusel*
pr	*Peter Rump*
sk	*SK Fotographie Schwarz||Kneitz*

Umschlagfoto: Peter Rump

Cuba

GOLF VON MEXIKO

La Habana Cojima

Bauta

Guanajay

LA HABANA

Soroa

Viñales

San
Cristóbal

Alquizar

CORDILLERA DE GUANIGUANICO

Minas

Los
Palacios

Bahía de
Cortés

Pinar del Río

San Juan
Martínez

GOLFO DE
GUANAHACABIBES

PINAR
DEL RÍO

ISLA DE LA
JUVENTUD

La Fé

Nueva
Gerona

Isla de la
Juventud

0 ——————— 100 km

Archipiélago de Camaguey

Cayo
Coco

Laguna de
la Leche

CIEGO DE

Nuevitas

Caibarién

Morón

Santa
Clara

SANCTI

ÁVILA

LAS

SPÍRITUS

Ciego
de Ávila

Camagüey

Guáimaro

Sancti Spíritus

CAMAGÜEY

SIERRA DEL
ESCAMBRAY

Trinidad

GOLFO DE GUACAYABO

Media Luna

Archipiélago de los Jardines de la Reina

Niquero

© REISE KNOW-HOW 2014

FLORIDA-STRASSE

Santa Cruz
del Norte

Varadero

Matanzas

Cárdenas

Sagua La Grande

Colón

MATANZAS

VILLA CLARA

Caibarien

Ensenada
de la Broa

Santa Clara

Peninsula
de Zapata

CIENFUEGOS

Schweine-
bucht

Cienfuegos

SANCTI SPÍRITUS

SIERRA DEL
ESCAMBRAY

Sancti Spiritus

Ciego
de Ávila

Cayo Largo

Trinidad

KARIBISCHES

MEER

GOLFO DE GUACAYABO

ATLANTISCHER   OZEAN

Guardalavaca

Banes

Baracoa

Gibara

TUNAS

Holguín

HOLGUÍN

ALTURAS DE BARACOA

GUANTÁNAMO

Las
Tunas

Guantánamo

SANTIAGO DE
CUBA

Bayamo

US-Militärzone

GRANMA

SIERRA MAESTRA

Santiago
de Cuba

Manzanillo

KARIBISCHES   MEER

Pilón

0 ———— 100 km

Der Autor

Jens Sobisch, geb. 1977 und gelernter Jurist, reiste nach dem Abitur für zwei Wochen nach Cuba – und blieb sechs Monate. Seitdem kommt fast jedes Jahr ein längerer Aufenthalt dazu.

Der gebürtige Franke hat ausnahmslos jede Provinz dieser wundervollen und widersprüchlichen Insel besucht, kennt sämtliche Städte und auch viele kleinere Orte.

364cu sk

In La Habana hat er mittlerweile über zwölf Monate verbracht. Oft wohnt er dort direkt an der Uferpromenade *Malecón* – und damit am Puls der Millionenmetropole. Mit großem Engagement pflegt er Kontakte zu Cubanern aus allen Bevölkerungsschichten: *Guajiros* (Bauern), die auf abgelegenen Höfen fast wie in den 1950er-Jahren leben, (Staats-)Angestellte und Geschäftsleute aller Branchen, Professoren, im Ausland lebende Cubaner, auf Cuba lebende Europäer und andere Einwanderer, prominente Medienmacher, Maler, Bildhauer, Schöpfer und Interpreten darstellender Kunst und natürlich auch viele Stars der nationalen Musikszene.

Bei REISE KNOW-HOW verantwortet *Jens Sobisch* neben der Sprachfibel „Cuba Slang" (Reihe Kauderwelsch) und dem „CityTrip Havanna" auch den Dialektführer „Fränkisch – Das Deutsch der Franken".

O-Ton des Autors: „Cuba und die Cubaner machen es Reisenden unglaublich leicht, sich einfach treiben zu lassen. Die berühmte Antilleninsel ist nicht nur Reiseziel, sondern auch Projektionsfläche für die Sehnsüchte der unterschiedlichsten Gruppen: Sonnenanbeter, Naturfreunde, Taucher, Revolutionsfreaks, Fans obskurer Kulte, Globetrotter, Biker, Liebhaber von Oldtimern, Partypeople, begeisterte Tänzer, Trommler, Träumer und viele andere mehr. Der ganz besondere Mix aus Gastfreundschaft, Improvisationstalent und Begeisterungsfähigkeit sorgt dafür, dass jeder Besucher ‚sein' Cuba finden wird – und bestimmt wiederkommt!"